Construyendo un Gran Matrimonio

Libros por Paul J. Bucknell

Permitiendo que Biblia hable a nuestras vidas hoy!

- Superando la Ansiedad: Encontrando la Paz, Descubriendo a Dios
- Llegando Más Allá de la Mediocridad: Siendo un Vencedor
- El Núcleo de La Vida: Descubriendo el Corazón del Gran Entrenamiento
- El Hombre de Dios: Cuando Dios Toca la Vida de un Hombre
- La Redención a Través de Las Escrituras
- Comienzos Divinos para la Familia
- Principios y Prácticas de Crianza Bíblica
- Construyendo un Gran Matrimonio
- Manual de Consejería Cristiana Prematrimonial Para Consejeros
- Discipulado Relacional: Entrenamiento cruzado
- Corriendo la Carrera: Superando La Lujuria
- Génesis: El Libro de las Fundaciones
- Libro de Romanos: El Comentario Viviente
- Libro de Romanos: Preguntas de Estudio Bíblico
- Preguntas Para el Estudio Bíblico de El Libro de Efesios
- Caminando con Jesús: Permaneciendo en Cristo
- Estudios Bíblicos Inductivos de Tito
- 1 Pedro Preguntas de Estudio Bíblico: Viviendo en un Mundo Caído.
- Tome el Siguiente Paso al Ministerio
- Entrenando Líderes para el Ministerio
- Guía de Estudio de Jonás: Comprendiendo el Corazón de Dios

Encuentre estos valiosos recursos en:
www.foundationsforfreedom.net

Construyendo un Gran Matrimonio

Fe

Perdón

Amistad

Paul J. y Linda J. Bucknell

Traducido por Américo Candia Espinoza

Construyendo un Gran Matrimonio: Encontrando la Fe, el Perdón y la Amistad

por Paul y Linda Bucknell

Traducido por Américo Candia Espinoza

Derechos Reservados © 2002, 2009, 2013, 2020 por Paul J. Bucknell

Paperback:
ISBN-13: 978-1-61993-016-2

Also as Digital eBook:
ISBN-13: 978-1-61993-008-7

La Biblia RVC se utiliza a menos que se indique lo contrario. Las Escrituras citadas son tomadas de la Reina Valera Cotemporanea®, Derechos Reservados © 2011 por Comité de Revisión y Traducción de las Sociedades Bíblicas Unidas.

Todos los Derechos reservados.

Permiso para copiar sin la solicitud para fines educativos y sin ánimo de lucro de fines de consejería. No está permitido publicar más de dos páginas de citas en internet.

Publicado por Paul J. Bucknell. Todas las ganancias se van a Fundamentos Bíblicos para La Libertad, una organización sin fines de lucro que comparte la verdad de Dios al mundo!

3276 Bainton St.
Pittsburgh, Pennsylvania,15212 USA

info@foundationsforfreedom.net

info@bffbible.org

Dedicatoria

Dedico a la Belleza del Señor Dios,

Belleza y perfección sólo se encuentran en El,

Nuestro Señor, Nuestro Creador, Nuestro Diseñador.

En el matrimonio, El creó una imagen

Que nos da alcanzando a ver las mayores alturas del amor.

Nos encontramos y respondemos al amor inquebrantable de Cristo,

Y nuestros matrimonios se convierten en una muestra

De Su magnánimo amor en este mundo frío por debajo.

Tabla de Contenidos

Dedicatoria 5

Prefacio 9

Sección #1: Fe

1. Restaurando la Esperanza para su Matrimonio 15

    Capítulo #1 Preguntas de Estudio........................36

2. Amor Incondicional: Principio de Vida 1 39

    Capítulo #2 Preguntas de Estudio........................70

3. Sumisión humilde: Principio de Vida 2 71

    Capítulo #3 Preguntas de Estudio........................105

4. Unidad para Siempre: Principio de Vida 3 107

    Capítulo #4 Preguntas de Estudio........................131

Sección #2: Perdón

5. Entendiendo y Superando el Conflicto 135

    Capítulo #5 Preguntas de Estudio........................156

6. Resolviendo Crisis y Evitando Conflictos......................159

    Capítulo #6 Preguntas de Estudio........................185

7. Sustituyendo la Amargura Marital por el Perdón............187

    Capítulo #7 Preguntas de Estudio........................218

Sección #3: Amistad

8. Cultivando la Intimidad en el Matrimonio 221

    Capítulo #8 Preguntas de Estudio....................................251

9. Desarrollando Confianza e Intimidad 253

    Capítulo #9 Preguntas de Estudio....................................277

10. El Amor Nunca Falla 279

    Capítulo #10 Preguntas de Estudio..................................303

Nuestro deseo para ti!..305

Apéndice 1: Más sobre los Autores 307

Apéndice 2: About the Book 309

Prefacio

¿Te acuerdas de aquellas grandes esperanzas que tenías para tu matrimonio? No las arrojes lejos rápidamente. Dios usa estas esperanzas para inspirarnos a tener grandes matrimonios!

Aunque las parejas comienzan sus matrimonios con elevados ideales, muchas de estas rápidamente abandonan sus sueños de tener un gran matrimonio y resignarse a mantener un matrimonio menos que deseable, descolorido por duras palabras y pensamientos. Incluso dentro de semanas o días de una gloriosa ceremonia, pueden estar dispuestos a negociar sus preciosos sueños por espíritus rotos. Las promesas, esperanzas y brillos de alegría son reemplazados con lo que se siente como una vida de desconfianza y egoísmo. Tiran hacia atrás su abierta confianza y se preparan para el largo asedio.

Es hora de recuperar nuestros sueños y buscar nuevamente a Dios para que nos dé esos grandes matrimonios. Nuestro Señor nos ha dado estas grandes esperanzas porque esto es lo que realmente El quiere para nuestras vidas. Los sueños son buenos y están pensados para darnos una idea de lo que Dios quiere para nuestras vidas. Después de todo, El diseñó el matrimonio y sabe lo que es mejor para nosotros. El problema no es que estas metas están fuera de nuestro alcance, pero que esperamos que vengan fácilmente, como si se tratara de un regalo en lugar de algo por lo que trabajar. Grandes matrimonios necesitan ser construidos. No ocurren por accidente.

Si nuestros matrimonios son cuidadosamente construidos según el diseño de nuestro Creador, entonces fuertes cimientos nos permitirán construir uniones elegantes y gloriosas. Este libro está lleno de sugerencias prácticas sobre cómo construir un gran matrimonio, si usted está consiguiendo llevar bien o enfrentando graves dificultades matrimoniales. Preguntas para el estudio están disponibles al final de cada capítulo.

Construyendo un Gran Matrimonio se centra en tres importantes bloques de construcción para un buen matrimonio: la fe, el perdón y la amistad. La fe, capítulos 1-4, nos permite obtener la vista de Dios del matrimonio. Aquí es donde nos enteramos de Su diseño para el matrimonio y cómo funciona. El perdón, capítulos 5-7, gentilmente nos muestra cómo restaurar matrimonios rotos y relaciones para que una pareja pueda construir sobre el diseño de Dios. La amistad, capítulos 8-10, describe la ruta para un hermoso matrimonio íntimo.

Dando un paso atrás y empezando a entender los misterios y poderosos principios en el trabajo dentro del matrimonio, nuestras esperanzas, darán un salto adelante, los caminos de Dios serán deseados en nuestros corazones y nuestras relaciones, y le buscaremos a El en esta área. Todos podemos tener grandes matrimonios cuando nos apoyamos en la gracia de Dios y dependemos de su Palabra.

Los principios del matrimonio no son difíciles de entender. En realidad son increíblemente simples. Pero como un hermoso copo de nieve, son intrincados en diseño y tan fácilmente destruidos. Si queremos ir a ver y aplicar estos increíbles principios a nuestros matrimonios, entonces tenemos que apartarnos de las voces del mundo y escuchar atentamente lo que Dios dice sobre el matrimonio. Él nos guiará paso a paso en la plenitud de sus promesas, incluso si en la actualidad estamos lejos de conseguir ese sueño.

Muchos libros y conferencias de matrimonio animan a retirarse del mundo real para mejorar su matrimonio. Yo discrepo rotundamente. Si un matrimonio va a crecer y prosperar, debe hacerse en Situaciones de la vida real - presupuestos limitados, estar cansados, incapaces de escapar, etc. Con ocho hijos, cuatro de ellos actualmente siendo educados en casa, no hemos podido tener muchas de esas vacaciones románticas! Los principios de Dios, sin embargo, poderosamente trabajan incluso en nuestras típicas y difíciles situaciones en el matrimonio.

Dios ha sembrado grandes esperanzas en nuestros corazones, para que los matrimonios crezcan, para prosperar y reflejar Sus caminos gloriosos. No deberíamos dirigirnos a El y a Su Palabra para obtener ricos, íntimos y bellos matrimonios, todos construidos en su intrincado diseño? Ahora vamos a aprender juntos cómo construir esos grandes matrimonios. Cada capítulo tiene preguntas de estudio para facilitar un entendimiento profundo y aplicación de los principios clave, para la pareja individual o grupo pequeño.

Paul J. Bucknell

Agosto, 2012

Felizmente casado durante más de treinta y cinco años!

Fundador y Presidente de Fundamentos Bíblicos para la Libertad

Sección #1: Fe

Capítulos 1-4

Adquiriendo la Visión de Dios del Matrimonio

1. Restaurando la Esperanza para su Matrimonio

¿Cómo responderías a la pregunta: "¿Qué hace un gran matrimonio?" Muchas personas tienen dificultades para describir los elementos de un matrimonio maravilloso. La mayoría de estas parejas ni siquiera han visto un gran matrimonio en funcionamiento. No es de extrañar que los grandes matrimonios sean tan raros. ¿Dónde se han ido todos los modelos? No los hemos visto. ¡Ni siquiera podemos definir cómo es un gran matrimonio!

Perder la esperanza

Si hiciéramos una encuesta, descubriríamos que no pocas parejas hasta cierto punto han perdido la esperanza en su matrimonio. No solo estamos hablando de divorciados o separados, sino de aquellos que aún están juntos. Si fueran honestos, calificarían su matrimonio de malo a horrible (los hombres suelen ser mucho más positivos que sus esposas). Quizás eres uno de esos cónyuges que han perdido la esperanza de que las cosas mejoren. No estas solo.

El matrimonio intensifica los problemas en lugar de resolverlos.

Hay señales que cuentan la historia de tu esperanza perdida. Los signos del corazón para los matrimonios pobres incluyen dar por hecho el matrimonio y el descontento general. La falta de respeto y la amargura han reemplazado la emoción y el deleite de la pareja. Los signos más trágicos de traición incluyen pornografía y asuntos sexuales (ya sea en pensamiento o en realidad). Cuando uno no está contento en casa, se va a otro lado para distraerse y a menudo encuentra a otra persona que le promete más que uno de los actuales cónyuges.

Las cosas fueron diferentes antes

Pero las cosas eran diferentes antes, ¿verdad? A pesar de las señales de que las cosas no eran perfectas entre usted y su prometido, al principio estaba dispuesto a pasar por alto las imperfecciones. Estabas dispuesto a comprometer tu vida y todo lo que tuviste el uno con el otro. Esto es porque tuviste esperanza. Creías que esos problemas no eran casi nada en comparación con estar casado con esa persona especial. Tal vez siendo un poco ingenuo, ¡pensaste que los problemas se solucionarían haciendo que esa persona se casara contigo! ¡Aquellos que han estado casados ahora ven que el matrimonio se intensifica en vez de resolver problemas! ¿Pero es perder la esperanza la solución? ¡Ciertamente que no!

La restauración de la esperanza es el tema de este capítulo. La esperanza no resuelve los problemas, pero nos pone en el camino correcto para que podamos resolver las muchas y grandes dificultades que enfrentamos en nuestros matrimonios. Sin esperanza, tú y yo evitaremos los problemas hasta que las decisiones catastróficas erosionen aún más en la relación matrimonial.

Algunos han sugerido que es bueno que los cónyuges discutan (no puedo imaginar a Jesús comunicándose con sus discípulos de esta manera). Quieren decir, creo, que al menos estas parejas todavía tienen alguna esperanza para su matrimonio. Ellos todavía están comunicándose. De lo contrario, no discutirían ni pelearían en absoluto. Esto podría ser cierto en un sentido limitado, pero no es útil hacer de los argumentos un signo de vida. Ciertamente no son el objetivo final de nuestros matrimonios.

Preferimos enfocarnos en la reconciliación que conduce a la paz y la esperanza. Muchas parejas no saben cómo resolver pacíficamente las diferencias o prosperar en una conversación íntima. No tienen idea de cómo trabajar a través de las diferencias y los malentendidos. Los cónyuges solo saben cómo preservar sus privilegios y derechos a través de discusiones y peleas. Sin embargo, la esperanza lo ayudará a convertirse en el tipo de cónyuge que aprenderá a trabajar con Dios en su matrimonio.

La visión de Dios sobre el matrimonio

El matrimonio no es, como la mayoría de la gente cree, un mero acuerdo humano con ramificaciones legales. Esta es la visión secular del matrimonio. La Palabra de Dios, sin embargo, nos da una perspectiva precisa. Dios mismo instituyó el matrimonio. Dios declaró que los dos son uno en Génesis 2:24. Cada matrimonio es de naturaleza divina debido a la Palabra creadora de Dios.

> *"Por eso el hombre dejará a su padre y a su madre, y se unirá a su mujer, y serán un solo ser."*

Esto se ve aún más claramente por la forma en que Jesús habló del matrimonio en Marcos 10:9, "Por tanto, lo que Dios ha unido, que no lo separe nadie." Todo matrimonio ha sido unido por Dios. Nadie debería tratar el matrimonio como una mera unión hecha por el hombre, incluso entre los no creyentes.

Ya sea que se realice un matrimonio en la corte o en la iglesia, un hombre y una mujer hacen votos ante su poderoso Creador. En cada matrimonio, entonces, hay tres componentes: Dios, esposo y esposa. Por lo tanto, cuando un cónyuge toma en serio la parte de

Dios en el matrimonio, se desarrollan grandes esperanzas.[1] ¡Uno ahora tiene la mayoría! Dios desea mucho derramar Su obra de gracia en cada matrimonio. El Señor está buscando cónyuges que apliquen seriamente Su Palabra.

Este no es el concepto de matrimonio de Dios.

La institución del matrimonio divino significa que tanto los cristianos como los no creyentes son responsables ante Dios por la forma en que tratan a sus cónyuges y, en general, llevan a cabo sus funciones y deberes matrimoniales. El matrimonio no es una institución hecha por el hombre, sino un pacto divino.

¿Cómo revivimos la esperanza? En este capítulo, queremos abordar el problema de la desesperanza que se afrenta. Los buenos cambios no ocurren hasta que se restauren la fe y la esperanza. [2] Solo entonces uno comenzará a llegar al punto donde el matrimonio de uno puede crecer.

Observaciones del Matrimonio

Primero identifiquemos algunas observaciones básicas sobre el matrimonio.

❖ Los buenos matrimonios siguen el diseño de Dios.

---

[1] La esperanza de un gran matrimonio no es una creencia engañosa. La esperanza se alinea con las promesas, principios y propósitos de la Palabra de Dios. Por ejemplo, ¿debería una esposa que dejó a su esposo por otro hombre tener esperanza en su nuevo matrimonio? Cualquier esperanza para ese nuevo matrimonio tendría que estar enraizada en el arrepentimiento sincero de ser una adúltera. A menos que la convicción dé sus frutos de arrepentimiento, la esperanza de un buen matrimonio es un engaño que conduce por el camino ancho que conduce a la destrucción.

[2] Este principio es verdadero ya sea para nuestro matrimonio o cualquier aspecto de la vida cristiana.

- Los malos matrimonios no siguen el diseño de Dios.
- Los matrimonios mediocres no han adoptado completamente el diseño de Dios.

Tenga en cuenta que nuestro estándar de armonía se basa en el diseño de Dios- no en los sentimientos de una persona. Como Dios diseñó el matrimonio, cuanto más nos acercamos a ese plan original, mejor será el matrimonio. Esto es cierto tanto de manera positiva como negativa. Si un matrimonio está bien, entonces la pareja está haciendo algunas cosas correctas. Si una pareja no tiene un matrimonio feliz, entonces deben reconocer que de alguna manera se han apartado del diseño de Dios.

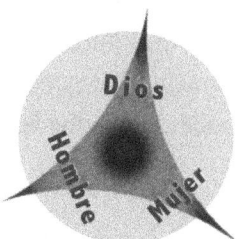

Este entendimiento nos permite encontrar un enfoque correcto. Si una pareja tiene un matrimonio pobre, entonces es fácil que se acusen unos a otros y quizás culpen a Dios. Esto los coloca justo donde el diablo los quiere- sin esperanza. Pero si esa misma pareja puede aceptar que han caído del diseño de Dios (incluso si no saben cómo), entonces pueden recurrir a Dios con la esperanza de mejorar.

Solo necesitan descubrir los principios de Dios y por su gracia llevarlos a cabo.

Aquí hay cuatro observaciones sobre cómo Dios trabaja en nuestras vidas y matrimonios. Son importantes para recordar tanto para su matrimonio como para los demás. Si no aceptamos estas perspectivas bíblicas sobre cómo Dios interactúa con Su pueblo, renunciaremos a la esperanza antes de que veamos una mejora real.

- Dios quiere construir grandes matrimonios.

- Dios tiene una manera de restaurar un matrimonio roto.
- Dios trabaja con aquellos que lo están escuchando.
- Dios nos conduce de vuelta viviendo según Su diseño.

Estas verdades son siempre verdaderas para el pueblo de Dios. Es posible que algunos de nuestros lectores aún no conozcan a Dios. Es importante conocer a Dios a través de Jesucristo para que Dios nos ayude y cuide especialmente. Una vez que somos seguidores de Jesús, no solo encontramos el perdón para nuestro camino desobediente sino que nos convertimos en hijos de Dios.

Por ejemplo, si una esposa aprende cómo Dios la perdona de todas sus maneras rebeldes y obstinadas al creer que Jesús murió en la cruz por ella, entonces ella puede encontrar la ayuda de Dios para pasar esta amable gracia a su poco amable esposo. Para los fines de este libro, suponemos que los lectores han encontrado la gracia de Dios en Cristo.

Siempre vuelve a la Esperanza

Siempre vuelva a la esperanza. Este es el primer paso para renovar matrimonios. Tú, como otros, sin duda enfrentarás pensamientos sobre renunciar a tu matrimonio. Puede creer que no puede hacer esos cambios necesarios o que su cónyuge nunca se reformará.

Una vez que abandonemos la esperanza de poder mejorar algún aspecto de nuestro matrimonio, toleraremos condiciones menos que deseables. Vemos que esto ocurre cuando un hombre piensa en tratar de abandonar la pornografía. Él escuchará: "No puedes hacerlo." "Lo probaste antes." "No hará la diferencia." Todas estas afirmaciones respaldan la conclusión principal de que el maligno quiere que hagas - ¡darte por vencido!

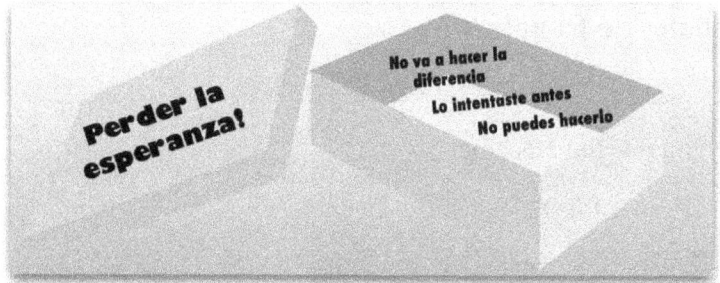

Una esposa podría haber quemado la cena en el horno de nuevo. Su esposo pensó que era paciente, pero esta es la tercera vez. Él está muy irritado, desconsiderado y deja escapar algunas observaciones groseras. Ella está pensando en responder groseramente. "Le serviré lo que se merece- una cena quemada." "¡Ni siquiera me preguntó como fue mi día cuando llegó a casa!" "Saldré con mis 'verdaderos' amigos. Quizás él aprenda a apreciarme."

Dos Señales

Hay dos señales de rendirse. Las señales internas no son tan evidentes como las señales externas, pero ambos son detectables si uno los está buscando. Por ejemplo, la falta de satisfacción con el cónyuge a menudo resulta en la señal externa de una vida muy ocupada. ¿Por qué pasar tiempo juntos si no encuentra lo que está buscando en casa? Junto con esto viene el descubrimiento de que hay poca atracción para estar juntos. Esto se puede ver por la forma en que uno se siente más atraído por los demás, incluso si es solo una novela romántica o una serie de televisión.

La amargura del corazón (señal interna) encuentra poco espacio para los placeres sexuales, por lo que uno o ambos cónyuges participan en pornografía, películas seductoras o asuntos. Se puede ver un espíritu implacable (interior) por la facilidad con que un cónyuge se enoja por las cosas pequeñas.

Aunque la falta de respeto hacia uno de los cónyuges es un signo interno, puede notarse con palabras descorteses.

Señales de Rendirse

Señales Interiores

- Falta de Satisfacción
- "Hombro frío"
- Amargura o espíritu de venganza
- Espiritu implacable
- Actitud irrespetuosa

Señales Exteriores

- Distracción por vidas ocupadas
- Actitud Crítica
- Pornografía y películas seductoras
- Enojo facilmente
- Palabras irrespetuosas sobre el cónyuge

Nuevamente, vemos cuán inteligentemente estos pensamientos tentadores se entrelazan. Nos ordenan que abandonemos la esperanza y respondamos en el pecado.[3] El Señor, sin embargo, siempre quiere que nos volvamos en la dirección de la esperanza. Es aquí donde encontraremos la fuerza para hacer Su Voluntad.

Aplicación Personal: Un Proyecto de Construcción de Matrimonio

Seamos más prácticos. Piensa en tu cónyuge en este momento. (Si no está casado, podría pensar en su cónyuge anterior o en la relación entre sus padres). Probablemente haya perdido las esperanzas entre sí en una o más áreas. Esta es la asignación.

---

[3] Hay muchas palabras y frases que transmiten un espíritu de rendición. Es importante que comience a detectar cuáles son estas frases para poder detectarlas y rechazarlas rápidamente. Escriba estas frases y luego verá cómo el malvado ha estado jugando con su vida y su matrimonio a través de estos pensamientos. Reemplácelos con los pensamientos de Dios (pensamientos de las Escrituras, lo que es verdadero y bueno (ver Filipenses 4: 8-9).

- Escriba tres o cuatro áreas en las que ha perdido la esperanza en su relación matrimonial. Siga leyendo para obtener más aclaraciones y ejemplos.

- Puede agregar a esta lista otras áreas en las que aún tiene esperanzas y en las que está trabajando.

Esta se llamará nuestra "lista de esperanza" porque estas son las áreas en las que necesitamos esperanza. Escríbelas tan positivamente como sea posible. Estas esperanzas a menudo se esconden detrás de nuestras suposiciones y expectativas sobre la vida. Para completar esta asignación, necesitaremos tener varias preguntas en mente.

(1) ¿Cómo identifica estas áreas de esperanza perdida?

Estas son las áreas en las que alguna vez tuvo esperanza. Si estuvo casado recientemente, estará más consciente de algunas grandes expectativas antes de su boda. Pero ahora, a través de algunas situaciones sorprendentes, tus esperanzas han desaparecido. Has perdido la esperanza. Escriba estas esperanzas y expectativas.

Otros han estado casados por un tiempo. Puede detectar mejor estas áreas de esperanza perdida en sus áreas de lucha. ¿De qué estás frustrado? ¿Sobre qué discutes? Ve a los verdaderos problemas de raíz. Al igual que la fuente de un pozo, sus expectativas se encuentran en lo profundo de la superficie. Algunas cosas tomarán un tiempo antes de ser detectadas. ¡Otros están en tus labios! Termine la frase: "Desearía que mi esposa (o mi esposo) fuera ..." Escriba sus pensamientos.

Déjame darte una ilustración. Supongamos que quieres que tu esposa haga lo que dijiste, pero cada vez que le pides que haga algo (o al menos eso parece), ella te contesta. No quieres pelear con ella, pero la mayoría de las veces parece que terminas gritándole. La amargura ahora se ha asentado. Tiendes a evitarla.

Está empezando a perder la esperanza de cualquier cambio y, por lo tanto, disminuye su compromiso con la relación. Escriba esta esperanza: "Espero que mi esposa se someta a mí con un espíritu alegre." Asegúrese de anotar la esperanza de lo que quiere que suceda en lugar de implantar su enojo o desilusión en lo que está escrito. Por ejemplo, "Ojalá mi pésima esposa se adapte." Esto es demasiado negativo.

(2) ¿No es demasiado tarde?

Algunas esperanzas que se anotan pueden parecer imposibles de lograr. Los problemas han ido más allá de lo manejable. El enfoque ha cambiado de preservar la cordura al control de daños- no dejar que las cosas se vuelvan totalmente fuera de control. Veamos un ejemplo.

Digamos que siempre esperaba que pudiera hablar profundamente sobre los asuntos de la vida con su esposo, pero nunca pareció interesado y siempre se ha dedicado a sus propias actividades. Ahora te has vuelto silenciosamente amargada cuando ve la televisión o pasa tiempo con sus amigos en lugar de querer pasar tiempo contigo. Aunque aún viven juntos como una pareja casada, casi viven dos vidas completamente separadas, cada una de las cuales no confía en la otra.

Esta situación no es demasiado tarde. ¿La pareja todavía está casada y ambos vivos? Dios quiere que cada pareja se vuelva a Él en busca de ayuda. No importa cuánto tiempo haya pasado, incluso veinte años. Todavía puede tener esperanza porque cree que Dios es parte de su matrimonio. Dios es el Dios de los milagros.

La situación se vuelve cada vez más difícil cuando ambos cónyuges no están dispuestos a resolver las cosas. No tienen esperanza y, por lo tanto, enfrentan problemas profundos. Pero cuando tenemos esperanza y confianza en el trabajo de Dios, entonces hay mucho margen de mejora. El proceso de construir un gran matrimonio sin duda llevará tiempo. Pero cuando una pareja está casada de por vida, ¡puede comenzar a trabajar para mejorarla!

(3) ¿Todos tenemos áreas de desesperanza?

Nuestra pérdida de esperanza se ve diferente a medida que pasamos por diferentes etapas de la vida matrimonial. Incluso los buenos matrimonios podrían ser mejores. Necesitamos ver si nuestras expectativas (o esperanzas) son correctas (analizaremos más en otro capítulo). A veces, nuestras expectativas son conjuradas por un mundo materialista y amante del placer. Debemos rechazar estas ambiciones. Sin embargo, la mayoría de las veces, sabemos que a nuestro matrimonio le falta algún elemento clave.

Incluso en los buenos matrimonios, los cónyuges pueden perder la esperanza de mejorar en una o dos áreas problemáticas. Un marido puede ser descuidado sobre dónde deja su ropa sucia. Una esposa puede preocuparse por las finanzas. Un esposo puede ser demasiado libre para sus propios proyectos e ignorar otras necesidades más básicas (o eso es lo que piensa la esposa). Algunas parejas centran sus esperanzas en las áreas clave que necesitan mejoras, mientras que otras en los deseos menos urgentes.

Uno de los principales problemas consiste en que las parejas no saben lo que hace un gran matrimonio. No tienen idea de qué cosas buenas pueden suceder en un matrimonio. Esta confusión tiene sentido. Si nuestros padres no estaban felizmente casados, no tenemos un buen modelo para la vida matrimonial. Nuestra búsqueda de un gran matrimonio vendrá paso a paso. Primero necesitamos mejorar un área de nuestro matrimonio y luego podremos enfrentar a otro. De lo contrario, nos desanimaremos fácilmente. Esas parejas con buenos matrimonios generalmente siguen tomando esos pasos, aunque el área de mejora es más refinada.

(4) ¿No es peligroso enfocarse en lo que no tenemos?

La boda es el capullo. El matrimonio es el despliegue de la hermosa flor. Aunque estamos señalando áreas de descontento, es por un buen propósito. Estamos exponiendo áreas en las que Dios quiere trabajar. Al evitarlos, el resentimiento y la amargura surgen hasta que ocurre una crisis. Al priorizar adecuadamente y lidiar con estos puntos difíciles, una pareja puede crecer en su unidad al igual que una hermosa perla se desarrolla a partir de un grano de arena que irrita a una ostra.

Resumen

La esperanza nos recuerda lo que debería ser. La esperanza depende del poder y la gracia de Dios para la plenitud. Al observar el problema, nos volvemos a familiarizar con nuestras insuficiencias. Al mirar a Él por su gracia milagrosa, comenzamos a ver la luz en lo que a menudo es un área oscura de nuestra vida. Al mismo tiempo, exponemos las malas actitudes que tal vez hayan perpetuado la falta de crecimiento en un área determinada. No estamos peleando con nuestro cónyuge sino trabajando con Dios para refinar nuestro matrimonio de acuerdo con Su voluntad.

La esperanza inspira la oración y nos ayuda a volver al buen camino. Note cómo Dios lo resuelve en las propias instrucciones de David en el Salmo 37: 3-5.

> "Confía en el Señor, y practica el bien;
> así heredarás la tierra y la verdad te guiará.
> Disfruta de la presencia del Señor,
> y él te dará lo que de corazón le pidas.
>
> Pon tu camino en las manos del Señor;
> confía en él, y él se encargará de todo."

Tomamos nuestras preciosas esperanzas y desilusiones y venimos a Dios. Nos enfocamos en nuestra relación con Dios y comenzamos a buscar soluciones en Él. Nuestra confianza está en El. Comenzará a dar solución a algunos problemas muy difíciles, ya sea que impliquen falta de comunicación, incompatibilidad o falta de intimidad sexual. "¡Confía también en Él, y Él lo hará!"

La Verdad: ¡Los grandes matrimonios suceden!

A medida que lidiemos con este tema de esperanza, nos enfrentaremos con un pensamiento molesto, "¡Eso es genial para él decirlo, pero obviamente no tiene a mi esposa!" Personalmente escuché a parejas "experimentadas" intentar pasar en algunos comentarios útiles acerca de los hechos de la vida matrimonial real a los que pronto se casarán. Ellos tienen buenas intenciones. La pareja experimentada nunca pudo obtener esa hermosa vida matrimonial y, por lo tanto, advierte a la joven pareja sobre la realidad de la vida matrimonial. Estos comentarios a veces son terriblemente críticos y llenos de desesperanza.

Los recién casados arrojarán estas "ideas" sin dificultad y se casarán. Creen que son diferentes (de lo contrario, nunca planearían casarse). Desafortunadamente, cuando la pareja enfrenta ciertas decepciones en su nuevo matrimonio, a menudo aceptan a regañadientes esas temerosas "ideas" que la pareja experimentada les había dado anteriormente. "Tal vez tenían razón. El matrimonio no es lo que esperábamos."

¿Deberíamos alimentar a estas nuevas parejas con la desesperación o la esperanza? ¿Somos honestos cuando les damos esperanza? Por supuesto. Esto no significa que no enfrentarán problemas. Ellos enfrentarán problemas porque cada uno de nosotros tiene una naturaleza pecaminosa. Necesitamos trabajar con ellos para que puedan aprender cómo depender de la gracia de Dios y trabajar maravillosamente a través de todas las dificultades que enfrentan. Es por eso que nos enfocamos en construir un gran matrimonio.

Cuatro Principios Bíblicos para el Matrimonio

Veamos cuatro principios bíblicos que nos dan esperanza y confianza para nuestros matrimonios.

No hay mejor lugar para ir que la Palabra de Dios. Aquí el Diseñador del matrimonio revela su visión del matrimonio en Génesis 2:18-25.

#1 Dios diseñó el matrimonio (Génesis 2:18-22)

"Después Dios el Señor dijo: «No está bien que el hombre esté solo; le haré una ayuda a su medida.» Y así, Dios el Señor formó de la tierra todos los animales del campo, y todas las aves de los cielos, y se los llevó a Adán para ver qué nombre les pondría; y el nombre que Adán les puso a los animales con vida es el nombre que se les quedó. Adán puso nombre a todos los animales y a las aves de los cielos, y a todo el ganado del campo, pero para Adán no se halló una ayuda a su medida. Entonces Dios el Señor hizo que Adán cayera en un sueño profundo y, mientras éste dormía, le sacó una de sus costillas, y luego cerró esa parte de su cuerpo. Con la costilla que sacó del hombre, Dios el Señor hizo una mujer, y se la llevó al hombre."

Una persona perfecta. Una ubicación ideal. Adam tenía todo lo que necesitaba. Fue a partir de esta hermosa situación que Dios hizo y compartió una cierta observación sobre el primer hombre, Adán, "No es bueno que el hombre esté solo." Dios tenía un plan. Él iba a hacer una "ayuda idónea para él." A fin de desarrollar una apreciación más profunda de lo que Dios haría, Dios sabiamente hizo que Adán se diera cuenta de su necesidad al nombrar a todas las bestias. Adam se convenció de que ninguno de estos animales resolvería esa profunda necesidad que sentía. ¡Es en ese punto donde Dios interviene y hace su propio trabajo especial! Empezó con una costilla, pero luego se convirtió en la mujer. Adam la llamó Eva.

Después de formarla, Dios se tomó el tiempo de presentarla a Adán, al igual que lo haría una casamentera.[4] El emparejamiento de Dios, sin embargo, fue diseñado casi desde cero. Ella iba a ser un complemento para él en lugar de un competidor. Ella era su

---

[4] A partir de esto, debemos obtener una gran esperanza de que Dios esté interesado y participe en la selección de un cónyuge. ¡Importa con quién nos casemos!

ayudante adecuada especialmente diseñada desde la costilla de Adán. Entonces Dios hizo todos los factores necesarios que llevaron al matrimonio. A veces pensamos en el matrimonio simplemente como una relación vinculante y nos olvidamos de los elementos críticos que hacen posible el matrimonio. ¡Pero Dios no lo hizo asi! Dios hizo hombres y mujeres con el propósito de estar juntos en una relación íntima y duradera.

#2 Dios diseñó la pluralidad: varón y mujer (Génesis 2:23)

"Entonces Adán dijo: "Ésta es ahora carne de mi carne y hueso de mis huesos; será llamada "mujer," porque fue sacada del hombre.""

El hombre estaba extático. Se dio cuenta de que algo, que lo deleitaba por completo, estaba junto a él. 'Mujer' fue llamada así porque fue tomada del hombre. Las mujeres fueron diseñadas especialmente para trabajar junto a su maridos. Hay una similitud entre los dos géneros pero con una diferencia significativa a pesar de lo que la sociedad moderna está tratando de convencernos.

Esta similitud y diferencia se ven en las palabras hebreas e inglesas para hombre y mujer. La palabra hebrea para esposa agrega una letra al final de la palabra hebrea para hombre (vea la tabla; recuerde que en Hebreo se lee de la derecha). Esto también se refleja en las palabras inglesas para hombre y mujer. Agregue un "wo" al hombre, y obtenemos "mujer." O agregue un "fe" al hombre, y obtenemos mujer.[5]

---

[5] El hebreo es más preciso y obvio porque las palabras comienzan igual. Las dos palabras en inglés para mujer varían al principio y no al final de la palabra, por lo que no es tan notable.

#3 Dios diseñó la unidad (Génesis 2:24)

Por eso el hombre dejará a su padre y a su madre, y se unirá a su mujer, y serán un solo ser.

La pluralidad de los sexos no hace un matrimonio. Tampoco lo hace el acto sexual. El término "una sola carne" se refiere a mucho más que la relación sexual entre un esposo y una esposa. La frase "una carne" habla de la relación como un todo; la unión sexual es solo una expresión especial de esto.

Cómo sabemos esto? Podemos decir que hay más en la unidad que la unión sexual por cómo se forma y se mantiene esta unidad. La unidad está formada por un hombre que deja la jurisdicción de sus padres y forma su propia entidad separada directamente bajo Dios acompañado por su compañera de toda la vida. Esta unión especial da frutos en los niños como vemos en el caso de Adán y Eva.

#4 Dios diseñó Su gloria para ser revelada en matrimonio (Genesis 2:25)

"Y aunque Adán y su mujer andaban desnudos, no se avergonzaban de andar así."

Misteriosas verdades son reveladas por la relación matrimonial. Dos personas se unieron extraordinariamente pero seguramente para formar una. La gloria de esta nueva entidad es la transparencia sin trabas del hombre y la mujer. Ellos no estaban avergonzados. Es muy posible que la gloria original fuera una luz que emanara de ellos al reflejar la gloria de Dios.[6]

Después de rebelarse contra Dios, se les dio ropa tanto al hombre como a la mujer. Esto demostró que la apertura entre la pareja original no podía recuperarse fácilmente. Ahora había cosas en el camino. Esto no solo es cierto físicamente sino también

---

[6] Reunimos esto de varios lugares: (1) Su sensación de desnudez al llegar el pecado; (2) la luz de Moisés de su estrecha comunión con Dios; y (3) la gloria creciente que se esperaba como pueblo de Dios que está estrechamente en comunión con Dios. Ver www.foundationsforfreedom.net/Topics/Devotions/Devotions012.html para más reflexiones sobre esto.

emocional y espiritualmente. Las ropas eran un anticipo de Cristo que cubrirían la mancha de nuestra separación y rebelión ante Dios. Más adelante analizaremos detenidamente cómo habló Pablo sobre el misterio de la "unidad."

Debemos recordar que todo esto fue pronunciado y hecho antes de la caída del hombre. El matrimonio ha sido y siempre será un gran diseño para los seres humanos en esta tierra. Podemos olvidar nuestras dudas sobre si el matrimonio puede funcionar. Por la gracia de Dios se puede y quiere. Un gran matrimonio no es instantáneo. Debido al pecado, se necesita mucho trabajo adicional. El matrimonio siempre puede ser maravilloso incluso en sus etapas infantiles, pero debemos cultivarlo cuidadosamente.

Manejando la Decepción

Muchos de nosotros tenemos expectativas de las grandes cosas que ocurrirán en nuestros matrimonios. En la mayoría de los casos, estas esperanzas reflejan el bien que el Señor desea establecer a lo largo de nuestra vida de casados. Sin embargo, descubriremos otras esperanzas más adelante en nuestros matrimonios. Estas esperanzas y expectativas son nuestros objetivos.

Cuando están de acuerdo con la Palabra de Dios, podemos estar seguros de que también son los objetivos de Dios para nuestras vidas. El comienzo de la restauración en nuestros matrimonios comienza cuando comenzamos a ver lo que Dios ha planeado para nuestras vidas.

La decepción sobre nuestras expectativas lleva a la frustración y la duda. Algunas veces cuestionamos los motivos de nuestro cónyuge y otras veces podemos incluso dudar del propósito de Dios. Podríamos pensar, por ejemplo, que Dios nos ha olvidado. De hecho, no lo ha hecho, pero es fácil caer en la tentación cuando no manejamos la desilusión.

Por ahora deberíamos haber empezado a trabajar en una lista de áreas en las que no tenemos esperanza en nuestros matrimonios. Hemos abandonado la esperanza de mejorar en algún aspecto de nuestro matrimonio. Nuestro trabajo será pesar cuidadosamente nuestros ideales a la luz de los objetivos de Dios para nuestros matrimonios. Queremos volver a mirar a El para un gran matrimonio, no solo uno mediocre.

Discutamos qué podemos hacer con esa 'Lista de Esperanza' en los próximos días.

#1 Espera

No hable de inmediato sobre su lista de cómo su matrimonio podría ser mejor. ¡No pretenda hacer una lista de cuán malo ha sido su cónyuge! Para ser honesto, algunos de ustedes quizás nunca tengan la oportunidad de compartir esta lista con su cónyuge.

#2 Confesar

Cuando hayas caído en la tentación de rendirte, debes confesar tu pecado a Dios. Dios no quiere que dudes de Su buen plan. Al principio podrías encontrar otras áreas de pecado en tu vida que puedas confesar. Recuerde que el pecado nos desanima a obtener el diseño de Dios.

#3 Pide

Pídale al Señor que restaure la esperanza en las áreas sin esperanza. Puede ser algo tan simple como que su esposo exprese su agradecimiento por su arduo trabajo. O podría ser la capacidad de vivir con su cónyuge egoísta en amor y amabilidad. También podría tener que ver con la intimidad sexual.

#4 Anticipar

Dale a Dios la oportunidad de responder a tu oración en su tiempo y forma. Hacemos esto diciéndole a Él y a usted mismo lo que quiere, por qué cree que su matrimonio debería tener esas cosas, y la voluntad de hacer lo que se necesita para que se haga, incluso si lleva mucho tiempo. Las esposas no deben regañar, insinuar ni manipular para obtener lo que desean. Los maridos deben negarse a ordenar a sus esposas lo que quieran.

#5 Compartir

Es natural querer compartir su lista con su cónyuge. Si su cónyuge solicita escuchar su lista, puede compartirla con él o ella. Si él o ella no pregunta, manténgala entre usted y Dios. Recuerde que "dos," Dios y usted, son un equipo que trabaja unido en la esperanza. Cada día lo buscarán por estas cosas y verán cómo Él comienza a realizar este trabajo.

Esperanza de Milagros

Dios es un Dios de milagros. Incluso en las situaciones más desesperadas, Dios puede construir matrimonios hermosos y maravillosos. La esperanza es una semilla de fe. Estamos expresando confianza en Dios para resolver lo que es grandioso y maravilloso. Agárrate a tu esperanza. Piensa en construir tu gran matrimonio como un proceso de por vida. Debemos aprender a apreciar no solo el objetivo final sino también el proceso de acercarnos a Dios y a nuestro cónyuge. Mientras te aferras a Dios y Sus promesas, Él nos sorprende cuando rompe y revela lo que es necesario para superar ciertos obstáculos.

Nuestras esperanzas son cosas que creemos que deberían ser. Fue como Abraham. Dios le habló acerca de tener un hijo de promesa. ¿Que pasó? ¡Ese hijo no llegó hasta que tenía 99 años! Yo creo que debido a que Abraham entregó a su esposa dos veces a otros hombres, Dios necesitaba castigarlo. Dios sabía de su promesa. La promesa todavía era real, pero algo tenía que cambiar en la vida de Abraham antes de que él la encontrara cumplida. Dios no quería un mal ejemplo para su hijo. En cierto sentido, es inútil discutir por qué Abraham tuvo que esperar tanto tiempo. Esta es la forma en que la vida resultó para él.

Tal vez podría haberse acortado si hubiera hecho algunos cambios positivos antes. Obviamente, no vio la conexión entre su pecado y la falta de un niño. Necesitaba mucho tiempo para cambiar, y Dios se lo dió.

Aferrándose a la esperanza

Lo grandioso de Abraham es que mantuvo su fe en Dios de que cumpliría su promesa. Y con el tiempo, Dios cumplió su promesa. Su esperanza fue enormemente recompensada a través del nacimiento de Isaac y sus descendientes. Los descendientes de Isaac todavía se ven en la nación de Israel.

> Dios es un Dios de milagros.
>
> El cambio a veces requiere un largo proceso.
>
> La Esperanza asegura una fe persistente.

No siempre comprendemos por qué nuestros matrimonios no mejoran más rápidamente. No debemos culpar a nuestro compañero tan rápido. En la mayoría de los casos, hay algo de ambos lados que no funciona bien. ¡Nuestra esperanza nos permite abrir nuestro corazón a Dios para llevarnos a estándares más altos en nuestro matrimonio, pero también en nuestras propias vidas! ¡Ojalá suceda antes de que lleguemos a 99 años como Abraham! Los versículos de esperanza más poderosos en las Escrituras están en Romanos 4:18-21. Describen la esperanza persistente de Abraham.

"Contra toda esperanza, Abrahán creyó para llegar a ser padre de muchas naciones, conforme a lo que se le había dicho: 'Así será tu descendencia.' Además, su fe no flaqueó al considerar su cuerpo, que estaba ya como muerto (pues ya tenía casi cien años), o la esterilidad de la matriz de Sara. Tampoco dudó, por incredulidad, de la promesa de Dios, sino que se fortaleció en la fe y dio gloria a Dios, plenamente convencido de que Dios era también poderoso para hacer todo lo que había prometido."

Detrás de todo este proceso está la suposición de que Dios realmente quiere mejorar nuestros matrimonios. Él mismo trabaja con nosotros cuando completa el proceso de restauración. Nunca debemos olvidar los medios que Dios usa. Las áreas en las que ya hemos sido bendecidos son esperanzas cumplidas. Algunas esposas dan por sentado que sus maridos se preocupan seriamente por las necesidades de su hogar. No deberían. Puedo señalar a muchos hombres que gastan sus ingresos en juegos de azar o drogas.

Un esposo, por otro lado, no debe olvidar que Dios ya ha estado trabajando cuando ve a su esposa cocinando comidas fielmente para él y su familia. Esto se está volviendo cada vez más raro a medida que las esposas son influenciadas por la cultura moderna y viven vidas independientes de sus maridos.

Desarrollar grandes matrimonios es un proceso. Cada etapa puede ser emocionante y divertida, aunque las pruebas acechan en cada esquina. Dios desea hacer muchas cosas grandiosas a través de sus vidas. Abre la puerta de tu corazón y dale la bienvenida a tu matrimonio. La esperanza nos pone en el camino correcto que conduce a su maravillosa obra de amor y poder en nuestras vidas personales y nuestros matrimonios.

Capítulo #1 Preguntas de Estudio

1. De los mejores matrimonios que conoces, enumera varios elementos clave de "grandes matrimonios."

2. ¿Cuáles son algunos signos de un cónyuge que ha perdido las esperanzas sobre su matrimonio?

3. La esperanza no resuelve los problemas, pero "_____."

4. ¿Cuáles son las principales diferencias entre la visión secular y bíblica del matrimonio?

5. Ofrezca un elemento de apoyo bíblico para la visión bíblica del matrimonio y explíquelo.

6. ¿Los no cristianos son responsables ante Dios por la forma en que tratan su matrimonio? ¿Por qué o por qué no?

7. ¿Por qué los pensamientos que conducen a "renunciar" a un buen matrimonio siempre son una forma de tentación?

8. Asegúrese de tener al menos tres o cuatro artículos en su lista de esperanza para su matrimonio. Escríbelos.

9. ¿Cómo puede ayudarnos mirar las áreas de descontento en nuestros matrimonios?

10. ¿Cómo sabemos que Dios diseñó el matrimonio y que no fue solo hecho por el hombre?

11. ¿Por qué Dios dice que Él creó a las mujeres?

12. ¿Por qué fueron nombradas las mujeres?

13. ¿La "unidad" de la que Dios habla en Génesis 2 se refiere a la unión sexual o más? ¿Por qué?

14. ¿Por qué le pedimos que no comparta su "lista de esperanza" con sus cónyuges a menos que pidan verla?

15. ¿Cuáles son dos cosas que podemos aprender acerca de la esperanza de Abraham en Romanos 4: 18-21?

16. Ponga una marca de verificación aquí _____ cuando traiga su lista de esperanza al Señor en oración. Desarrolle el hábito de orar esto cada día.

2. Amor Incondicional: Principio de Vida 1

Un gran edificio se construye a partir de un gran plan. De la misma manera, los grandes matrimonios se construyen de acuerdo con el plan glorioso de Dios. Los malos matrimonios no son el resultado de un diseño imperfecto sino de constructores que no construyen de acuerdo con los planes de Dios!

Hay dos peligros principales a tener en cuenta. Primero, hay quienes no construyen de acuerdo con la verdad. Pueden profesar saber la verdad, pero simplemente no construyen de acuerdo con las instrucciones. Jesús tuvo algunas palabras duras para estas personas: " Por otro lado, a cualquiera que me oye estas palabras y no las pone en práctica, lo compararé a un hombre insensato, que edificó su casa sobre la arena." (Mateo 7:26)

He escuchado a muchos cónyuges decir que no pueden cambiar. "Así soy yo." A menudo significa "No cambiaré." En otras palabras, saben lo que es mejor pero minimizan o excusan la necesidad de cambiar. También hay otro peligro.

Los malos matrimonios se agravan por el hecho de que muchas personas están convencidas de que sus acciones están de acuerdo con la Palabra del Señor. No siempre son correctos. Este tipo de problema es aún más difícil de superar porque el orgullo es un factor. No les gusta el cambio.

Entonces, algunos no quieren cambiar mientras que otros tienen nociones equivocadas. En cualquier caso, no debemos culpar al diseño sino a los "constructores" que ignoran el diseño. Es por esta razón que queremos pasar varios capítulos enfocándonos en el plan de Dios para el matrimonio como se revela en Su Palabra. Las verdades detrás del matrimonio son tan poderosas que a menudo me hacen llorar cuando pienso en ellas. Quizás se pregunte por qué. Déjame explicar la razón.

A. El Diseño de Dios para el Matrimonio

Dios creó el matrimonio no solo para organizar la sociedad y formar familias felices con hijos, sino también para permitirnos comprender mejor las gloriosas verdades de Dios.

Cuando Dios decidió hacer una relación maravillosa para la humanidad, tomó el mejor modelo posible. ¿Dónde se encontró eso? Fue encontrado en la Deidad. Cuando investigamos el diseño del matrimonio, estamos mirando al corazón de Dios. Pablo habla acerca de este misterio en Efesios,

> *"Por eso el hombre dejará a su padre y a su madre, y se unirá a su mujer, y los dos serán un solo ser. Grande es este misterio; pero yo digo esto respecto de Cristo y de la iglesia." (Efesios 5:31-32)*

El matrimonio se describe como un misterio. El matrimonio es terrenal, pero también es una imagen del plan redentor de Dios donde podemos observar el gran amor de Dios. Dios nos permite comprender misteriosas verdades espirituales mediante una mejor comprensión de las relaciones terrenales. Aquí hay tres analogías matrimoniales.

Tres Analogías Matrimoniales
(1) Cristo dejó a su Padre celestial *El esposo deja a su padre*
(2) Cristo aseguró una novia (con Su vida) *El esposo asegura una novia (con dote)*
(3) La iglesia (Su gente) pertenece a Cristo *La esposa pertenece a su esposo*

Dios creó el matrimonio para revelar completamente Su amor en la tierra. Es este misterio al que Pablo alude en el capítulo 5 de Efesios. Exploraremos estos maravillosos planes aquí. Hay tres aspectos que debemos explorar. Primero presentaremos el diseño general y abordaremos el primer aspecto de un gran matrimonio. Ahora recuerda, estas son verdades sagradas. Es posible que sienta momentos alarmantes al mirar estas cosas de Dios. No tengas miedo.

Deja que las verdades de Dios hablen a tu corazón. Dios desea revelar el mayor patrón celestial para ayudarnos a lograr mejores matrimonios terrenales. No solo queremos aprender estas verdades sino también aplicarlas cuidadosamente a nuestras vidas para que podamos tener grandes matrimonios!

Hay tres principios de vida que hacen grandes matrimonios: (1) Amor incondicional, (2) Cumplimiento interno, y (3) Juntos por siempre.

Cada uno es distinto pero completamente integrado con los demás. Cuanto más profundizamos en estas verdades, más vemos la belleza del plan redentor de Dios obrando su gracia y bondad en nuestros matrimonios. Pasemos ahora nuestra atención al primer principio de la vida: Amor Incondicional.

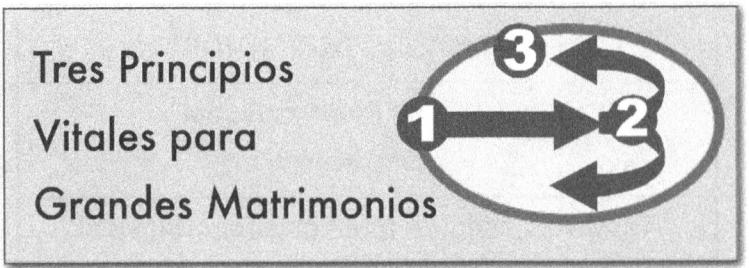

B) Descripción del Amor de Dios

El esposo debe amar a su esposa con el amor de Dios. El amor de Dios tiene varias características. Si nuestro amor no alcanza estas cualidades, entonces ya no deberíamos llamarlo amor.7 El apóstol Pablo usa la palabra griega 'ágape' para describir este amor especial afectado divinamente en 1 Corintios 13: 4-7 y en otras partes del Nuevo Testamento.8

El amor es paciente y bondadoso; no es envidioso ni jactancioso, no se envanece; no hace nada impropio; no es egoísta ni se irrita; no es rencoroso; no se alegra de la injusticia, sino que se une a la alegría de la verdad. Todo lo sufre, todo lo cree, todo lo espera, todo lo soporta.

El amor nunca falla.

Admitimos fácilmente que, a menos que Dios esté moldeando nuestras vidas y pensamientos, no hay manera de que podamos amar a nuestras esposas de manera constante. Nuestro orgullo, deseos y presiones de la sociedad pueden inducirnos a actuar de una manera que parezca cariñosa, pero estas actividades tienen raíces poco profundas y no pueden resistir las pruebas reales de la vida.

---

[7] El desarrollo del amor crece de forma diferente a lo que cabría esperar. Al admitir nuestro fracaso para alcanzar los estándares de Dios y confesar nuestros pecados a Dios y a aquellos a quienes hemos ofendido, Dios nos ayuda a crecer en nuestro amor.

[8] Vea "El poderoso tacto de Dios" para comprender mejor el poderoso mensaje de amor de 1 Corintios 13.

El amor de Dios se caracteriza por ser incondicional, sin ataduras, actos de cuidado. Estos actos amorosos se producen desde un corazón de amor. Las escrituras afirman que la naturaleza de Dios es amor; "Dios es amor." A partir de ese deseo o perspectiva surgió un plan para extender ese amor compasivo al mundo. Esto es lo que conocemos como Su plan redentor.

Dios envió a Jesucristo al mundo para extender su amor y compasión a los pecadores rebeldes. De ninguna manera nos merecíamos este amable favor. Ni siquiera por un momento merecemos que su amor se extienda a nosotros. Pero el amor de Dios envió a Cristo a morir en la cruz para quitar nuestros pecados.

"Nosotros lo amamos a él, porque él nos amó primero." (1 Juan 4:19)

En este ejemplo, encontramos que Cristo se dedicó totalmente a amar a los que no lo merecían. Su compromiso no dependió de la reacción del pueblo de Dios hacia El, sino de su determinación de extender su amor a la iglesia en obediencia a Dios el Padre. Entonces, ¿cómo describiríamos el amor ágape?

a) Incondicional

El amor de Dios es incondicional en el sentido más amplio de la palabra. Su amor no depende de ningún bien que se encuentre en nosotros. No depende de nada bueno que vea en nosotros. El amor cabalga en la parte posterior de la gracia. De hecho, no podemos responder adecuadamente a él. La humanidad está demasiado absorta en agarrar lo que quiere reconocer o responder al amor del

Señor. Cuando traducimos este principio de vida al matrimonio, nos damos cuenta de que los esposos, y los hombres en general, necesitan vivir por principios en lugar de por sentimientos o circunstancias. Hacemos lo que estamos llamados a hacer: amar a nuestras esposas de manera regular y constante.

Incondicional, el amor sin ataduras da como resultado matrimonios a largo plazo porque no depende de cómo una esposa puede responder a su marido en un momento dado. Parece que el Señor le ha dado a los maridos una prueba especial durante los períodos menstruales de la esposa cuando las esposas a menudo experimentan cambios de humor y percepciones sesgadas. ¿Nuestra amabilidad varía durante estos tiempos?

b) Compasivo

El amor compasivo es solo una forma de describir la ternura, la misericordia, la gracia, la bondad y la bondad de Dios hacia nosotros en Cristo. Dios no envió un Salvador que realizó grandes actos nobles de amor simplemente por deber. En cambio, encontramos que el Salvador es gentil, uno que se identifica con nuestras necesidades. Una vez más, el llamado del esposo es extender la bondad inequívoca de Dios a nuestras esposas a través de nuestras acciones, pensamientos, palabras y actitudes compasivas.

Los maridos deben ir más allá de proporcionar comida y refugio. Estas cosas son buenas. Incluso podría hacer sacrificios personales por el hogar, pero el amor de Dios también moldeará su relación con su esposa. Él hablará con amabilidad. Él tendrá un suave toque cariñoso. Él será paciente cuando sea malentendido o incluso acusado erróneamente. Además, el esposo será sensible a las necesidades de su esposa. Él entablará una conversación con ella para que él pueda entenderla. El amor de Cristo no fue desapegado sino involucrado.

c) Devoto

El amor de Dios es también un amor devoto. Un amor devoto revela una prioridad de acción amable a pesar de los desafíos y las distracciones de la vida. Vemos esta devoción en la noche anterior a la muerte de Jesús. "Y decía: 'Padre, si quieres, haz que pase de mí esta copa; pero que no se haga mi voluntad, sino la tuya.'" (Lucas 22:42)

Jesús preguntó si había alguna otra manera de cumplir el propósito de Dios. Su máxima prioridad no era escapar de la incomodidad, el disgusto, la vergüenza, la vergüenza, el dolor agudo, el rechazo, la burla, la injusticia y, finalmente, la muerte, sino entregarse devotamente por el bien de Su futura esposa, la iglesia.[9]

Nuestra devoción como maridos debe ser fija e inmutable. Al priorizar nuestro cuidado por nuestras esposas incluso en vista de un posible peligro o sufrimiento, reflejamos la devoción que Dios tiene hacia nosotros. Abraham hizo lo opuesto cuando entregó a su esposa al rey. Tenía miedo de que lo mataran por llevar a su bella esposa. Nuestro deleite en nuestras esposas no debe centrarse en su belleza o alegría en la relación (aunque estas cosas son agradables), sino en nuestro compromiso de cuidar de ellas. Esto es lo que hace que el voto de la boda sea tan poderoso. El esposo se está comprometiendo a dedicarse a su esposa ya sea por enfermedad o salud, pobreza o riqueza.

Asistí a un servicio conmemorativo de un hermano bueno y fiel en la iglesia. Él estableció un maravilloso ejemplo de fidelidad para nuestra congregación. Su esposa, debido a una enfermedad, no era muy coherente y necesitaba ayuda en su silla de ruedas. Cada semana él la traía a la iglesia. Llevaba su silla de ruedas por la escalera de la iglesia y luego la ayudaba. Aunque perdió muchas oportunidades de pasar tiempo con otros, después de su retiro se dedicó a cuidarla. Este fue el amor devoto de Dios dado a un hombre para otorgarle a su esposa.

Nuestras esposas saben cuando nos dedicamos a ellas debido a nuestro simple compromiso de amarlas. Este amor devoto se

---

[9] El ejemplo de Jesús brilla en contraste con la debilidad de los discípulos. Cada último discípulo se desvió de las posibles consecuencias negativas de estar asociado con Jesús. Explore Lucas 22 para observar esto.

revela en la forma en que establecemos nuestras prioridades a corto y largo plazo.

Resumen

Los esposos no tienen naturalmente este amor incondicional, compasivo y devoto. Esto solo se recibe al exponer nuestras vidas necesitadas ante el Dios Viviente. Debemos pedir que Su amor fluya libremente a nuestras esposas a través de nuestras débiles vidas. Debemos confesar que no podemos hacer esto solos, pero podemos y debemos cumplir con nuestro compromiso de expresar este amor santo. Dios puede fortalecernos.

Personalmente, he descubierto que cuanto más me concentro en mi compromiso de amar a mi esposa como Cristo me amó, la vida se vuelve más fácil. Estoy en mejores condiciones para superar otras tentaciones porque ya no estoy deliberando sobre si debo perdonar o ayudar. Identifico mi propósito en la vida con amar a mi esposa. La mayoría de las batallas furiosas que experimentamos se deben a que no hemos hecho este compromiso vital de toda la vida. Aunque ha tomado sus votos matrimoniales, le recomiendo que renueve su compromiso de amar a su esposa como uno de sus propósitos principales en la vida. Hazlo sin ceremonias en tu tiempo tranquilo o cuando sientas que tu esposa te está malinterpretando otra vez.

Mientras más se identifiquen los esposos con este llamado a amar a nuestras esposas incondicionadamente, más este amor mueve y estimula a nuestro ser. Jesús enseñó que cuando morimos a nosotros mismos, entonces comenzamos a vivir. He encontrado que esto es muy cierto (aunque para ser honesto, toma un tiempo acostumbrarse a esta diferente orientación hacia la vida y las relaciones). Primero damos pasos de amor y luego los sentimientos y afectos apropiados a continuación.

Dios diseñó al esposo para que tome la iniciativa de traer una lluvia constante de amor incondicional y bondad hacia su esposa. Dios describe el amor del esposo como un sacrificio inflexible en Efesios 5:28.

"Así también los esposos deben amar a sus esposas como a su propio cuerpo. El que ama a su esposa, se ama a sí mismo."

C) La Elección del Amor

El amor es la elección suprema. Un hombre tiene dos respuestas posibles al amor de Dios a través de Jesucristo. Él puede aceptarlo o rechazarlo. Él puede ser influenciado por el amor de Dios o evitarlo. Si abrazamos Su amor y determinamos amar, amamos. Cuando rechazamos su amor, entonces nuestra respuesta es moldeada por nuestra propia voluntad, deseos o expectativas sociales y nuestros corazones se endurecen.

(1) Los tipos de amor

El idioma Griego tiene tres palabras para nuestra palabra en Inglés "amor." Solo el amor "ágape" es un amor que se da incluso cuando no obtiene nada en cambio. El amor ágape responde a la responsabilidad de satisfacer las necesidades de los demás, independientemente de la situación. ¿En qué tipo de amor se ejecuta tu matrimonio?

El Nuevo Testamento usa la palabra griega ágape para describir el amor misericordioso de Dios que a su vez debería llevar al esposo a amar a su esposa constantemente. Él no ama a todos con esa devoción. Se compromete a amar a su esposa en el contexto especial del matrimonio. La palabra griega "eros" describe un amor apasionado a menudo utilizado en contextos sexuales (tenga en cuenta la palabra derivada en inglés 'erótico'). Philia, por otro lado, describe un amor de compensación equitativa, "Eres amable conmigo y soy amable contigo." A menudo vemos este tipo de amor ocurriendo en familias y con amigos. Veamos cómo estos diferentes tipos de amor dan forma a nuestros matrimonios.

El Amor Agape
Amor incondicional
Mentalidad: Amar por el compromiso
Motivación: Motivado por el mandato de Dios y la necesidad de los demás.
Corazón: Dispuesto a hacer sacrificios

El Amor Philia
Amor social
Mentalidad: Ama como uno es amado
Motivación: Motivado por las expectativas de los demás
Corazón: Intenta hacer una compensación equitativa

El Amor Eros
Amor apasionado
Modo de pensar: Le encanta ser amado
Motivación: Motivado por el placer propio
Corazón: Dispuesto a sacrificar a los demás

Los matrimonios se basan en tres tipos de amor:

1. **Matrimonio construido sobre lujuria**

    La emoción orientada a la lujuria que proporciona un matrimonio eros se desvanece muy rápidamente. Aquellos que basan su matrimonio en la excitación sexual pronto buscarán en otra parte más emoción. Este deseo puede llevar a los hombres y mujeres a hacer todo tipo de cosas que de otra manera nunca harían. Sin embargo, su emoción desaparece rápidamente una vez que pasa la emoción. Cuando las ofensas aumentan, ya no es posible divertirse en casa. Buscarán en otra parte lo que persiguen.

2. **Matrimonio basado en la amabilidad esperada**
   El amor Philia también se adelgaza rápidamente, pero generalmente no tan rápido como el amor eros. Un esposo ama a su esposa con la esperanza de que devolverá ese amor. Esto funciona bien siempre y cuando cada cónyuge sea amable con los demás. El problema es que somos criaturas pecaminosas. El ciclo se vuelve negativo cuando mi cónyuge no responde amablemente a mis buenos gestos. Si mi cónyuge es malo conmigo, ¿debería devolverle la mezquindad? ¿Dónde termina? Si la forma en que respondo a mi cónyuge depende de cómo ella me trate, entonces habrá un lento movimiento hacia la muerte. Debido a nuestra naturaleza pecaminosa, necesitamos un amor que no dependa de cómo la otra persona nos responde.

3. **Matrimonio construido sobre el amor del pacto**
   El amor ágape (amor de pacto) acepta amar debido al compromiso que hacemos. Amamos porque se nos ordena que lo hagamos. Solo el amor de Dios es suficiente para esto. La fuente de amor para el amor ágape es el amor de Dios por nosotros. Cristo primero nos amó. Él trajo amor al mundo. Mientras más claro el esposo puede comprometerse con este amor sacrificial, más fuerte se vuelve el amor. Una comprensión más profunda de este amor también se puede ver en el Antiguo Testamento a través de la palabra "misericordia" (en hebreo hesed). Este es un amor de pacto. Amo porque estoy comprometido con el amor.

(2) La necesidad de amor

A los esposos se les dice que aman porque son propensos a vivir de maneras auto orientadas (todos lo somos). El amor es tan necesario para el cultivo del ser glorioso de la esposa. El amor es el poder motivador para tratar bien a los demás sin importar cómo esa persona te responda.

En muchos casos parece que nuestras esposas no merecen en absoluto tales actos amables. Esto es posiblemente cierto. Pero esta es la edad de la gracia, no del juicio. Estamos llamados a imitar a Cristo y negarnos a juzgar a otros, incluidas nuestras esposas. Si bien el juicio es el deber de Dios, el perdón es responsabilidad del hombre. Abogamos por la gracia para vivir la misericordia y la bondad. Nuestro deber y nuestra tarea es tratar a los demás como deberían ser tratados porque están hechos a la imagen de Dios.

En el matrimonio, hay muchas, muchas oportunidades para expresar este amor incondicional. A veces tiene que ver con cómo uno pasa su tiempo libre. ¿Elige pasar una parte de ese tiempo con su esposa interactuando con ella? ¿Muestra su atracción por ella deleitándose en ella? Abundan las oportunidades para amar. ¡No debemos pensar que el único lugar donde se expresa este amor es en la cama! El amor requiere que siempre seamos sensibles a las necesidades de nuestras esposas.

> "Amados, amémonos unos a otros, porque el amor es de Dios. Todo aquel que ama, ha nacido de Dios y conoce a Dios."
> (1 Juan 4:7)

(3) La prueba del amor

El matrimonio se convierte en un excelente campo de pruebas que revela la sinceridad y la profundidad del amor. Día tras día, noche tras noche, los maridos tienen la oportunidad de amar a sus esposas. La vida matrimonial crea una situación intensa dentro de la cual el nivel de amor puede crecer rápidamente. Tenemos muchas oportunidades prácticas para mostrar nuestro amor a nuestras esposas. El bebé está llorando y nuestra esposa está agotada. Detenemos alegremente lo que estamos haciendo y recogemos al bebé. Sin embargo, si nos alejamos de nuestra responsabilidad de amar, incitaremos un ciclo maligno de amargura que puede abrumar el matrimonio. El odio puede aumentar rápidamente si no tenemos un propósito en nuestro amor.

(4) La Fuente del Amor

No poseemos naturalmente este tipo de amor. El amor propio interfiere con el otro amor. Los ejemplos de amor pueden y deben entenderse a partir de las condiciones del entorno, como el buen ejemplo de los padres. Sin Cristo, no podemos amar incondicionalmente. Cuando una persona se convierte en cristiana, el amor de Dios se implanta en sus vidas. Como hijo de Dios, el esposo puede recurrir a la fuerza y el ejemplo de Dios para ayudarlo a amar a su esposa como Cristo amó a la iglesia. Este amor divino es tan esencial para la vida cristiana que Dios dice que si no tenemos amor, entonces no somos de El.

> "Si alguno dice: «Yo amo a Dios», pero odia a su hermano, es un mentiroso. Pues el que no ama a su hermano a quien ha visto, ¿cómo puede amar a Dios, a quien no ha visto? Nosotros recibimos de él este mandamiento: El que ama a Dios, ame también a su hermano." (1 Juan 4:20-21)

(5) Perdón y amor

Amor significa que nosotros perdonamos. No podemos conceder a nuestras esposas el perdón de Dios. Solo Dios puede hacer eso. Cuando una persona le hace mal a otra, se convierte en un deudor moral. Él ha retenido la acción buena y correcta que se le debía a la otra persona (en este caso, su cónyuge). Mientras la deuda se interponga entre ellos, la relación incurrirá en todo tipo de desconfianza. Pero si perdonamos, liberamos la deuda moral que esa persona nos debe. Podemos continuar desarrollando confianza en nuestras relaciones. Debemos elegir no vengarnos, sino tratar a la otra persona con amabilidad.

- Perdonamos como Cristo perdonó;
- Aceptamos como Cristo aceptó;
- Esperamos como Cristo esperaba.

(6) Paciencia y amor

El amor requiere que dejemos de lado nuestras propias preferencias por el bien de otro. Cuán cierto es esto en el matrimonio. Prestamos mucha atención a lo que le gusta. Esto significa que esperamos pacientemente. Puede significar que no recibimos la atención que nos gustaría en la cocina o el dormitorio. Debemos comunicar nuestras necesidades a la persona que amamos con delicadeza, pero debemos alentar pacientemente y capacitar a nuestras esposas para que respondan adecuadamente. Si bien los cambios pueden venir, las luchas más profundas a menudo están detrás de los problemas, y debemos ser pacientes.

Nuestra razón principal para estar aquí es amar. Si puedo complacer a mi mejor amigo, entonces estoy feliz de hecho. La lujuria tiñe el mismo camino que crea porque se centra en uno mismo. Cuando reinan los deseos egoístas, ¡no hay sensibilidad sino para las propias necesidades o deseos! Cuando nuestras mentes están trabajando en cómo satisfacer mejor nuestros propios deseos, ¡estamos imaginando una forma de obtener más! No estamos pensando en cómo dar más.

El amor es paciente. El amor significa que a veces no somos amados. Amar significa que a veces tenemos que esperar mucho tiempo. La Ley del Antiguo Testamento ordenaba que no hubiera relaciones matrimoniales durante el período menstrual de una esposa o por un período posterior al nacimiento de un bebé. [10] ¿Dejarás que tu mente y cuerpo vaguen en este momento? ¿O ejercerás el autocontrol para demostrar tu lealtad hacia tu esposa?

---

[10] Ver Levítico 12: 1-6; 18:19; 20:18. No estamos diciendo que estas leyes sean necesarias para la salvación. Sin embargo, nos preguntamos si Dios ha codificado estas leyes para construir buenas prácticas de salud en las vidas de las mujeres. Quizás son fundamentales para evitar que las mujeres sufran abortos espontáneos, infecciones por hongos y ayudan a prevenir los peligros de tener hijos demasiado rápido, uno tras otro.

> *"Desecha las fábulas profanas y de viejas. Ejercítate para la piedad; porque el ejercicio corporal es poco provechoso, pero la piedad es provechosa para todo, pues cuenta con promesa para esta vida presente, y para la venidera." (1 Timoteo 4:7-8)*

El amor ejerce autocontrol porque a través de él podemos manifestar el amor de Dios. En Cristo encontramos toda la fuerza más profunda y necesaria para nuestras vidas para cuidar compasivamente a los demás, y especialmente a nuestras propias esposas. Esta naturaleza de amor ágape nace de la nueva vida que ganamos a través de Cristo cuando somos salvos.

Resumen

Cuando somos conducidos por el amor agape, estamos dedicados a distribuir la bondad de Dios a nuestras esposas. Confiamos en que Dios se ocupará de nuestras propias necesidades y deseos.[11] Nuestra cónyuge puede estar cansada, embarazada, mal, enferma o simplemente distraída. Todavía buscamos satisfacer sus necesidades especiales. Oramos, ayudamos, alentamos, compramos flores, etc. Nuestro objetivo no debe ser obtener relaciones sexuales sino centrarse en el cuidado de las necesidades especiales de nuestras esposas.

Aplicación personal

- Hay tres tipos de amor. ¿Responde a su cónyuge sobre la base de su acción (phi-lia), recompensa personal (eros) o al amar (agape)? Evalúe el tipo de amor que vive en al menos tres contextos diferentes cuando se relaciona con su cónyuge (por ejemplo, llegar a casa, levantarse, al anochecer, en la habitación, etc.).

- Tu amor se revela mejor en tiempos de estrés y pruebas. ¿Cómo respondes a tu cónyuge cuando las cosas no van bien? ¿Son tus palabras amorosas y amables? ¿Amenazas? De

---

[11] A veces, confiar en Dios con nuestras necesidades se expresa en gritos de desesperación a Dios. Recuerda que Dios es fiel. Él nunca te llevará a una situación en la que Su gracia sea insuficiente. Vea 1 Corintios 10:13.

nuevo, piense qué tipo de amor está en funcionamiento durante esos argumentos. ¿Cómo afecta tu acción a tu comunicación? Dar un ejemplo.

- Con base en las preguntas anteriores, observe las áreas en las que no está usando el amor ágape. Tráelos al Señor en oración y, si es posible, habla con tu cónyuge con calma sobre las formas en que estás tratando de crecer.

D) Preguntas sobre el Amor Incondicional

Hay muchas preguntas que surgen cuando se habla de cómo el amor incondicional debería funcionar en un matrimonio dado. Si estas preguntas no se enfrentan, a menudo se convierten en obstáculos. Justificamos vivir con un tipo diferente de amor que no es el amor de Dios en absoluto. Si vamos a ser hombres que viven el amor de Dios en nuestro matrimonio, entonces no debemos permitir que el malvado use ninguna duda para distraernos del compromiso que Dios nos pide que hagamos.

1) ¿Qué hay del esposo? ¿Cómo va a ser lleno?

La pregunta en una forma larga es: "¿Qué pasa si un esposo ama devotamente a su esposa, y ella simplemente no satisface sus necesidades?" Existe el temor de que surjan. Si él ama y no es amado, ¿qué? Él da y da pero no gana nada. Quizás en sus peores momentos podría incluso ir más allá en su pensamiento, "Dios no crearía una situación tan terriblemente miserable, y si por casualidad El lo hace, no voy a ser parte de eso."

Falta de fe	Retirar el Compromiso	Egoísmo
Él no cree que los caminos de Dios sean finalmente los mejores a pesar de las circunstancias en que se encuentra.	Debido a su duda, él retiene su compromiso	Como no puede estar seguro del amor y la ayuda de Dios, usa su "amor" como medio para recuperar el amor. ¡Esto ya no es amor!

Cuando una persona hace esta pregunta, es probable que tenga un problema de fe. Si no se maneja adecuadamente, él finalmente y egoístamente se retirará de sus votos matrimoniales. Él no tiene suficiente fe en Dios para confiar en el diseño de Dios. Dios ha prometido cuidar a un hombre mientras lo obedezca. Recuerda cómo Jesús tuvo que confiar en el Padre para que su amor en la cruz no fuera ineficaz. ¡Mientras exijamos amor, nunca lo recibiremos! A continuación se muestra una tabla de cómo la falta de fe se convierte en egoísmo.

2) ¿De verdad puedo amar si no estoy siendo amado?

La psicología moderna ha infundido miedo en aquellos que han sufrido su enseñanza. Esta visión afirma firmemente que si nuestras necesidades básicas no se cumplen, entonces no podemos preocuparnos por otra. Este tipo de reserva "mental" aleja a los hombres del necesario compromiso de amor. Este camino de pensamiento se convierte en una excusa fácil para disfrutar de la lujuria. "Si ella no va a satisfacerme, entonces tengo que satisfacer mis necesidades personales de otra manera." Aunque esta observación parezca tener sentido, es contraria a la regla de Dios. La razón para esto es clara.

Los hombres fueron diseñados para dar. Los esposos están hechos para entregarse en amor. Al dar, Dios se ocupará de las necesidades del esposo. Este es el poder del amor y la fe. El amor de un esposo no depende de la respuesta de su esposa.

Si un esposo no abandona su fe para amar, entonces retrocederá con temor a la lujuria. El mandamiento en la Biblia para que los esposos amen a sus esposas debe vencer este temor. Si le tememos a Dios más que a cualquier otra cosa, obedeceremos a Dios incluso si tenemos dudas sobre cómo una circunstancia particular podría funcionar.

Recuerdo muchas veces, en secreto y en silencio, pidiéndole a Dios que me ayude a ser paciente con mi esposa. Ella no estaba de humor o estaba pasando por una lucha personal. Llevé mi necesidad a Dios. En la mayoría de los casos, en un día, Dios, a su manera, la fortaleció milagrosamente. Solo necesitaba confiar en Dios en el asunto. Entonces el cumplimiento no viene primero. El amor es lo primero, incluso si no veo cómo funcionará. Este es amor devoto.

3) ¿La esposa no necesita amar?!

Después de escuchar extensamente acerca de la responsabilidad del esposo de amar a su esposa, el esposo podría comenzar a preocuparse. En muchos casos, el esposo está convencido de que para mejorar el matrimonio, la esposa debe cambiar. Entonces el marido pregunta: "¿Qué pasa con la obligación de la esposa de amar?"

Primero, debemos recordar que incluso si nuestras esposas no nos aman a cambio, nuestro compromiso de amarlas nunca cambia. Por supuesto, todos deseamos que nuestras esposas nos amen amorosamente. Esto hace la vida mucho más agradable. Después de todo, estamos construyendo un gran matrimonio, ¿verdad? En diferentes momentos, sin embargo, es posible que no recibamos este amor como se esperaba (esto es usando la noción del amor philia). Necesitamos involucrarnos conscientemente en amor ágape. Sin amor agape nunca llegaremos a un gran matrimonio. Cada cristiano puede, por medio de la asombrosa gracia y poder de Dios, exudar prácticamente este amor. Observe cómo el apóstol Pablo instruye a cada cristiano a participar en su privilegio de amarse los unos a los otros.

> "Por lo tanto, como escogidos de Dios, santos y amados, revístanse de entrañable misericordia, de benignidad, de humildad, de mansedumbre y de paciencia. Sean mutuamente tolerantes. Si alguno tiene una queja contra otro, perdónense de la misma manera que Cristo los perdonó. Y sobre todo, revístanse de amor, que es el vínculo perfecto." (Colosenses 3:12-14)

Segundo, hay una verdad en la vida de esta enseñanza para todos nosotros: hombres y mujeres solteros y casados. No debemos perderlo. Dios estableció el matrimonio para que todos podamos familiarizarnos con el amor incondicional de Dios.[12] La esposa no debería irse pensando que no necesita amar a su esposo. Entendemos por la enseñanza de Jesús que todos debemos amarnos los unos a los otros. La verdad es que todos están llamados a amar.

Los hombres son desafiados a un amor más elevado y más devoto debido a la intensa y estrecha relación matrimonial. Es a través de este amor ágape que los hombres pueden inyectar su matrimonio con el amor increíble de Dios. Si agregamos un poco de colorante azul a un poco de agua, esperaríamos ver que el agua se ponga azul. Lo mismo es verdad con el amor de Dios. Cuando agregamos amor a nuestro matrimonio, podemos con el tiempo esperar ver un toque mayor del amor magnífico del Señor.

4) ¿Por qué los hombres son tan lentos para seguir el ejemplo de Cristo del amor de Dios?

Esta es la pregunta más útil que deberíamos hacer como hombres. Los hombres aprenden tan lentamente. El problema es que muchos de nosotros no hemos sido un buen ejemplo de nuestros

---

[12] Para alcanzar ese amor, a menudo necesitamos pasar por tiempos de transformación. El Señor podría usar a la esposa que elijamos para castigarnos. En otras palabras, Él usa esposas difíciles para esposos difíciles. Al afilar una herramienta, se necesita un instrumento más áspero para hacer el trabajo. El retoque final requiere una herramienta mucho más delicada.

padres. El segundo problema es que a menudo somos lentos para priorizar la profundización de nuestra relación con Dios nuestro Padre. A través de esta relación, podemos familiarizarnos con el gran amor de Dios al conocerlo y obedecerlo más.

¿Cuántas veces tiene que dar Dios especialmente ayuda, guía, fortaleza y protección para convencernos de su amor? ¿No somos olvidadizos, obstinados e incrédulos? Su amor se basa en los principios y no en lo que merecemos.

Su dar ha puesto el amor en movimiento en la tierra. El amor divino de Dios a través de Cristo es el ejemplo sublime del amor ágape que puede impactar enormemente nuestros corazones fríos. Cada esposo está llamado a replicar este amor sacrificial a su esposa. Efesios 5:33 dice: "Por lo demás, cada uno de ustedes ame (ágape) también a su esposa como a sí mismo..."

El mandamiento de amar se le da al esposo para que, aunque no sienta deseos de amar, siga amando.

5) ¿Cómo se relaciona el amor con la lujuria?

Como el amor es un agente rector para todos los cristianos, es el amor el que debe moldear los pensamientos de un hombre hacia las mujeres en general. El amor ágape se muestra no solo como paciente, sino también para ayudar a una persona mayor a subir al autobús, pero también a la forma en que uno piensa en otras mujeres. No se debe pensar en las mujeres en términos de cómo pueden satisfacer nuestros deseos sexuales. No. Esa es nuestra carne con su pasión.

La carne es contraria al Espíritu (ver el final de Gálatas 5). El amor en este caso significa que deliberadamente nos abstenemos de pensar sexualmente acerca de una mujer que estamos mirando. Dios ha reservado a esa mujer para otro hombre. Él no nos ha dado esa mujer.[13] El amor respeta eso. Nos retiramos y simplemente oramos por su futuro esposo.

Incluso los hombres solteros deben vivir según el principio del amor en lugar de la lujuria. La lujuria se basa en obtener y es lo opuesto al amor genuino. Fortalecer el compromiso de uno con la pureza sexual es una de las formas en que un joven puede desarrollar el amor de Dios en su vida. Si debe reflejar el amor de Dios, entonces debe vivir una vida sexualmente pura.

Un beneficio secundario se desarrolla cuando los hombres jóvenes solteros eligen vivir una vida de amor. ¡Pueden ver mucho más claramente con qué tipo de esposa deberían casarse! Ellos no son engañados por miradas. Están buscando cualidades piadosas. Tenga en cuenta que si no nos entrenamos antes, entonces necesitaremos más entrenamiento "rudo" después del matrimonio.

6) ¿Cómo se relaciona este mandamiento de amar con los deseos sexuales de lujuria de un hombre casado?

Al final, la elección es entre el amor y la lujuria, o más claramente, entre Dios y el yo. El matrimonio nos ha ayudado a entender qué tipo de amor necesitamos para luchar esta guerra con lujuria. Si amamos, no tendremos lujuria. No nos gustarán nuestras lujurias. Seremos repelidos por su horror. Sin embargo, si descuidamos elegir el amor y la fuente del amor (Dios), caeremos en deseos de lujuria.

Un gran matrimonio no tolera imágenes y películas seductoras. ¿Por qué? Son combustible para la fábrica de la lujuria. La tolerancia de los pensamientos lujuriosos revela que uno no está amando a su esposa. El verdadero amor encuentra plena satisfacción en la esposa de un hombre. Nuestras esposas pueden envejecer. Estamos tentados de encontrar satisfacción en otros lugares. Es en este momento que debemos despertar nuestro

---

[13] Aquí hay una prueba simple. Pregúntese: "¿Nos avergonzaríamos si los demás conocieran nuestros verdaderos pensamientos acerca de otra persona?" Cuando se rige por el amor, uno solo piensa en lo que es bueno y encantador. Si surgen pensamientos malvados, empújelos a un lado y elija hacer cosas incluso mejores.

compromiso de amar a nuestras esposas (el amor erótico fracasará).

Aunque podríamos pensar que nuestro comportamiento es mejor ahora que antes, no deberíamos engañarnos a nosotros mismos. ¡Un poco menos de pornografía o menos pensamientos lujuriosos no es lo suficientemente bueno! No buscamos mejoras, sino erradicación. Tales mejoras imperfectas pueden arrullarnos en aguas peligrosas.

> Cuando amamos, que se sepa que no hay lugar para la lujuria.
>
> Pero igualmente, si tenemos lujuria, entonces no hay amor.

7) ¿Qué hago cuando mi esposa no cree que la amo?

Muchos matrimonios no son buenos. La desconfianza se ha acumulado. Este mandato de Dios para los esposos de amar a sus esposas es el primer gran paso en la dirección correcta para mejorar la relación. Después de un tiempo de egoísmo, la esposa puede ser un poco escéptica de tus motivos. Esta incredulidad en tu amor genuino podría incluso arruinarse aún más por la forma en que su padre trató a su madre. Tomará tiempo reemplazar su pensamiento.

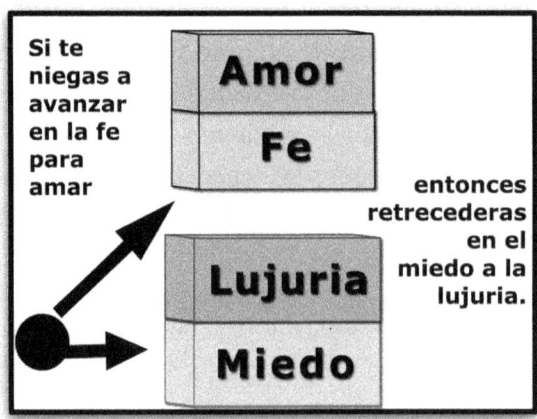

No te pongas a la defensiva y, sobre todo, no te ofendas (¡eso solo la convencería de que no la amas!). Simplemente continúa amando en silencio. Ama incondicionalmente. Amar por siempre. El amor va a ser lo que gobierne tu mente y tus pensamientos de ahora en adelante. Pero puedes estar seguro, como cristiano, Dios siempre está dispuesto a ayudarte. Sacrificio debe ser requerido. Esté dispuesto a dar e incluso a morir en su amor por su esposa. Este amor incondicional es el latido del corazón de un gran matrimonio.

8) ¿Puede mi amor aguantar?

Hay un temor que roba el compromiso de muchos hombres. Algunos esposos exigen saber "¿Puede durar este tipo de amor si no recibo ningún aliento de mi esposa?"

Esta persona quiere tener este tipo de amor, pero no está segura de tener todo lo que necesita para llevarlo a cabo adecuadamente. Esta pregunta es buena porque nos recuerda que nuestra esposa no es la fuente de nuestro amor. Puede hacer que nuestra experiencia de amarla sea más emocionante y apasionante, pero una vez que se convierta en la fuente o la fuerza de nuestro amor, entonces, con seguridad, sabrá que será breve.

La gente siempre nos decepcionará. No debemos tomar decisiones de acuerdo a cómo nos responden. Debemos tomar las decisiones correctas sobre cómo actuar de acuerdo con la verdad de la Palabra de Dios. Tal vez la pregunta real sea si podemos estar seguros de que Dios tiene suficiente sabiduría, fortaleza y amor para satisfacer las necesidades de las personas que se espera que amemos.

El verdadero amor y la fe crecen juntos. Uno no puede amar a menos que tenga una gran confianza en el diseño de Dios para el matrimonio. Él tiene que creer que Dios usará de alguna manera nuestro amor para lograr Sus propósitos más grandes, incluso si no parece evidente en el momento de la crisis.

El miedo hace que un hombre se olvide de su compromiso con su esposa al enfocar su atención en la autocompasión. Ahora, concentrémonos en cómo fortalecer nuestro amor *ágape*.

E) Fuente de amor: El diseño de Dios del hombre

Hay dos fuentes para obtener este amor persistente: 1) el diseño de Dios y 2) el llamamiento de Dios.

El Diseño de Dios del Hombre

La fuente del amor viene a través del conocimiento de cómo Dios nos ha diseñado como hombres. Muchas de las dudas que tenemos hoy es porque ya no estamos convencidos de que estamos diseñados para amar. De hecho, para muchos hombres este es un concepto nuevo.

Es mucho más fácil ser convencido por la charla del mundo como se ve en los anuncios donde se dice que la lujuria, el alcohol o el dinero nos satisfacen. El vacío viene de estas cosas. Solo entretienen cuando uno los persigue, pero después sabemos que estas no son las cosas que nos satisfacen.

La satisfacción de Dios viene cuando cumplimos Su voluntad. Él nos da un fuerte sentido de recompensa, ánimo, dignidad y fuerza renovada. Es la realización misma. Siempre hay una sensación de satisfacción cuando estamos cumpliendo el propósito que Dios tiene para nuestras vidas. Cuando se trata de la capacidad de amar a una esposa malhumorada, molesta y posiblemente frígida, necesitamos volver a nuestro llamado y diseño. Esto es lo que se supone que debemos hacer. Dios nos hizo para eso. ¿Como funciona?

El amor es lo opuesto a la lujuria. La lujuria solo se satisface temporalmente. Y luego exige cumplimiento una y otra vez. Los hombres se jactan, pero ¿alguna vez escuchaste a alguien jactarse de lo mal que se sintieron después? De ninguna manera. Esto se debe a que la culpa entra en escena.

El amor es lo contrario. El amor se está cumpliendo incluso cuando no recibimos una buena respuesta. ¿Por qué? El amor es un principio de vida espiritual construido en el mundo y nuestras vidas. Una persona adquiere un sentido de plenitud simplemente entregándose a otra. El impulso por el amor es dar. Renunciar a nuestros propios deseos por el bien de otra persona (aunque no sea reconocido) proporciona más combustible interno para más amor.

Cuando arreglo mis canalones, tengo que subir una escalera de más de 30 pies. Cada vez que desciendo espero que sea la última vez que necesito subir esa escalera. ¿Cómo puedo llegar hasta allí sin miedo paralizándome?

- Veo a otros hombres subiendo escaleras altas.

- Miro las instrucciones en la escalera que me aseguran que la escalera puede sostener mi peso.

- También recuerdo que antes estaba en esa escalera, y me mantuvo bien.

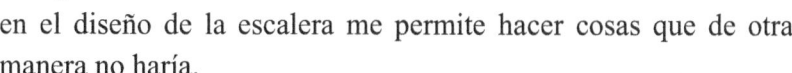

Si no tuviera confianza en la escalera, la dejaría en su lugar de almacenamiento. Yo evitaría ese trabajo a toda costa. Pero la confianza en el diseño de la escalera me permite hacer cosas que de otra manera no haría.

Los grandes matrimonios son construidos por hombres que desafían a lo desconocido confiando en el diseño de Dios para el matrimonio. No tenemos todo el amor que nuestras vidas necesitarán al mismo tiempo. Pero más amor viene cuando nuevamente derramamos amor. Se dio la vuelta? Se paciente. ¿Rechazado? Amar de nuevo. Se dio la vuelta de nuevo? Seguir amando. Criticado? El amor perdura.

¿Cuando termina? Cuando la situación es difícil, buscamos ponerle fin. Esto es normal. A nadie le gusta esas dificultades tan difíciles. Podríamos esperar un cambio repentino que lo haga más fácil. A veces vienen, pero no son soluciones para un amor que no perdura.

> *"Todo lo sufre, todo lo cree, todo lo espera, todo lo soporta. El amor jamás dejará de existir." (1 Corintios 13:7-8a)*

A medida que perduremos en nuestro amor por nuestras esposas, veremos que sucederá una de dos cosas posibles. Debido a nuestro pacto matrimonial, estamos comprometidos con nuestras esposas sin importar qué.

Posibilidad # 1 De rompimiento

Efesios 5 indica que el amor constante de un esposo puede derretir la desconfianza de su esposa.

> *"Esposos, amen a sus esposas, así como Cristo amó a la iglesia, y se entregó a sí mismo por ella, para santificarla. Él la purificó en el lavamiento del agua por la palabra, a fin de presentársela a sí mismo como una iglesia gloriosa, santa e intachable, sin mancha ni arruga ni nada semejante." (Efesios 5:25-27)*

Dios puede usar nuestro amor constante para ayudar a eliminar los defectos de nuestras esposas. El amor de un marido es ser tan constante que desgasta la presa de la desconfianza. Por la gracia de Dios, ella comienza a comprender lentamente lo que nunca pudo antes: el amor genuino. Un día se dará cuenta, y ella dirá, "¡Guau! Mi esposo realmente me ama. Así que esto es lo que realmente es el amor."

Las esposas criadas con críticas o indiferencia, por ejemplo, tienen dificultades para creer que alguien realmente las ama. Ella sospecha los motivos de su marido. Solo en tiempos de crisis, una esposa puede vislumbrar un amor genuino a través de la conducta amorosa y persistente de su esposo. Su caparazón de desconfianza comienza a suavizarse. Ella comienza a comprender lentamente cómo alguien puede realmente amarla solo por la devoción en lugar de por lo que puede obtener de ella. En ese momento ella comenzará a ser cada vez más receptiva. Un nuevo sentido de confianza ha sido agitado. Sus manchas y arrugas se están limpiando lentamente. Ella responde a sus gestos y palabras de amor. Más se dirá sobre esto en el próximo capítulo.

Posibilidad # 2 Resistencia

La segunda posibilidad es más difícil de aceptar. Dios le está confiando a algunos esposos la oportunidad de amar a sus esposas sin ver mucho o ningún cambio. Es muy parecido a un soldado que sale a la guerra. Si él está principalmente vigilando su propia vida en lugar de las vidas de sus amigos, entonces es un soldado muy pobre. De hecho, él es una amenaza para los demás.

Dios me ha llamado a brillar la antorcha de su amor en tu vida.

No puede ver cómo el objetivo final de la guerra es más importante que su propia vida. Sin embargo, si él está dispuesto a dar su vida por un bien mayor, entonces se convierte en un valiente soldado. Los miedos no lo controlan.

Algunos podrían pensar que este amor ágape es demasiado para que Dios nos lo pida. ¿Por qué? Somos una generación de hombres afeminados. La valentía y el coraje están oscurecidos por la oscuridad del placer egoísta. No tenemos metas mayores que nos llamen más allá de nuestros placeres sensuales inmediatos. El amor ágape está lejos de nuestras mentes.

Dios, sin embargo, mostró a través de Su propio ejemplo más extremo que le pediría a sus súbditos favoritos que replicaran Su amor a un gran costo. Al propio Hijo de Dios, Cristo Jesús, se le pidió que amara a un pueblo obstinado. Este amor no vio recompensa instantánea. Sus discípulos huyeron de él en su hora más oscura. Incluso vio a Pedro negarlo. Dios, sin embargo, causó un mayor bien proveniente de Su amor sacrificial. Lo mismo será cierto para nosotros también. Dios siempre usa mucho el amor ágape, incluso si nosotros mismos no podemos ver los resultados.

No podemos ver el cuadro completo desde este lado de la vida, y no debemos insistir en verlo. A algunos de nosotros, como Oseas, se nos pedirá que amemos en las circunstancias más difíciles. Su esposa se escapó varias veces prostituyéndose a otros. Otros como Job necesitarán amar a sus esposas incluso durante los tiempos de prueba. Job perdió a sus hijos y se vio plagado de una horrible enfermedad. Su esposa no lo apoyó durante esta prueba. Cristo vivió el amor porque era lo correcto, no porque fuera fácil, rápidamente recompensado o conveniente. Fue llamado para hacerlo. ¿Se lo merecía el pueblo de Dios? De ningún modo. Los esposos también son llamados y diseñados para sacrificarse por sus esposas a través del amor incondicional por ellas. Cada esposo está llamado a ofrecer ese sacrificio de sí mismo como Cristo, nuestro modelo. Todo esposo debe amar a su esposa con un amor de por vida. Este es un amor ágape incondicional, sacrificial. No hay un llamado más grande o más noble que amar como Cristo.

Resumen

Si vamos a correr la carrera, entonces vamos a correr para ganar. Necesitamos una imagen de lo que significa cuando cruzamos la línea de meta. El Señor vendrá a nosotros y nos dirá: "¡Hijo bueno y fiel, bien hecho!" Podremos retroceder en el tiempo a través de nuestras vidas a los tiempos en que arrojamos nuestros ídolos de autocomplacencia y los quemamos en un sacrificio de sí mismos. Nos comprometimos a vivir de acuerdo con su diseño para nuestras vidas sin importar el costo. Cualquier amor verdadero y santo para nuestras esposas debe comenzar antes de casarnos. En anticipación de entregarle todo su ser a su esposa, debe mantener la pureza en pensamiento, palabra y acción. Los tiempos de la juventud deben usarse para dominar el autocontrol. Cuanto más vibrante sea esta pureza antes del matrimonio, más fácilmente se podrá manejar la "desconfianza".

Elegir amar es nuestra elección. Absolutamente no podemos amar como Dios lo ha diseñado sin estar cerca de Él. Él nos ha diseñado para funcionar de esta manera. Una elección de amar es una elección de invocar a Dios en Sus grandes y abundantes misericordias para apoderarse de nuestros corazones con una pasión desinteresada como la de Él. ¡¿Puede haber una decisión mejor que tomar nuestro mayor gozo al imitar el amor de Dios en este mundo desesperado?! Definitivamente no.

Como Sus hombres, debemos tomar la decisión calculada de extender el asombroso y poderoso amor de Dios a nuestras esposas y a este mundo. Elijo constantemente el amor ágape para mi esposa. ¿Vos si?

El mundo ha engañado a los hombres para que piensen que el mayor desafío es escalar una montaña, gritar por un equipo deportivo ganador o perseguir a chicas hermosas. Dios ha declarado aquí que el mayor desafío y alegría para el hombre es amar incondicionalmente a sus esposas.

La plegaria de un esposo

"Dios me ha hecho amarte mi esposa, verdadera y desinteresadamente. Él me ha diseñado para que cada parte de mí pueda dedicarse por completo a ti. Quiero que tus sueños de boda de ese hombre que siempre te amará se hagan realidad. Soy ese hombre fiel para ti.

Al final de mi vida terrenal, el Señor sabrá que he sido puro en mi deseo de amarte por completo antes y durante el matrimonio. En la fe, quiero probar los principios fundamentales que Dios ha implantado en este universo cuando lo creó. Mi misión será amarte mi esposa como Cristo amó a la iglesia.

Dios me ha llamado a brillar como la antorcha de Su amor en tu vida. Ya sea en la pobreza o la riqueza, la juventud o la vejez, en la enfermedad o en la salud, estoy decidido a amarte. No importa si tú, querida, podrás aceptar mi amor. Te amaré y apreciaré constantemente. Quiero que mi amor por ti refleje el amor de Cristo por su pueblo. El verdadero amor da nacimiento a grandes esperanzas."

¿Hay algo más grande para vivir?

¿Hay más guerra noble para luchar?

¿Hay alguna carrera mejor para ganar? No.

Estaba tan diseñado para correr, y correré por la gracia y el poder de Dios,

Correré la carrera del amor incondicional hacia Dios y hacia ti.

Que todo sea para ti, mi amor, mi querida esposa.

Una oración de esposo

"Querido Padre Celestial, declaro una guerra santa en contra de perseguir mis propias necesidades. He elegido el arma segura de tu amor perdurable. He sido diseñado para amar. ¡Fuera los placeres egoístas infernales que traicionan mi lealtad a mi Dios y esposa! ¡Fuera con cada pensamiento que me llevaría a sus garras condenadas y codiciosas! Su tiempo se ha ido.

Elijo amar un amor puro. Elijo vivir con un enfoque sagrado en mi esposa. Quiero con mi amor penetrar en las puertas oscuras de la muerte y la confusión. Con mi compromiso constante y dedicado a mi esposa, quiero despojarme de todos los temores y dudas que se han depositado en su pobre alma.

Dios, lléname de tu Espíritu. Limpia mi alma de pecado a través de Cristo, porque tu llamado es alto y elevado. Haz que pueda vivir plenamente dedicado a mi mujer especialmente elegida. Sólo tengo una esposa. Sólo deseo a una esposa. Por tu divina gracia y ejemplo, le daré a ella, y a ella sola mi cuidado constante mientras ambos vivamos.

Y ahora, Señor, te pido que protejas lo que es tan grande y hermoso. Levanta lo que es glorioso para que la esperanza, la alegría y el amor puedan tocar nuestros miserables corazones. Déjame unirme a esta carrera para correr por tu gloria y nada más. Guíame, Señor, con tu precioso ejemplo a un río constante y fluido de actos y palabras hacia mi esposa. Que sea puro, leal y responsable. Y que el glorioso amor de Dios se revele en la tierra a través de mi amor por mi esposa. Por la gracia y la sangre de Cristo, único Hijo de Dios, te lo ruego. Amén."

Aplicación personal

- Nuestra esperanza para esta lección es que cada hombre se comprometa a vivir por el amor incondicional de Dios, casado o no. Lea la promesa de arriba en voz alta. ¿Puedes hacerlo tuyo? ¿Por qué o por qué no? Ora a través de la oración. Nuestra esperanza es que al repetir regularmente la oración o promesa, la refinará para que se adapte mejor a su situación, pruebas y desafío.

- Esposas, comprométanse a orar para que sus esposos se levanten para ser estos grandes hombres de Dios. Orad incesantemente por ellos. Imagina tener un marido que te ame de esta manera? ¿Te gusta? Entonces comprométete a orar por él. Escribe una oración si lo necesita, y cuando vea una mejoría en su esposo, aliéntelo de manera gentil y romántica.

- El amor no solo se manifiesta en tiempos difíciles, sino cada día del año. Una idea ha ayudado a las parejas a comunicar mejor su amor a sus parejas. Haga que cada cónyuge escriba dos formas en que se sientan amados. También escriba dos formas en que cree que su cónyuge se siente amado. Compara notas y discute! (Lee Los Cinco Lenguajes del Amor, de Gary Chapman para más información).

Capítulo #2 Preguntas de Estudio

1. ¿Cuál es el primer principio de vida para un gran matrimonio?
2. Haz una lista de tres palabras que describen este principio.
3. ¿Has tomado medidas para vivir según el principio del amor? ¿Cómo va eso?
4. ¿Te has sentido engañado siguiendo el camino de la lujuria? Explique.
5. ¿Sientes que mereces el amor de Dios? ¿Por qué o por qué no?
6. Comparta un incidente que le recuerde una experiencia del amor de Dios.
7. ¿Cuáles son las tres palabras griegas para amor? ¿Cómo cada uno forma un matrimonio?
8. ¿Por qué el amor debe perdonar? ¿Has perdonado completamente a tu cónyuge?
9. ¿Qué pasa con la situación donde un marido no esta completo? ¿Qué debe hacer?
10. ¿Cómo se relacionan entre sí el amor y la lujuria?
11. ¿Qué debemos decirle al esposo que dice que no puede sostener su amor?
12. ¿Cómo ayuda Dios a santificar a una esposa a través del amor fiel del esposo?
13. ¿Qué debes hacer si tu esposa se niega a responder a tu amor? ¿Por cuanto tiempo?
14. ¿Usted, como esposo, ha renovado o se ha comprometido a amar incondicionalmente a su esposa? ¿Si no, porque no? Si lo hizo, firme su nombre y fecha aquí.

3. Sumisión humilde: Principio de Vida 2

Dios ha provisto una manera de tener grandes matrimonios. Su diseño es totalmente confiable. El matrimonio es muy parecido a un barco que intenta entrar en un puerto en una noche tormentosa. Todo es conjeturas. Los errores son fatales. Vemos matrimonios fallando a nuestro alrededor. Incluso aquellos con matrimonios razonablemente buenos temen que algún defecto desconocido se haga evidente y devastará su matrimonio. No solo debemos resistirnos a vivir con miedo, sino también elegir vivir por fe en el gran diseño de Dios para el matrimonio. El diseño de Dios es completamente confiable.

"Donde cuidas una rosa, mi muchacho,

Un cardo no puede crecer."[14]

Cuando confiamos en el diseño de Dios, de hecho estamos poniendo nuestra fe en Dios mismo. Esta fe no solo es suficiente para nuestras propias vidas, sino también para las muchas parejas

---

[14] Por Frances H Burnett en "El Secreto del Jardín." Como vivimos por la fe, los temores no pueden apoderarse de nuestras vidas. Los cardos son plantas indeseables.

que sufren a nuestro alrededor que buscan ayuda desesperadamente. Dios quiere que vivamos en la esperanza. Cuando las luces del faro brillan, de repente, el capitán de un barco sabe que debe permanecer al sur de la luz para navegar hacia la seguridad del puerto. Poner nuestra confianza en el diseño de Dios para el matrimonio es como ser guiado con seguridad por esa luz.

El diseño del matrimonio de Dios es completamente confiable. Primero debemos aprender cómo funciona el diseño de Dios y luego ponerlo en funcionamiento en nuestras vidas. En este capítulo veremos el segundo principio de vida de "Sumisión humilde." Usamos esta frase "principio de vida" para describir algo que, aunque específicamente aplicable a una situación como el matrimonio, también es necesario para una vida piadosa.

El primer principio de vida del "Amor Incondicional" evoca la pregunta: "¿Por qué no se le manda también a la esposa a amar?" Las esposas también deben amar a sus esposos. Eso se entiende. Todos somos responsables de amar a los demás. Pero para los esposos, la orden de amar se destaca como la luz del faro.

Los maridos no necesitan una gran cantidad de luces de faro u órdenes para llevar ayuda a su matrimonio. Como un técnico, Dios sabe qué parte necesita ser reparada o reemplazada. Su consejo es sencillo. Las esposas no necesitan este mandato para amar de la misma manera (aunque las esposas también pueden ser egoístas), aunque generalmente están llamadas a amar en todo lo que piensan, dicen y hacen. Las mujeres se hacen de manera diferente y se relacionan de manera diferente con sus cónyuges. Su haz del faro dice,

> "Ustedes, las casadas, honren a sus propios esposos, como honran al Señor."
> (Efesios 5:22)

Este mandato ayuda a las esposas durante sus muchos momentos confusos. Cuando la oscuridad gira alrededor de su alma y todo tipo de voces gritan lo que debe hacer, la luz clara de Dios trae la dirección necesaria. A través de este comando simple y directo, Dios trae ayuda a una esposa durante estos tiempos. Necesitamos aprender más sobre cómo esta breve dirección puede ayudarla incluso en sus momentos oscuros. Cuando las esposas se someten a sus esposos, recuerdan su vocación y encuentran una rica llenura.

A) Entendiendo el Segundo Principio de Vida: Sumisión Humilde

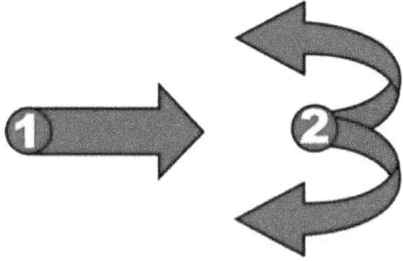

El matrimonio puede parecer extremadamente complicado debido a los problemas de matrimonio insuperables que enfrentan las personas. Dios no quiere que estemos abrumados. La solución está a nuestro alcance. De hecho, Dios nos ha dado una lección en la imagen para que podamos acceder fácilmente a lo que necesitamos saber, incluso en los momentos más desconcertantes.

El diseño del matrimonio se basa en el propio plan redentor de Dios que se refleja en Su propia persona. Las escrituras llaman al paralelo entre Cristo y la iglesia y el esposo y la esposa un misterio resuelto. En otras palabras, la venida de Cristo y la demostración del amor de Dios por su pueblo ha desbloqueado las verdades del matrimonio.

La imagen terrenal del matrimonio puede ayudarnos a comprender mejor estas verdades espirituales. Sin embargo, a veces, especialmente para aquellos que crecieron en hogares rotos o con problemas, es la verdad espiritual la que les ayuda a comprender mejor cómo mejorar sus propios matrimonios.

El misterio del evangelio se reveló por primera vez cuando Dios envió a su Hijo Cristo a morir por nuestros pecados. Dios nos amó a nosotros, la iglesia, aunque no lo amamos. La cruz fue necesaria para que nuestros pecados sean perdonados para que podamos reconciliarnos con él. Este es el gran amor de Dios. Este amor incondicional es el primer principio de vida que debe moldear el amor de un esposo por su esposa. Las Escrituras hablan muy claramente de este amor en Efesios capítulo uno.

> *"En él tenemos la redención por medio de su sangre, el perdón de los pecados según las riquezas de su gracia, 8 la cual desbordó sobre nosotros" (Efesios 1:7-8a).*

Él nos amó, nos eligió, nos compró con sacrificio para que pudiéramos pertenecerle a Él y compartir su inmensa gloria durante toda la eternidad. Este es el verdadero amor de Dios que inunda e irradia nuestras almas, incluso cuando nadie más nos ama. Su amor satisface todos nuestros anhelos más profundos. Podemos responder perfectamente a nuestros compañeros porque su amor nos llena incluso cuando nuestro cónyuge es infiel. Pero el misterio no se detiene ahí.

- Amados
- Escogidos
- Comprados
- Pertenecer
- Compartir

Mientras que el esposo debe imitar el amor de Dios por la iglesia, la esposa debe emular la respuesta de la iglesia a su Señor Jesucristo. A medida que la iglesia responde fielmente a las instrucciones del Señor, la esposa debe seguir las instrucciones de su esposo. "Así como la iglesia honra a Cristo, así también las casadas deben honrar a sus esposos en todo." (Efesios 5:24)

La iglesia está asombrada de que Dios la amaría alguna vez. Ella era marginada e indeseable. Y, sin embargo, nuestro majestuoso Señor compró a su pueblo para que pudieran formar parte de Su glorioso plan redentor y compartir sus eternas riquezas. A medida que la iglesia se centra en su indeseabilidad inherente y, sin embargo, en su gran posición, puede obtener una nueva perspectiva de su vida.

Está encantada y entusiasmada por ser fiel y obediente a su Señor. De la misma manera, una esposa debe gozar de ser elegida por su esposo para ser su novia y vivir su vida y compromiso. En su posición de honor, ella hace deliciosamente cualquier cosa para estar con él. Ella está anhelante por someterse a cada una de sus palabras y caprichos. Ella encuentra satisfacción en esa posición especial de servir a su esposo. Hay un aspecto más de este misterio.

Dios tiene un propósito en Su amor. Él tiene un propósito para Su pueblo. A menudo, la esposa se desilusiona con las tareas domésticas, cuida a los bebés que lloran, se limpia la nariz con mocos, exige su tiempo y energía limitados, etc. Ella necesita recordar el propósito de Dios para obtener a su novia. Vemos esto en los siguientes versos.

> "Para mostrar en los tiempos venideros las abundantes riquezas de su gracia y su bondad para con nosotros en Cristo Jesús. 8 Ciertamente la gracia de Dios los ha salvado por medio de la fe. Ésta no nació de ustedes, sino que es un don de Dios; 9 ni es resultado de las obras, para que nadie se vanaglorie. 10 Nosotros somos hechura suya; hemos sido creados en Cristo Jesús para realizar buenas obras, las cuales Dios preparó de antemano para que vivamos de acuerdo con ellas." (Efesios 2:7-10)

El plan de Dios para la iglesia es traer sus riquezas superiores a su pueblo. Al mismo tiempo, sin embargo, Él nos ha instruido que para obtener estas riquezas debemos hacer buenas obras. No es imposible. Dios ya las ha planeado para nosotros. Solo necesitamos seguir adelante con el poder de Su Espíritu y la gracia. ¿Qué dirías acerca de la intención de Dios? ¿No es más que bueno? Seguramente lo es. Como su pueblo, por lo tanto, realizamos con entusiasmo estas buenas obras.

Esta es nuestra oportunidad para completar las buenas obras de Cristo. Le servimos mientras servimos a los demás.

Nada ha cambiado cuando pensamos en la necesidad de la esposa de someterse a su marido. Esta es su vocación.

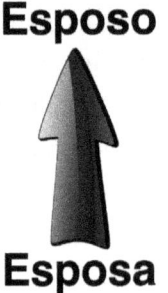

Este es el diseño de Dios.

Esta es su oportunidad para buenas obras. Ella solo necesita hacerlo. Es una cuestión de obediencia. Cuando ella vive cuidadosamente el amor de Dios a través de su servicio, impacta a su esposo, a sus hijos y al mundo.

> "Sus hijos se levantan y la llaman dichosa;
> también su esposo la congratula:
> Muchas mujeres han hecho el bien,
> pero tú las sobrepasas a todas."
> (Proverbios 31:28-29)

Vemos entonces que el plan de Dios es que las mujeres sean liberadas, no se rebelan, ya que algunas reaccionarían al mandato de Dios. La sumisión es el medio de la esposa para expandir el reino de amor de Dios. Muchos han cuestionado la intención del Señor de llamar a la mujer para que se someta a su esposo. Estas sugerencias engendran todo tipo de repugnancia al mandato de

Cristo. Claramente, esto no es lo que el Señor quería. Él allanó un camino de oro y la llamó a caminar sobre él a su lado. Al final del camino se encuentra el castillo.

Necesitamos entender mejor por qué el Señor dio este mandamiento a las esposas. Esto ayudará a resolver muchos malentendidos acerca de la función de la mujer y le permitirá comprometerse aún más con ella.

B) Las Dos Opciones

La esposa pronto aprenderá que aunque el camino está claramente trazado, hay una tremenda cantidad de confusión interna acerca de caminar en ese camino. Tendrá que tomar una decisión clara: seguir sus sentimientos o seguir las Escrituras. En realidad, para hacer un buen trabajo, deberá reconocer claramente algunas verdades:

- Se someterá a su marido en todo. (Efesios 5:24)
- Buscará la guía de su esposo sobre qué y cómo hacer las cosas.
- Encontrará satisfacción interior principalmente del propio amor de Dios por ella como su hija.
- Ella confiará en el Señor como su último Protector y Proveedor.

El mundo secular se ha apoderado de los medios de comunicación, y la esposa promedio escucha mucho más del mundo que de Dios. Ella necesita entender claramente que el mundo la ha convencido o está intentando hacerlo.

La escritura dice que la verdadera satisfacción vendrá cuando ella niegue sus propias decisiones y ponga su corazón en complacer a su esposo. Cuanto más afirme que esto es para lo que está diseñada y que está llamada a hacer, más recibirá un maravilloso celo extra y un toque del Señor para ayudarla a ser esa gran compañera de ayuda. Las esposas, o futuras esposas, deben tener cuidado con la voz fuerte del maligno que se escucha a través de los altavoces del mundo o ella sentirá que está siendo engañada de la supuestamente "buena" vida.

Cumplimiento a través de la rebelión.

La esposa está siendo tentada todo el tiempo para negar la autoridad que Dios ha puesto sobre ella. Esto sucedió en el Jardín del Edén cuando Eva escuchó una voz inteligente que la llamaba a la "libertad" o "independencia."

> "La mujer vio que el árbol era bueno para comer, apetecible a los ojos, y codiciable para alcanzar la sabiduría. Tomó entonces uno de sus frutos, y lo comió; y le dio a su marido, que estaba con ella, y él también comió." (Génesis 3:6)

Dado que esa tentación tuvo un efecto tan bueno, ¡Satanás todavía usa el mismo modo de ataque hoy! Satanás comienza cuestionando sutilmente la bondad de la voluntad de Dios. La serpiente sugirió que Eva estaba perdiendo algo mejor, que Dios le estaba ocultando algo mejor.

> (1) Satanás cuestiona la buena voluntad de Dios.
>
> (2) Él sugiere que ella se está perdiendo algo mejor.
>
> (3) Él aleja su mente del mandato de Dios hacia algo que promete satisfacer.
>
> (4) Satanás se engancha a su lealtad persuadiéndola a obedecer lo que él dice.

Entonces Satanás aleja su mente de Dios hacia algo que le agrada. Por último, él intenta engancharla seduciéndola para que lo obedezca. Este último punto es importante.

Al hacer algo diferente de lo que el Señor claramente dijo, ella realmente está saliendo de la autoridad de su esposo y se está colocando a sí misma bajo la autoridad de otro. La escritura dice que Eva fue engañada. En su cuadro de mente engañada, creyó que su opinión era mejor que obedecer a Dios. Ahora déjeme preguntar: "¿No es cierto que las esposas a menudo son tentadas, por los pensamientos y los sentimientos, a hacer lo que sienten que es correcto en lugar de lo que sus esposos les piden que hagan?"

Sin estar constantemente al tanto de las verdades de Dios, la mujer quedará desprevenida y comenzará a tomar decisiones según su propia opinión. Debido a que esto es tan común, quizás sería bueno enfrentar algunos de los argumentos sutiles que el mundo usa para lavar el cerebro a las mujeres.

C) Argumentos sutiles

Argumento 1: El esposo y la esposa deben mantener su independencia

Los esposos y las esposas de hoy a menudo piensan en el matrimonio más como un contrato comercial en el que comparten recursos juntos. Estos esposos y esposas piensan que están mejor, teniendo dos estilos de vida independientes, a veces por temor a que las cosas no funcionen demasiado bien. Vea la ilustración a la derecha.

Esta es una imagen no bíblica del matrimonio. El esposo y la esposa pierden sus entidades individuales cuando se casan.

Este tipo de matrimonio se ve intacto porque la pareja vive entre ellos (¡a veces incluso esto no es así!). Eso puede parecer como unidad, pero no es una imagen del matrimonio bíblico. En este caso uno podría tener teóricamente dos hombres o dos mujeres. Ambos tienen sus propios trabajos y sus propias vidas. El matrimonio en estos términos es un mero contrato social que guía cómo conducen sus asuntos comunes. Debido a esta perspectiva, se están preparando sutilmente para la posibilidad de divorcio. En sus mentes, el divorcio es solo cancelar un contrato humano como un contrato de alquiler.

"Simplemente no funcionó."

Esta ilustración enseña otra manera en la que el esposo (a) complementa al otro para un gran matrimonio.

La ilustración de la izquierda retrata la integración o interdependencia del esposo y la esposa. Sus identidades son distintas y, sin embargo, se entrelazan a través del pacto ante Dios. Se complementan entre sí. Se necesitan mutuamente; juntos son uno. Esta es la razón por la que Jesús dijo:

> "y los dos serán un solo ser, así que ya no son dos, sino uno solo. 9 Por tanto, lo que Dios ha unido, que no lo separe nadie" (Marcos 10:8-9).

La esposa no está representada como una unidad independiente. El esposo y la esposa están integrados juntos como dos engranajes. A medida que el esposo "gira," la esposa "gira." Otro gráfico nos ayuda a obtener una perspectiva bíblica del matrimonio.

La ilustración de la derecha demuestra esta integración hombre-mujer dentro del matrimonio. Cuando el dominante (esposo) inicia, la mujer (esposa) responde. Ambos son necesarios para formar un todo. "Ya no son dos sino una sola carne." Ninguna imagen representa perfectamente esta unión, pero cada una a su manera nos ayuda a comprender y apreciar mejor el diseño de Dios.

Estas ilustraciones muestran como en un gran matrimonio los esposos se complementan entre si.

El esposo es a menudo retratado como tonto y egoísta. La esposa debe sacar la conclusión de que si tiene algún sentido, no debe dejar que él tome ninguna decisión que la afecte. Pero este consejo es impío. Este punto de vista no pone ningún peso en el diseño del matrimonio, la responsabilidad de la esposa ante Dios o lo que Dios desea. De hecho, su respuesta debe ser dictada por el mandato primordial de Dios, no por la capacidad de su esposo para liderar bien.

Argumento 2: Protección para Uno mismo y la Familia

La razón por la que muchos rechazan la necesidad de la esposa de someterse a su esposo es para protegerse a sí misma y a sus hijos. La suposición de este argumento es que Dios no ayuda ni protege a la esposa e hijos necesitados. La esposa cree que ella puede protegerse mejor a sí misma. Esto es porque las falsas creencias han entrado en su mente. "Dios no se preocupa por nosotros." "Dios no puede ayudarnos."

El Dios de las Escrituras es justo. Él está muy interesado en todas las formas de opresión y las juzgará adecuadamente en Su tiempo. Vemos esto en las escrituras donde el verdadero cristiano muestra su corazón al preocuparse por las necesidades de las mujeres y los niños porque a menudo son oprimidos o se encuentran en situaciones difíciles.[15]

Dios, sin embargo, también ve el corazón. Él ve que otro tema está detrás de la voluntad de una esposa de disculpar su falta de sumisión al tomar las cosas en sus propias manos. Dios no está ciego a que ocurra el abuso. Él está más familiarizado con esto

---

[15] Santiago 1:27 dice, "Delante de Dios, la religión pura y sin mancha consiste en ayudar a los huérfanos y a las viudas en sus aflicciones...."

que cualquiera de nosotros. Sin embargo, si nos negamos a enfrentar la verdadera razón por la que las mujeres rechazan el mandato de Dios, nuestras soluciones nos desviarán del rumbo. Se producirán mayores problemas. La necesidad de una fe firme en un Dios justo es muy evidente.

Argumento 3: La sumisión permite a los hombres pisotear a las mujeres

Desafortunadamente, las mujeres han sido tratadas como menos que personas en el pasado y en el presente. Esta ciertamente no es la perspectiva que tenemos cuando vemos cómo Dios diseñó a las mujeres. Pero cuando las personas se niegan a creer las Escrituras, se producen todo tipo de vistas distorsionadas. Las mujeres son de gran valor para Dios. Tienen una gran parte del propósito general de Dios para la humanidad.

De la promesa de Génesis 3:15 encontramos que Dios usa a la mujer para traer liberación al mundo. ¿Dónde habría estado Moisés sin la fe de su madre? ¿Dónde estaría Jesús sin la fe de María? Todo el libro de Rut se basa en cómo la fidelidad de una mujer permitió que la línea del Mesías continuara.

Como se mencionó anteriormente, la sumisión es simplemente lo que debe hacer una esposa. Este es el llamado de Dios para ella. Esto no es negar ninguno de sus dones o habilidades. Este es uno de sus dones y oportunidades. Ella está asignada para completar al esposo porque está especialmente diseñada para ello. El Señor ha diseñado sus dones para que funcionen mejor al complementar el liderazgo de su esposo.

El mundo ha teñido la palabra "someterse" o "estar sujeto a," pero la sujeción juega un papel importante en la vida de todos. La sociedad no podría funcionar sin ella. La tabla a continuación muestra varias formas en que esta misma palabra griega "estar sujeto a"[16] es usada en la Biblia.

---

[16] Esta palabra Griega significa claramente obedecer instrucciones en un contexto autoritario. Un general, por ejemplo, espera que sus soldados sigan completamente sus órdenes.

- "Todas las cosas a Cristo: Pero una vez que todas las cosas queden **sujetas** a él, entonces el Hijo mismo quedará **sujeto** al que puso todas las cosas debajo de sus pies, para que Dios sea el todo en todos...." (1 Corintios 15:28)

- "Siervos a sus amos: Exhorta a los siervos a que se **sujeten** a sus amos y a que les agraden en todo; que no sean respondones" (Tito 2:9).

- "Jovenes a ancianos: También ustedes, los jóvenes, muestren respeto ante los ancianos, y todos ustedes, practiquen el mutuo respeto. Revístanse de humildad, porque: Dios resiste a los soberbios, pero se muestra favorable a los humildes." (1 Pedro 5:5)

- "Iglesias a Cristo: Así como la iglesia honra a Cristo, así también las casadas deben honrar a sus esposos en todo" (Efesios 5:24).

- "Gente a los gobernantes: 'Recuérdales que se **sujeten** a los gobernantes y a las autoridades; que obedezcan y que estén dispuestos a toda buena obra.'" (Tito 3:1)

- "Esposas a sus esposos: 'A ser prudentes, castas, cuidadosas de su casa, buenas y sujetas a sus maridos, para que la palabra de Dios no sea blasfemada.'" (Tito 2:5)

Al final, todos se someterán a Dios. Si elegimos humillarnos ahora, se nos promete una gran recompensa. Si somos tercos y nos negamos a someternos a nuestras autoridades, ciertamente nos estamos preparando para el juicio. Aunque no hay garantía de que el esposo mejore, la esposa que se somete a él puede tener plena confianza de que Dios está supervisando la situación.

La obediencia produce la mejor situación posible, ¡no la peor como se afirma! El cumplimiento viene de la sumisión, no de luchar contra el liderazgo del esposo.

Argumento 4: La sumisión es igual a sufrimiento

Algunas personas se oponen firmemente al requisito de que una esposa sea sumisa a su esposo porque asume que es lo mismo que el sufrimiento. Aquellas con malas experiencias ni siquiera pueden pensar que un matrimonio con sumisión podría ser algo bueno. Lamentamos que tantas mujeres hayan soportado tanto dolor de esposos abusivos. Cuando la lujuria gobierna sobre el amor, significa que el egoísmo pisa las vidas de otros. Se produce el abuso. Este es el resultado del pecado, y hasta que el Señor regrese, desafortunadamente estará presente. Las esposas deben recordar que al tomar el asunto en sus propias manos hay un peligro mayor. Esto es muy evidente en todos los juicios locos emitidos por los tribunales de familia. Las mujeres no han ganado cuando pierden a sus esposos. Cuando una esposa decide no obedecer a su esposo, ella sufre, sus hijos sufren y la sociedad también sufre.[17] El endurecimiento del corazón de una mujer básicamente elimina cualquier esperanza de cambio y mejora.

Probablemente todos hemos visto a una familia destruida por el comportamiento insensato de un esposo, ya sea asociado con el alcoholismo, las drogas, búsqueda de la fama, o simplemente de la inmoralidad. Estamos de acuerdo en que el amor del esposo no es perfecto en la tierra. A veces vemos algo totalmente opuesto a lo que debería ser. Pero esto no significa que la esposa está excusada de la sumisión. En estos casos, la esposa deberá confiar en que Dios cuidará de las necesidades de ella y de su familia.

> "Así también ustedes, las esposas, respeten a sus esposos, a fin de que los que no creen a la palabra, puedan ser ganados más por la conducta de ustedes que por sus palabras, 2 cuando ellos vean su conducta casta y respetuosa." (1 Pedro 3:1-2)

---

[17] Los resultados trágicos incluyen poblaciones en declive, ancianos solitarios, niños abandonados, adulterio, divorcio y desconfianza general en el matrimonio. Esto es peor que una bomba porque en estos casos las personas viven vidas tristes y solitarias.

Al confiar en Dios y ser una esposa fiel, la esposa está respondiendo al gran amor y la misericordia de Dios. Esta esperanza en Dios se convierte en una herramienta poderosa para traer gracia y amor extra de Dios. El mismo principio se usa de una manera más general para aquellos que están siendo maltratados por otros debido a la justicia. Deben seguir haciendo lo correcto y confiar en Dios. (Lea el resto de 1 Pedro capítulo 3).

Muchas personas sostienen posiciones no bíblicas sobre el sufrimiento. Estas situaciones difíciles son oportunidades para que el pueblo de Dios sirva abiertamente a Dios y traiga testimonios a quienes los rodean. Jesús dijo esto tan claramente,

> "Bienaventurados los que padecen persecución por causa de la justicia, porque de ellos es el reino de los cielos."

> "Bienaventurados serán ustedes cuando por mi causa los insulten y persigan, y mientan y digan contra ustedes toda clase de mal. Gócense y alégrense, porque en los cielos ya tienen ustedes un gran galardón; pues así persiguieron a los profetas que vivieron antes que ustedes." (Mateo 5:10-12)

La persecución, los insultos y las falsas acusaciones no son asuntos ligeros. No podemos insistir en que nuestras vidas estén libres de sufrimiento. Estas situaciones más difíciles brindan las mejores oportunidades para mostrar el amor de Dios y poseer una mayor virtud en la tierra y recompensas en el cielo. Tanto hombres como mujeres deben encontrar su gozo en el Señor durante tales momentos de sufrimiento. Dios los ve y los recompensará abundantemente por su fidelidad en los momentos más estresantes y difíciles. ¿Podría algo que nos suceda ser peor que lo que nuestro Padre Celestial permitió que se le hiciera a su único hijo Jesucristo? No. Necesitamos eliminar las escapatorias para nuestros pecados.[18]

---

[18] El mayor problema del sufrimiento es la dedicación del hombre al ídolo del placer. La gente tiende a adorar a Dios solo cuando es fácil. El placer es su ídolo.

D) La Importancia de la Sumisión al Proceso de Maduración

La mayoría de los argumentos sobre la sumisión de la esposa son negativos. Sin embargo, debemos ver que Dios logra grandes cosas a través de la esposa fiel. María fue un hermoso ejemplo de esto cuando aceptó las palabras del Señor. Nos centraremos en los cambios del corazón.

Aquellos que elijan desobedecer crecerán en sus miedos. Cuando una persona, sin embargo, toma repetidamente pasos de obediencia, esa persona comienza a desarrollar confianza. Veamos estos dos procesos.

El Impacto del Miedo

Todo el mundo necesita madurar. El miedo y la duda, sin embargo, destruyen el proceso de crecimiento. El miedo despoja la confianza que se necesita para dar pasos de fe. Si temo que algo malo pueda pasarme cuando voy a la tienda, es probable que no vaya allí. No tengo fe en que ocurrirá lo bueno que quiero que suceda.

Si una esposa no tiene fe en que estar sujeta a su esposo le hará ningún bien, entonces no se someterá a él. El anciano líder de la iglesia, Juan, conecta el amor y el miedo de esta manera.

> "En el amor no hay temor, sino que el perfecto amor echa fuera el temor, porque el temor lleva en sí castigo. Por lo tanto, el que teme, no ha sido perfeccionado en el amor." (1 Juan 4:18)

El amor no puede existir mientras el miedo esté presente. El amor requiere fe y confianza. Mientras los argumentos mundanos influyan fuertemente en la mente de la esposa, ella simplemente no se someterá a su esposo durante los momentos difíciles. Tendrá miedo de que cosas peores pasen. Ella no puede comprender cómo Dios podría expresar Su amor y bondad hacia ella en tales momentos. Y así, el ciclo de empeoramiento continúa desentrañando y revelando su cabeza destructiva.

"Sin embargo, ustedes no quisieron ir, sino que se rebelaron al mandato del Señor su Dios y en sus tiendas murmuraban y decían: 'El Señor nos aborrece. Por eso nos ha sacado de Egipto: ¡para entregarnos en manos de los amorreos, para destruirnos!'" (Deut 1:26-27)

Esto es lo que sucedió en Kades-Barnea (ver barra lateral). Dios tenía toda buena intención, pero los judíos se quejaban. Uno de los argumentos en sus mentes fue el siguiente: "Porque el SEÑOR nos odia ..." Esa actitud es fatal.

Por otro lado, cuando simplemente obedecemos, nuestra confianza es capaz de crecer. Recuerda, el matrimonio es el diseño perfecto de Dios. No tiene ningún defecto. Dios mismo es completamente digno de confianza. Entonces, cuando confiemos en Dios, seremos guiados por un camino que fortalecerá nuestra confianza. Debemos reconocer que este camino no es predecible en cuanto a dónde nos llevará o cuánto tiempo necesitaremos para viajar en una dirección u otra, pero si nos mantenemos firmes, terminaremos en el lugar correcto. Esto es importante para las esposas que deben confiar regularmente en Dios para velar por las preocupaciones de su corazón, como las de sus hijos.

El amor de Dios nos da un deseo especial de agradar a Dios. Esto nos motiva a dar pasos de obediencia, aunque son contrarios a lo que podemos sentir. Esta sumisión, entonces, en realidad es un paso de fe. Las esposas no saben específicamente cómo funcionarán las cosas. Solo saben que Dios es fiel y que hizo las promesas a Sus hijos obedientes.

El amor ágape de su esposo también moverá a la esposa a una obediencia más completa. Ella quiere complacerlo. Ella encuentra que ya no necesita disputarlo porque puede confiar en que él hará el mejor juicio.[19] El amor derrite los miedos y las dudas. Incluso si no encuentra el amor perfecto que le gustaría recibir de su esposo, todavía puede encontrarlo en el amor de Dios por ella. Esta fe le permite entonces dar los atrevidos pasos de estar sujeta a su esposo enamorado. Uno puede ver que si hay alguna esperanza para una buena relación, será necesario restaurarla a través de pasos de confianza y amor. La sumisión de la esposa es un aspecto crítico de esta relación creciente.

Nuestra capacidad de amar viene de ser amado y aceptado. Hay una gran y profunda seguridad que se produce cuando somos amados perpetua e incondicionalmente. Esta aceptación

---

[19] Esto no significa que el esposo deba ignorar la intuición que viene de su esposa. Un hombre es tonto por ignorar las cosas que puede aprender a través de su esposa. Ella es su ayudante. El la necesita Es importante alcanzar el equilibrio correcto hacia donde el esposo está liderando, pero valorando su aporte.

incondicional conduce a la apertura y la humildad en nuestras vidas. Los temores y las dudas se pueden dejar de lado. Mientras hacemos esto, nos asombramos aún más de Su gran amor por nosotros. No necesitamos impresionar a Dios para ganar Su favor. La confianza se construye. Queremos conocer experiencialmente a Dios a un nivel más profundo. Esta búsqueda de Dios nos lleva a conocer a Dios y Su amor en un nivel más profundo.

Cumplimiento por una creciente confianza.

En un gran matrimonio, cada cónyuge está buscando a Dios para satisfacer sus necesidades. Cada problema es una oportunidad para confiar en Dios para una solución. La confianza permite a la esposa dejar de lado sus temores uno por uno. En lugar de ser rígida y endurecida, su rostro se vuelve cada vez más tranquilo y suave.

Así como el cálido sol de primavera hace que las flores se abran de par en par en su brillante gloria, el amor constante de ágape de un esposo rompe esos temores reservados que retienen su total confianza.

Su confianza positiva permite un crecimiento especial dentro de la relación matrimonial. El mandato para que las esposas se sometan a sus esposos las dirige a la mejor vida posible. La obediencia lleva a la confianza y al amor.

> "El Señor nuestro Dios nos mandó cumplir todos estos estatutos, y temerlo, para que nos vaya bien siempre y él nos conserve la vida, como hasta el día de hoy. Si tenemos cuidado de poner por obra todos estos mandamientos delante del Señor nuestro Dios, como él nos lo ha mandado, tendremos justicia." (Deuteronomio 6:24-25)

El esposo es llamado, como el sol, a producir un fuerte rayo de amor sobre su esposa. A través de este amor se profundiza su confianza en su amor y se completa su vida. Además, cuando su esposo la ama con devoción, ella se convierte en una mujer muy satisfecha, llena del amor y la gloria de Dios, lista para amar a cualquiera. ¿Alguna vez has conocido a una mujer así? ¿Te gustaría ser una mujer así? ¿Por qué no orar y pedirle a Dios que te haga como una flor radiante que exuda el amor de Dios?

E) ¿Cómo es la sumisión cristiana?

Algunas esposas quieren obtener una mejor imagen de cómo se ve esta sumisión en un matrimonio. Hay numerosas ilustraciones e instrucciones que nos ayudan a hacer eso mismo.

Un amor genuino pero poderoso florecerá en la mujer con un corazón quieto y sumiso. Su rudeza se convierte en ternura. Esto es lo que hace a las mujeres realmente hermosas. Observe lo que dice el apóstol a continuación.

> "Que la belleza de ustedes no dependa de lo externo, es decir, de peinados ostentosos, adornos de oro o vestidos lujosos, sino de lo interno, del corazón, de la belleza incorruptible de un espíritu cariñoso y sereno, pues este tipo de belleza es muy valorada por Dios." (1 Pedro 3:3-4)

• La Respuesta Tierna de una Esposa

Mientras haya competencia o disputa, el hombre luchará naturalmente para ganar la discusión.

Un corazón amable le permite al hombre retirarse de su modo de lucha, disfrutar de la compañía de su esposa y valorar su persona y sus pensamientos.

• La Respuesta Tranquila de una Esposa

Mientras la esposa reprenda o intente abiertamente corregir, el esposo ignorará la conversación común.

Su espíritu tranquilo alienta al esposo que tiende a hablar menos para hablar y compartir su corazón. Es aquí donde ella lo edifica.

Otras preguntas sobre la sumisión

Numerosas preguntas surgen cuando una esposa comienza a pensar en cómo someterse prácticamente. Para algunos es una sorpresa. Una esposa podría estar pensando en lo absolutamente malvado que es su marido. ¿Debería ella todavía someterse a él? Sí, (a menos que él le diga que haga el mal con él o por él).

Otra esposa podría preguntarse si es posible someterse a un esposo tan malvado. Dios nos dio una imagen que nos permite ver que es posible y bueno hacer esto mismo. Una figura del Antiguo Testamento llamada Abigail era una esposa fiel. Ella soportó fielmente a un malvado esposo. Dios finalmente tomó su vida. David entonces alabó su discernimiento.

La llenura de una mujer no debe depender de que su esposo ejerza el amor incondicional, así como el amor de un esposo no debe depender de la respuesta sumisa de la esposa. Esto le permite a la esposa elevarse por encima de sus circunstancias para servir con devoción a su esposo, incluso cuando él es una "migaja."

> *"Se llamaba Nabal, y su esposa se llamaba Abigaíl. Ella era una mujer hermosa e inteligente, pero Nabal, que era descendiente de Caleb, era duro y malvado." (1 Samuel 25:3)*

Otro ejemplo clave de este mismo asunto es Sarah. ¡Ella ciertamente no obtuvo su motivación para cumplir con los deseos de su esposo por la forma en que la trató! ¡Él la empeñó a otros hombres para proteger su propia piel! Su santa decisión de hacer lo que él le pidió la convirtió en una mujer maravillosa.[20] Ella se entregó al Señor, y el Señor intervino y la protegió las dos veces que Abraham hizo esto.

> "Porque así era la belleza de aquellas santas mujeres que en los tiempos antiguos esperaban en Dios y mostraban respeto por sus esposos. Por ejemplo, Sara obedecía a Abraham y lo

---

[20] Tal vez sea debido a las diferencias culturales que tengo muchas dificultades para aceptar la decisión de Sarah como apropiada. Si no fuera por el pasaje de 1 Pedro 3 y la forma en que intervino el Señor, parecería impropio entregarse a estos hombres. Pero tal vez, y así es como lo resuelvo, ella les habría dicho a los hombres si hubieran hecho avances reales sobre ella.

llamaba señor. Y ustedes son sus hijas, si hacen el bien y viven libres de temor." (1 Pedro 3:5-6)

Idealmente, un hombre amaría fielmente a su esposa y la esposa abriría su corazón a su esposo siendo sumisa a él. Ellos deben funcionar como uno solo, complementándose mutuamente. Nuestro mundo, sin embargo, no es ideal.

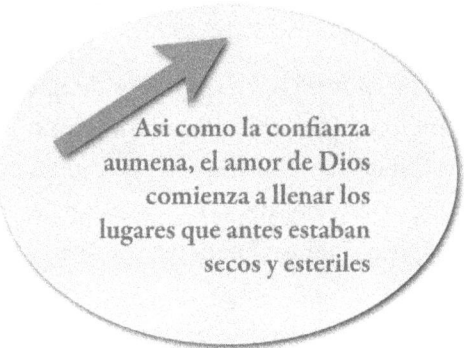

Asi como la confianza aumena, el amor de Dios comienza a llenar los lugares que antes estaban secos y esteriles

Nuestros esposos no vivirán en completa armonía con la voluntad de Dios. Pero incluso en estas situaciones, o incluso en el peor de los casos, cuando un esposo no está siendo fiel, la esposa que depende de Dios todavía puede someterse fielmente a él.

Las mujeres no deben ser altaneras sino humildes. No deben pensar erróneamente que los hombres pueden hacer lo que quieran mientras ellas están "encerradas en el hogar." Todos somos siervos del Dios Todopoderoso. Los hombres deben enfocarse en escuchar y obedecer a Dios. La posición del hombre es diferente a la de su esposa, pero la oportunidad de obedecer al Señor es la misma. La humildad no presumirá una posición superior a la que Dios nos ha asignado. La posición y el llamado están estrechamente asociados y se encuentran en la forma en que Dios nos ha hecho.

No hay lugar en un matrimonio para dos señores. Si una pareja debe trabajar juntos en armonía, uno debe presentarse como líder y el otro como seguidor. La bendición de la iglesia aumenta a medida que responde amorosamente a Jesucristo, su novio. Dios solo está esperando que respondamos en obediencia para que Su poderoso amor nos capacite más profundamente para vivir como lo hizo Cristo. Cuando una pareja se toma en serio la construcción de un gran matrimonio, Dios permitirá que los esposos trabajen juntos. Se interrelacionarán continuamente y, por lo tanto, crecerán en su relación. Gran parte de este crecimiento proviene de una conversación profunda con cada uno. Si el esposo y la esposa no están hablando y compartiendo, entonces hay muchas menos oportunidades de crecimiento.[21]

¿Cuánto ha compartido usted, como pareja, problemas del corazón? ¿Ustedes regularmente oran juntos el uno por el otro? Mi esposa y yo hemos estado discutiendo cosas y orando juntos cada noche durante más de treinta años. Sí, nos ha costado. No hay tiempo para la televisión, las películas o la navegación. Pero es durante estos tiempos que podemos ayudarnos uno a otro. Lo puse de esta manera. ¿Prefieres discutir y sentirte molesto o sabiamente planear tu tiempo?

Resumen

En la seguridad del amor de Dios, las esposas pueden crecer en su confianza en Él para ayudarles a enfrentar esas situaciones difíciles que requieren sumisión. Estas elecciones de fe fomentan mejores matrimonios en los que una esposa encuentra una llenura cada vez mayor de parte de su esposo, quien la considera cada vez más una parte especial de su vida.

F) Preguntas sobre la Sumisión

Hay muchas preguntas importantes que se hacen. Veamos algunas de ellos.

¿Qué pasa si una esposa no es amada por su esposo?

---

[21] Esto también sucede en un sentido espiritual cuando no nos reunimos con el Señor en devociones diarias donde oramos a Dios. A partir de esto, vemos lo importante que es para el esposo y la esposa entablar un diálogo saludable entre ellos. Las buenas relaciones de trabajo dependen de una buena comunicación.

Si una esposa no tiene este amor perfecto de su esposo, ella todavía es responsable de respetarlo y someterse a él.[22] Este es el llamado y diseño de Dios para ella. ¿Cómo es capaz de hacer esto? Ella es capaz de vivir con un espíritu sumiso y tranquilo para su esposo a través de la manera en que Dios satisface sus necesidades más profundas. Cuando Dios satisface la parte más profunda de la vida de una mujer, se atienden sus necesidades más profundas y básicas. Luego tiene la fuerza para confiar en que Dios la cuidará en un matrimonio difícil. Ella puede confiar en que Él llenará su corazón con amor divino y humildad.

¿Puede una esposa ser demasiado sumisa?

Una esposa no puede ser demasiado sumisa si comprende adecuadamente lo que significa la sumisión. Primero, no significa que ella sea una criatura sin alma que entrega un periódico a su amo. Piensa en la respuesta original de Adán a Eva. Piense acerca de la mujer en Proverbios 31. Una mujer es una criatura viva y dinámica creada para satisfacer necesidades especiales en un hombre, por lo que los mayores propósitos de Dios se pueden realizar a través de ella. Una mujer debe ver esto como un llamado de su vida y no solo una pequeña parte de su vida. Ella solo debe someterse "en el Señor," lo que debe interpretarse en el sentido de que no debe hacer lo que no agradaría al Señor.

¿No debería un esposo amar a su esposa?

Un marido definitivamente debe amar a su esposa. Él ha pactado para hacer esto. Pero siempre que la esposa exige este amor, ella revela un corazón endurecido que repele al hombre. Ella está tratando de manipularlo para satisfacer sus necesidades. ¿No es esto lo contrario de lo que debería estar pasando? ¿No debería ella tratar de ver sus necesidades y satisfacerlas? Ella solo usa este argumento: "Si me quisieras, entonces ..." lo controlaría. Este es un comportamiento impío lleno de egoísmo.

---

[22] ¡Las mujeres y sus padres deben discernir el amor constante de un esposo antes del matrimonio! Después, es demasiado tarde para cambiar.

Ella necesita reunirse con Dios para que Él pueda satisfacer esas necesidades. Ella entonces tiene las reservas para someterse a su esposo. Los esposos detestan a las esposas exigentes. No tienen el tiempo ni la energía para cumplir con una lista interminable de órdenes. Solo Dios puede satisfacer esas necesidades. Un esposo no es sustituto de Dios. Tales mujeres exigentes necesitan ser tocadas por el amor de Dios.

¿Cómo debo responder cuando me siento tan fuerte con respecto a la decisión "incorrecta" de mi esposo?

Debemos recordar que su responsabilidad como esposa es someterse a su esposo. El hombre es responsable ante Dios de tomar la decisión que considere mejor. "Ustedes las esposas, respeten a sus esposos, como conviene en el Señor." (Colosenses 3:18)

Podría ayudar aún más entender que cuando el esposo está equivocado, por lo general él ya lo sabe. Él sólo está buscando excusas. Si una esposa contiende con su esposo, entonces él normalmente se pone a la defensiva. Sin embargo, si sigue el patrón de Dios, permite que ocurra la mejor situación. En estos casos, y personalmente he experimentado esto varias veces, el corazón tranquilo de la esposa permite que el Espíritu de Dios obre en su corazón. Él vendrá a menudo y le preguntará acerca de estos problemas.

A veces, sin embargo, el esposo tiene razón y la esposa está equivocada. La esposa necesita confiar en Dios a través de las decisiones de su esposo. Ella necesita ir por su juicio. El mandato de Dios la ayuda a hacer lo mejor posible incluso cuando no tiene ganas. Las mujeres a menudo se confunden por sus sentimientos. Son criaturas situaciones por diseño. A pesar de que tiene mucho que aportar, necesita aprender cómo aportar esa contribución a su familia.

Algunas esposas podrían preguntarse acerca del abuso. "¿Cómo lo hicieron estas mujeres como Sarah?

Podríamos estar tentados a decir cosas como: "¡Tal vez Abraham no fue tan malo como mi esposo!" Desafortunadamente, olvidamos lo malo que era Abraham. Abraham respondió temiendo por su propia vida mientras viajaba a una tierra extranjera. ¿Qué hizo él? Le ordenó a su esposa que les dijera que ella era solo su hermana. Abraham realmente permitió que estos extranjeros la llevaran a su harén (¡más de una vez!). Sarah enfrentó momentos confusos cuando su esposo Abraham hizo estos compromisos morales en su vida que la impactaron enormemente. Me gustaría poder decir que esto era raro, pero no lo es.

Entonces, ¿cómo puede una esposa soportar este tratamiento erróneo?

Primero debemos aclarar la voluntad de Dios preguntando: "¿Conoces a alguna esposa que haya tomado el control del hogar fuera de las manos de su esposo que tenga buenos matrimonios y familias?" No. Cada vez que una esposa exige algo o rechaza a su esposo, ella es endurecida, y se forma un muro entre ellos. No hay manera de resolver esto a menos que se haga una confesión y se derrumbe ese muro. Si no lo es, entonces todos los aspectos de su matrimonio estarán contaminados con el mal, incluyendo sus vidas sexuales.

No hay duda de que aquellos que sufren en Situaciones difíciles necesitan gracia adicional para soportar. En algunas circunstancias, la estabilidad financiera de toda la casa puede perderse a través de las decisiones absurdas del esposo. Dios permite que tales cosas sucedan. Él sabe que el quebrantamiento debe venir de una manera u otra si van a encontrar la ayuda verdadera. Obviamente, Dios tiene un propósito mayor. Él quiere preservar y restaurar los matrimonios. Necesitamos aceptar tales asuntos. Tener un hogar es bueno, pero no es lo más importante en la vida. Una esposa debe clamar a Dios cuando ve a su esposo navegar sobre las rocas.

¿Cómo clama una esposa a Dios por ayuda?

Clamar a Dios por ayuda es uno de los mejores temas en las páginas de las Sagradas Escrituras. ¿Cuántas veces las Escrituras hablan de ayuda que llega a aquellos que claman a Dios por ayuda? Página tras página registran tales situaciones. Dios se especializa en ayudar a las personas a través de las crisis. Dios creó la opresión en Egipto que condujo a un bien mayor, es decir, el Éxodo. Los israelitas fueron liberados. Dios los llevó a tremendas dificultades para que pudieran ver Su gran mano salvadora. Hay muchas razones para los matrimonios infelices que vemos hoy. Pero Dios se especializa en restaurarlos. Él restaura nuestros matrimonios llevándonos a través de pruebas difíciles.

La vulnerabilidad de las personas que reciben el amor de Dios es similar a la vulnerabilidad que tiene una esposa ante un esposo opresivo. La opresión sufrida por el pueblo de Dios tiene similitudes con la de una esposa que está siendo oprimida por su esposo. Tal vez una observación cuidadosa de cómo trabaja Dios con su pueblo en situaciones desesperadas ayudará a las esposas a entender cómo les ayudará en las circunstancias más difíciles a medida que confían en El.

El amor o el poder de Dios no disminuyen cuando una esposa está siendo herida emocionalmente o de otra manera por un esposo sin sentido. En este momento hay muchas esposas lastimadas.[23] El amor o el poder de Dios no disminuyen en absoluto cuando Dios permite que Su propia gente, Su novia, sufra la opresión. Ahora mismo conozco dos aldeas cristianas en un país que fueron invadidas y tomadas por un grupo musulmán más grande. Perdieron todo, incluyendo muchas vidas. Están en una situación muy desesperada.

Asumimos que Dios no permitiría que tales cosas sucedan, pero Él lo hace por un tiempo. La justicia vendrá sin embargo. Estos tiempos de opresión están permitidos para que ocurran actividades especiales de Dios. No estamos tratando de decir que Dios hace el mal mismo. Dios no es como ese marido cruel. Sin embargo, Él

---

[23] Debemos recordar que algunos esposos son abusados por sus esposas.

permite que suceda y resuelve sus dificultades. Dios nota muy cuidadosamente a todos los suyos que sufren y tomarán la acción apropiada y la venganza. Dios es más grande que el mal al incorporarlo en Su glorioso plan eterno. Dios a veces tolera el sufrimiento en Su pueblo.

> "Al abrir el Cordero el quinto sello, debajo del altar vi a las almas de los que habían muerto por causa de la palabra de Dios y de su testimonio. A gran voz decían: 'Señor santo y verdadero, ¿hasta cuándo seguirás sin juzgar a los habitantes de la tierra y sin vengar nuestra sangre? Entonces se les dieron vestiduras blancas, y se les dijo que descansaran todavía un poco más de tiempo, hasta que se completara el número de sus consiervos y hermanos, que también sufrirían la muerte como ellos.'" (Apocalipsis 6:9-11)

Ejemplos reales de sufrimiento de la Biblia incluyen a Jesús y la iglesia primitiva.[24] Nuestro concepto inmaduro de sufrimiento está compuesto por nuestro amor por la facilidad y el placer. La obediencia a veces tiene un alto precio. Las esposas deben estar dispuestas a soportar el sufrimiento y la vergüenza en obediencia a Dios.

¿Por qué las mujeres de hoy en día tienen un problema mayor con la sumisión?

La iglesia y las esposas sufren una dolencia común. Cuando ella se hace rica, olvida lo dependiente que es. Ella comienza a resentirse de su posición y quiere decir más cosas sobre cómo van las cosas. Este es el corazón que conduce a un espíritu independiente y al aislamiento. La falta de buenas reuniones de oración para buscar la dirección del Señor es similar a la esposa que toma las decisiones sin consultar primero a su esposo.

---

[24] Aquí hay dos pasajes: *"Saulo estuvo de acuerdo con la muerte de Esteban, y ese día se desató una gran persecución contra la iglesia que estaba en Jerusalén, y muchos se dispersaron...." (Hechos 8:1)* *"Nosotros mismos nos sentimos muy orgullosos de ustedes en las iglesias de Dios, al ver la paciencia y la fe de ustedes para soportar las persecuciones y sufrimientos." (2 Tesalonicenses 1:4)*

Estos problemas aumentan cuando una esposa tiene una carrera propia. ¿Cuáles son sus tentaciones? ¿Por qué son difíciles de manejar?

El problema no está solo en el trabajo que aleja a la esposa del servicio de su esposo (por ejemplo, prepara su propia comida) sino que también provoca problemas interpersonales. No hay tiempo para la discusión. La esposa olvida el primer llamado de Dios para ser esposa y, en cambio, sigue su propio estilo de vida independiente "más gratificante." Sin embargo, ella no encontrará satisfacción en eso. En ocasiones, puede buscar una relación que la satisfaga, generalmente fuera de su matrimonio, lo que lleva a la inmoralidad. La riqueza conduce a una percepción distorsionada de la posición de uno, lo que provoca un gran estrés en la relación.

¿Está bien discutir las diferencias con un pastor o trabajadores del gobierno?

El esposo es la autoridad de la esposa. Pero hay otras autoridades que a veces observarán una acción inapropiada por parte del esposo y tratarán de corregirla. Dios mismo hace esto. Estas son situaciones muy difíciles y no pueden ser discutidas completamente aquí. Déjame hacer algunas sugerencias. No haga que el pecado de su esposo llame la atención de una autoridad gubernamental, sino que permita que Dios lo haga a su manera, si es que realmente necesita llegar a eso.

Una esposa debe, solo si es necesario, mencionar cuidadosamente su necesidad general a los ancianos o pastores para que puedan orar por ellos. Ella debe abstenerse de revelar detalles. Si Dios lo guía, déjelo actuar a través de los ancianos mediante una observación cuidadosa de él. Los pecados del esposo pueden estar en contra de ella, los hijos o en algún otro contexto. Una esposa debe negarse a presentarse como su acusadora. Ella debe estar allí para levantarlo cuando él se rompe.

Permita que Dios maneje el caso. Clame a El. Ore para que Dios intervenga y le conceda misericordia. "Tienes ante ti nuestras maldades; ¡pones al descubierto nuestros pecados!" (Proverbios 90:8)

Nos damos cuenta de que hay muchos consejos diferentes sobre lo que se debe hacer en tales situaciones. Nuestros comentarios generales se hacen a la luz del llamado de la esposa y el reconocimiento de sus autoridades. No implicamos de ninguna manera que el marido sea inocente o que deba estar libre de juicio. La esposa, sin embargo, está llamada a apoyarlo en lugar de derribarlo. Ella debe tener cuidado de evitar una posición adversa para que, si por la gracia de Dios se rompe, su matrimonio pueda ser restaurado.

Resumen

¿Estás lleno de celo en servir a su esposo? ¿Has tomado esas decisiones desgarradoras para no servirte más a ti misma, sino al Dios vivo?

Cuando una esposa ha tomado estas decisiones, se llena de maravillas misteriosas. Su esposo no puede dejar de prestar atención. Esto no significa que le dirá a la esposa de sus observaciones, pero se dará cuenta. Su amor desinteresado es demasiado deslumbrante como para no prestar mucha atención. Él es absolutamente bendecido por ella.

> "Mujer ejemplar, ¿quién dará con ella?
> Su valor excede al de las piedras
> preciosas." (Proverbios 31:10)

Cuando la esposa responde primero al Señor y luego de la abundancia de esa relación sirve a su esposo, ella está lista y es capaz de satisfacer las peticiones orales y tácitas de su esposo. Tal como ella responde al Señor Cristo, así responde a su esposo.

La vulnerabilidad y el abuso no son tiempos para renunciar al amor de Dios. El amor y el poder de Dios nunca se detienen, incluso en medio de la persecución. Dios obra a través de la crisis para mostrar su gran poder. Él capacita a su pueblo para soportar un gran dolor y amor cuando es odiado o probado. Esta es la grandeza de aquellos que responden a Su amor en circunstancias difíciles. Estamos llenos cuando confiamos en El.

El amor de Dios es tan asombroso que es suficiente para cada una de nuestras circunstancias. Podríamos estar perplejos y algunas veces heridos, pero el Señor nos cuida con cuidado. Cuando podemos someternos a Su amor en estas situaciones, surge un gran testimonio. Esta es la respuesta a Su amor sacrificial.

Nunca se debe considerar que estas declaraciones justifican el tratamiento irresponsable de un hombre hacia su esposa o la opresión de un pueblo débil en el mundo. Pero así como el amor de un esposo debe soportar a una esposa fría y tonta, la esposa debe soportar a su esposo tonto. Una esposa no puede decir que responderá en ciertos momentos y se endurecerá en otros momentos, dependiendo de cómo la trate su esposo. No. El mandato de Dios de someterse a su esposo en todo brilla como un faro de luz de Su santo faro en este mundo oscuro, incluso si eso implica enfrentar circunstancias difíciles como pérdidas financieras.[25]

LA LLENURA SUPERA EL VACIO

Cuando respondemos al amor de Dios, toda nuestra orientación hacia la vida cambia. Cuando el amor de Dios está en nuestra mente, estamos pensando en los demás. Si una esposa se consume con el amor de Dios, ella no insistirá ni le pedirá a su esposo que siga sus opiniones.

En cambio, sintiéndose profundamente satisfecha en su corazón y confiándose en Dios, se somete a su esposo. Asi como confía en Dios, su corazón se llena con el amor de Dios y se desborda a quienes la rodean. La plenitud del amor de Dios ahuyenta el vacío.

---

[25] Muchas esposas han compartido que tomaron el control de la casa cuando vieron que el esposo comenzó a tomar decisiones financieras tontas. Deberíamos preguntar por qué comenzaron en ese punto? ¿Es acaso que aman el dinero más que a Dios?

La imagen que me viene a la mente es el océano, con su marea creciente que llena una cala una vez seca. A medida que el agua sube, comienza a llenar todos los espacios vacíos. Había roca y arena, pero ahora a medida que el agua se eleva, girando a su alrededor, cada pequeña cavidad se llena. Luego la vida, los cangrejos, los peces comienzan a llenar el lugar que no hace mucho estaba árido y seco.

El amor de Dios busca llenar nuestras vidas vacías. Las olas del amor de Dios deben empujar el vacío de la búsqueda personal para llenar nuestras vidas con las olas mucho más gloriosas de complacer y deleitar a los demás.

Plan de Acción de la Esposa

En este momento, Dios está pidiendo que cada esposa elimine su egoísmo. Ella necesita primero responder al amor de Dios al estar de acuerdo con él. Ella necesita reconocer cómo se ha apartado de Su plan de amor y desearle a Él y Su amor ahora.

Dígale que desea perdón por todas sus acciones no sumisas y actitudes pobres. Confiesa que no confiaste en Él en esas circunstancias difíciles. A través de Jesucristo, puedes encontrar el perdón por tus pecados, la restauración y un nuevo comienzo que nunca tiene un final. Reconozca que Él conoce el mejor plan para su vida y que confiará en Él para que lo guíe a cumplir este plan, incluso cuando incluye someterse a un esposo egoísta.

Caminando en humildad,

Aceptando mi feminidad,

Suave, tranquila y amable.

Déjame buscar el bienestar de los demás,

Permítame el privilegio de servir fielmente a mi esposo y familia.

Que mi corazón esté contento en complacer completamente a mi Señor.

La Oración de una Esposa

Querido Señor, es hora de que yo cambie. He evitado mis responsabilidades. He perseguido mis propios deseos y he ido por mis propios caminos. Todo lo que he recibido es vacío. No te he prestado atención a ti ni a tus propósitos. He sido demasiado insistente en conseguir lo que creo que necesito. Aquí tienes este gran diseño para mi vida, y me he endurecido.

Ya no quiero ser parte del problema, sino con tu amor fluyendo a través de mí, ser parte de la solución. Señor, a través de Jesucristo, perdóname por mis caminos egoístas y restáurame a ti. Perdóname por mi corazón no sumiso que se muestra tanto en mis actitudes como en mis actos contra mi esposo. Le he decepcionado mucho.

No me concedas más pasión que responderte de manera total y cálida a Ti y a Tus planes. Ayúdame. Mi fe es tan pequeña. Habrá ocasiones en que no entenderé tus caminos, pero los deseo. Ahora que Tus olas de amor se desborden y refresquen mi corazón para que Tu amor en mí salpique las vidas de quienes me rodean.

Señor, te pido que me ayudes a ser tu fiel representante para mi esposo. Le he hecho la vida difícil. No he sido dulce, amable, y no he tomado todos sus buenos deseos. He sido egoísta en mi pensamiento; He exigido mi propio tiempo. Ahora afirmo que muero a mí misma, Señor. Déjame servirte fielmente sirviéndole.

Incluso si pudiera sufrir, ayúdame a ser fiel como Sara. Algún día, se puede decir de mí que tengo la "calidad imperecedera de un espíritu amable y tranquilo, que es precioso a los ojos de Dios." Déjame ser una de las mujeres santas de los tiempos actuales, que en su esperanza en Dios, se adornan siendo sumisas a sus propios esposos. Que veas mi amor por ti a través de mi fiel servicio a mi esposo. En Cristo Jesús oro, Amén.

Capítulo #3 Preguntas de Estudio

1. ¿Cuál es el segundo principio de vida?

2. Escribe Efesios 5:22.

3. ¿Cuál es el diseño de matrimonio de Dios según el modelo después?

4. ¿Cómo modela la iglesia la respuesta de una esposa a su esposo? (Vea Efesios 5:24)

5. ¿Cuál es el plan de Dios para la iglesia? ¿Cómo se logra esto?

6. ¿Cuáles son dos de las cuatro verdades que una esposa necesita creer para someterse correctamente a su esposo?

7. ¿Quién está tratando de convencer a la esposa de que no debe someterse a su esposo? ¿Cómo se produce?

8. ¿Cuál es la diferencia entre un contrato matrimonial y un pacto matrimonial?

9. ¿Estar sujeto a otro significa que no son importantes o no tienen valor? ¿Por qué?

10. ¿Cómo ve Dios el sufrimiento humano? ¿Cómo debe mirar una esposa el sufrimiento potencial causado por un esposo egoísta?

11. Explica cómo el miedo paraliza una relación.

12. Muestra cómo el amor desarrolla la obediencia y la confianza.

13. Explica cómo 1 Pedro 3: 3-4 pinta un cuadro de una esposa sumisa.

14. ¿Debería una esposa obedecer a un esposo malvado? ¿Por qué o por qué no? ¿Hay alguna excepción?

15. ¿Cómo debe una esposa responderle a su esposo cuando ella no lo ve amándola como debería?

16. ¿Cómo distorsiona la riqueza la percepción de la mujer de la sumisión a su esposo?

Preguntas de Reflexión Personal

17. ¿Has podido percibir el amor de Dios?
18. ¿Puedes responder a Su amor?
19. ¿Te has comprometido a someterte inquebrantablemente a tu esposo? ¿Qué podría estar deteniéndote?

4. Unidad para Siempre: Principio de Vida 3

Las parejas buscan ese matrimonio perfecto. Si bien es posible que no podamos encontrar la perfección aquí en la tierra, podemos acercarnos mucho al vivir este tercer principio de vida de 'Unidad para Siempre.'

Los caminos de Dios son increíblemente simples pero complejos. Los objetos, por ejemplo, están hechos de diferentes agrupaciones de átomos. La molécula de agua está formada por dos átomos de hidrógeno y un átomo de oxígeno. Esto parece tan simple hasta que echamos un vistazo más de cerca a estos átomos que parecen ser un universo en sí mismos. Una fuerza poderosa especial mantiene a las diferentes partículas en movimiento trabajando juntas.

El matrimonio tiene una fuerza similar. Dios ha declarado que los "dos se convierten en una sola carne." Parece fácil y tiene mucho sentido. Pero cuanto más lo pensamos, vemos que hay algunas fuerzas muy misteriosas trabajando detrás del matrimonio para mantenerlo unido.

Al igual que el átomo, el diseño de Dios para el matrimonio es perfecto. Por una hazaña asombrosa, un hombre y una mujer con diferentes voluntades y cuerpos están dispuestos a permanecer, vivir y trabajar juntos a lo largo de sus vidas. Aún más notable es cómo a través de sus vidas se desarrollan nuevos humanos únicos (los llamamos niños) hechos de una composición de los dos originales. Cada niño es una bella expresión de unidad.

Los dos primeros principios de la vida ocupan un lugar crítico en nuestros matrimonios: el amor incondicional y la sumisión humilde. Son principios que no solo se les pide a los esposos y esposas que respeten, sino a todos todo el tiempo. Vivir estas verdades es esencial para un gran matrimonio. Queremos hablar hoy del tercer principio de vida.

Este tercer principio de vida proviene de Génesis 2:24 y se desarrolla más completamente en Efesios 5, tal como lo son los otros dos principios de vida. Este es el misterio del matrimonio. "…y los dos serán un solo ser. Grande es este misterio; pero yo digo esto respecto de Cristo y de la iglesia." (Efesios 5:31-32)

El hecho es que la pareja casada ahora es "un cuerpo" a través de la poderosa declaración de Dios. Estamos llamados a reconocer esta unidad y afirmarla. Al afirmar esta unidad de diferentes maneras prácticas, nuestros matrimonios se hacen más y más fuertes. E igualmente, al elegir no vivir esta unidad, nuestros matrimonios se 'desmoronan'. Cuanto menos cumplen nuestras vidas con el diseño de Dios, mayores son los problemas.

Recuerdo que una vez caminé por un enorme edificio que se había derrumbado mientras se construía. Varias personas incluso habían muerto. Los constructores no habían seguido el diseño. Para ganar dinero, utilizaron materiales más delgados de lo que se pedía. Desde su punto de vista, todo estaba bien. No vieron la necesidad del grosor original requerido por los diseñadores. Este enorme edificio público era ahora un desastre colosal. Lo mismo sucede en los matrimonios que nos desviamos del diseño original, incluso si no vemos que surjan problemas inmediatos.

Veamos más de cerca este tercer principio de vida de "Unidad para Siempre." Cuando nos atenemos a la unidad, surge una seguridad especial sobre nuestros corazones que nos da libertad para descansar, deleitarnos y soñar. Es aquí en el diseño de Dios que encontramos Su protección, así como Su armonía, amor y alegría para nuestros matrimonios.

A) Principio de Vida # 3: Unidad para Siempre

El matrimonio estaba destinado a durar. Todos conocemos los votos matrimoniales, "mientras ambos vivamos." Con tantas opiniones diferentes que se expresan hoy, necesitamos ver lo que la Biblia tiene que decir sobre estos asuntos. Este concepto se revela en Génesis y se repite varias veces en el Nuevo Testamento.

> "Por eso el hombre dejará a su padre y a su madre, y se unirá a su mujer, y serán un solo ser" (Génesis 2:24).

> "Y agregó: "Por esto el hombre dejará a su padre y a su madre, y se unirá a su mujer, y los dos serán un solo ser." (Mateo 19:5)

Debemos tener en cuenta que la versión de Jesús varía un poco. Las escrituras primero hablan de una pareja que se une. El hombre deja la autoridad de sus padres y se convierte en su propia autoridad bajo Dios. Este cambio de autoridad y estructura familiar indica un cambio a largo plazo. Así lo hace la forma en que un hombre se dedica a su nueva esposa. La palabra "cortar" es muy fuerte y tiene una sensación de aferrarse, como vides a un tronco de árbol, o como cuando accidentalmente pegas tus dedos juntos. Aferrarse exige un enfoque concentrado, que excluye otros comportamientos o pensamientos.

El elemento de permanencia para el matrimonio se refleja aún más claramente en la última frase donde dos personas se unen en una nueva unidad familiar. Estos versículos no solo hablan de intimidades sexuales. Es cierto que el acto sexual, de una manera sorprendente, revela esta unidad. El clímax del acto sexual debe unir al hombre y la mujer de una vez en el corazón, la mente y el cuerpo. Sin embargo, la unidad va más allá de este breve e intenso tiempo de intimidad. El versículo declara que se convierten en una sola carne. Se produce un cambio en su naturaleza.

Union Fisica
Union de Almas
Union Espiritual

Esta "unidad" toca profundamente la promesa del corazón de uno hacia el otro en un tipo de compromiso "siempre y cuando ambos vivamos." La unidad es creada por una mezcla perfecta de sus dos vidas. Los diferentes géneros, responsabilidades y características físicas contribuyen a la creación de una obra maestra de la unidad. Difícilmente se puede encontrar una verdad más espléndida declarada con palabras tan simples: "Se convertirán en una sola carne".

Ahora son una sola carne, o unidad; ya no son dos. Hay un intercambio íntimo de corazón, alma y cuerpo. Esta gloriosa unión se revela en el nacimiento de "su" hijo. Un niño comparte por igual del esposo y la esposa. Ahora, sabemos que por un estudio de las células, que la unidad del padre y la madre se incorpora en cada célula del nuevo bebé. Esto es absolutamente notable. Si quieres afirmar tu matrimonio, ¡ten muchos hijos!

Al reflexionar sobre este concepto de "una sola carne", notamos algo aún más sorprendente. Cuando algo es uno, no se puede dividir simplemente en piezas funcionales normales con nuevas identidades. El átomo, que parece ser indivisible, en realidad está compuesto de diferentes partes. El núcleo y los electrones están misteriosamente unidos por fuerzas asombrosas y misteriosas. Para poder separarlos, se necesita una gran energía y los elementos originales se ven tremendamente afectados. Solo piensa lo que pasa con la bomba atómica. Dios, a través de su propio juicio, ha declarado que la pareja casada es una. El hombre y la mujer se prometen el uno al otro y se convierten en uno para toda la vida. Sólo la muerte elimina esta unidad.

No se Permite División

> Jesús aclara aún más esto. "Así que ya no son dos, sino un solo ser. Por tanto, lo que Dios ha unido, que no lo separe nadie." (Mateo 19:6)

Dios participa en la ceremonia de la boda, ya sea que haya tenido lugar en una iglesia o no.[26] Dios ha unido a la pareja. Los dos han perdido su identidad separada. Se han convertido en uno. Después del matrimonio, ya no podemos encontrar los dos originales. Sí, están presentes y son identificables como un núcleo y un electrón, pero para comprenderlos uno debe entender cómo están unidos entre sí.[27] Esta es la razón por la que el divorcio no tiene sentido y el nuevo matrimonio aún menos (a menos que la pareja original

---

[26] ¡Dios asiste a cada matrimonio incluso sin una invitación!

[27] World Book Encyclopedia (en línea) informa: "Si un átomo de hidrógeno tuviera un diámetro de aproximadamente (6,4) kilómetros, 4 millas, su núcleo no sería más grande que una pelota de tenis. El resto de un átomo fuera del núcleo es en su mayoría espacio vacío. Los electrones giran a través de este espacio, completando billones de viajes alrededor del núcleo cada millonésima de segundo."

muera). Jesús simplemente dice que volver a casarse después del divorcio es lo mismo que el adulterio.[28]

> "y Jesús les dijo: 'Quien se divorcia de su mujer y se casa con otra, comete adulterio contra la primera." (Marcos 10:11)

> "De acuerdo con la ley, la mujer casada está ligada a su esposo mientras éste vive; pero si su esposo muere, queda en libertad de casarse con quien quiera, con tal de que sea en el Señor." (1 Corintios 7:39)

Un cónyuge no puede simplemente declarar que él o ella ya no está comprometido. Una promesa es una promesa. Como la promesa es de por vida, entonces él debe ser fiel por toda la vida. Dios los ha unido a través de su fuerza misteriosa. Aunque los tribunales terrenales permiten el divorcio y la anulación del matrimonio, el matrimonio continúa existiendo

ante Dios mientras ambos cónyuges vivan.

Union Física
Union de Almas
Union Espiritual

Pablo dice lo mismo acerca de la iglesia y su relación con Cristo.

"¿Acaso no saben ustedes que sus cuerpos son miembros de

---

[28] Algunas personas argumentan que el divorcio es permisible si se trata de adulterio. Basan esto en un pasaje paralelo en Mateo (Mateo 5: 31-32) que agrega: "excepto por la impureza." La interpretación está igualmente dividida entre los estudiosos. Preferimos la interpretación más consistente y clara que afirma que el pasaje de Mateo alude a una ley deuteronómica (Deuteronomio 24: 1) que otorga permiso a José para divorciarse de María. Si la pureza sexual no puede establecerse en el matrimonio, entonces un hombre puede divorciarse de su esposa. Solo el pueblo judío entendería esta ley y, por lo tanto, solo se incluye en el Evangelio de Mateo. Esta interpretación está aún más establecida por la respuesta de los discípulos a Jesús: "¡Guau! Si este es el caso, es mejor que nadie se case" (Mateo 19:10 - mi paráfrasis).

Cristo? ¿Voy entonces a tomar los miembros de Cristo para hacerlos miembros de una prostituta? ¡De ninguna manera!" (1 Corintios 6:15)

Debido a un compromiso espiritual previo con Cristo, somos uno con él. Si luego damos nuestra devoción a otro, esto es adulterio espiritual o idolatría. Cuando una persona casada tiene relaciones sexuales con otra, o incluso entretiene tales pensamientos, ocurre el adulterio (Mateo 5:28).

La unidad se manifiesta más claramente en su indivisibilidad.

B) ¿Alternativas de matrimonio?

Hoy en día, hay muchos grupos que exigen tipos alternativos de "matrimonio." El gobierno y los tribunales decidirán al final si seguirán los arreglos de Dios, que están tan claramente dados en Génesis, o su propio razonamiento depravado. Como hemos señalado en otro capítulo, Dios dejó muy claro su punto en Génesis 2:24. Él usa las palabras masculinas y femeninas para esposo y esposa. El varón abandona a sus padres y se une a la mujer. No hay espacio para lo que la gente llama "matrimonios" homosexuales.[29]

Esto es obvio en un reino físico o natural, pero los hombres malvados están tan decididos a cumplir sus lujurias, que ya ni siquiera quieren aceptar las lecciones obvias de la naturaleza, y mucho menos de la Palabra de Dios. Dos varones no hacen uno. Tampoco las dos mujeres. Dios no dijo que se convirtieran en uno porque aún son dos. Incluso nuestros niños pequeños saben que un varón más un varón es igual a dos varones.

La mujer fue especialmente diseñada para complementar al varón. Si Dios quisiera que otro varón hiciera compañía a Adán. Él habría hecho otro varón. En cambio, hizo todo lo posible para crear un género completamente nuevo que complementara

---

[29] La palabra para mujer simplemente tiene un sonido agregado a la palabra para varón, en inglés: man=varón, woman=mujer.

completamente al hombre en el matrimonio. De esta unión sacan el fruto de los niños.

No estamos diciendo que el hombre o la mujer no puedan vivir una vida plena como solteros. Ellos pueden. 1 Corintios 7 claramente prescribe esta posibilidad cuando un hombre o una mujer gana su plenitud al acercarse a Dios y produce el fruto de buenas obras (en lugar de niños). El apóstol dice: "Yo quisiera verlos libres de preocupaciones. El soltero se preocupa de servir al Señor, y de cómo agradarlo." (1 Corintios 7:32).

Otro estilo de vida cada vez más popular es no casarse en absoluto, sino obtener privilegios matrimoniales. Muchas personas jóvenes y ancianas ya no quieren entrar en matrimonio. En algún momento en el pasado han sido marcados. Ya no tienen sueños de unidad. Sus burbujas de esperanza se han reventado. Esta generación teme el compromiso porque han visto la terrible manera en que los matrimonios a menudo terminan. Ya no creen que el matrimonio pueda ser bueno.

Dios estabecido

Una sociedad no puede dar marcha atrás fácilmente. La inmoralidad flagrante y el adulterio son signos de una generación degenerada. La solución es primero que las parejas cristianas vivan su unidad y luego desafíen a otros a que vivan sus votos. Dios nos trajo el avivamiento antes y cambió la cultura en un instante, pero el pueblo de Dios primero debe arrepentirse y buscar Su rostro.

Vivir juntos fuera del matrimonio no es matrimonio; es la fornicación. Los dos no viven bajo la promesa del matrimonio. No son "una sola carne" sino dos que se están haciendo daño por sus propios propósitos egoístas.

El matrimonio está diseñado para durar tanto como el esposo y la esposa viven en la tierra. El matrimonio nos proporciona la imagen más hermosa de continuidad y desarrollo que uno puede encontrar en la tierra. El matrimonio termina cuando un cónyuge muere, pero en su temporalidad forma una bella analogía de una relación eterna más grande entre Dios y su pueblo (c. Apocalipsis 21: 2).

La verdad de esta unidad tiene grandes ramificaciones para nuestro matrimonio. En la medida en que aceptemos por fe esta unidad, viviremos según sus verdades implícitas. Esto a su vez conducirá a un gran matrimonio. Sin fe en esta unidad, nuestros matrimonios sufrirán a medida que adoptemos una de las formas convenientes del mundo de explicar el matrimonio. No hay camino del medio. Evitar vivir según los principios de la unidad es desafirmarlos. Los buenos matrimonios siempre fortalecen esa afirmación al vivir esa unidad.

C) Una Fundación de Matrimonio Fuerte

Las bases son sobre las que construimos estructuras. Un matrimonio tiene ciertas verdades fundamentales. Si la base no es sólida, entonces, sin importar qué tan bien se construya algo sobre esa base, sufrirá. Este es el problema con los terremotos. Los terremotos sacuden los cimientos. Ellos prueban esos cimientos por su fuerza. Las costuras o debilidades en la masa de la tierra se llaman fallas. Es en estas enormes fallas donde se produce el mayor daño. Cualquier cosa construida sobre esas fallas se desmorona. Un espíritu de unidad destruye estas costuras, mientras que un espíritu de divorcio las amplifica.

Hoy en día muchas parejas se casan pensando que el divorcio es una posibilidad. Algunos son bastante abiertos al respecto. "Si no funciona, entonces nos divorciaremos." El divorcio parece una solución fácil. Es posible que una pareja no lo reconozca abiertamente, pero si la posibilidad de divorcio permanece en la mente, se convierte en una debilidad que el diablo usará más adelante para causar problema en su matrimonio. Los matrimonios serán sacudidos con todo tipo de desafíos de la vida.

Una de las razones por las que Dios odia el divorcio es porque contradice la bella imagen de la unidad e induce muchas consecuencias devastadoras. Incluso la investigación secular describe claramente el dolor, la soledad y la miseria del divorcio. La fidelidad al matrimonio nos libera para disfrutar de la bondad de Dios en lugar de estar aprisionados en lo que algunos quieren que creamos que es una antigua tradición, el paso.

Otra tendencia peligrosa en las sociedades ricas es que el esposo y la esposa asocien las bendiciones materiales con un buen matrimonio. El entusiasmo, un nuevo mobiliario, un nuevo hogar o incluso un nuevo bebé pueden disimular los problemas matrimoniales por un tiempo, pero eventualmente se levantarán. La pareja podría haber hecho votos de casarse de por vida, pero cuando llegan tiempos difíciles, comienzan a pensar en la separación y el divorcio como posibilidades reales.

Cuando los problemas entre una pareja casada aumentan, las tentaciones intervienen para atraer el compromiso de los cónyuges. El marido se imagina cómo sería con otra mujer. La esposa trata de pensar en su situación financiera para ver si puede mantenerse a sí misma. Estos mismos pensamientos sacuden los cimientos del matrimonio.

La forma en que una persona responde a estos pensamientos revela su compromiso con la unidad en su matrimonio. Cada matrimonio se enfrenta a desafíos. Nuestras respuestas a estos desafíos dependen de lo que realmente creemos. Al final, una pareja puede demostrar que realmente no cree que sea uno para toda la vida. Esto se ve por su contemplación de otras opciones en tiempos difíciles.

Ten cuidado. No quiero dar a entender que el mero pensamiento de otra "mejor vida" revela lo que creemos. Satanás frecuentemente inyecta pensamientos en nuestras mentes. Sabemos lo que creemos por lo que decidimos. Nuestras elecciones deben rechazar estos pensamientos no bíblicos y afirmar esa unidad. No permita que estas tentaciones lo induzcan a pensar y decida lo contrario. Más adelante en este capítulo se proporcionarán ejemplos de esto.

Algunas parejas están profundamente conmocionadas cuando estos pensamientos de divorcio se mencionan por primera vez. Sus sueños están rotos; están devastados. Ellos piensan que todo ha terminado. Esto no es verdad.

Aunque parezca imposible que un matrimonio se dé la vuelta, sí puede. La pareja puede arreglar las cosas enfocándose en la verdad de su unidad. Necesitan poner sus corazones en la vida por sus votos matrimoniales. Así es para cada pareja casada. Cuando decidimos vivir por el hecho de la unidad, entonces el matrimonio puede mantenerse unido. Otros asuntos se vuelven secundarios. Hacemos cambios para reforzar el concepto de unidad.

Sin embargo, si cualquiera de los cónyuges está dispuesto a aceptar la tentación de vivir aparte de la verdad vinculante de Dios y elegir un camino separado de su cónyuge, la pareja experimentará una gran agitación. Discutiremos en un capítulo posterior qué pasos especiales se pueden tomar cuando un cónyuge comienza a hablar sobre abandonar o, de hecho, se va.

El Rancho

Este principio de vida de "unidad" todavía podría sonar bastante vago. ¡Es difícil de comprender! Tratemos de entender mejor lo que significa.

Cuando una persona camina alrededor de su rancho de mil acres rodeado por una cerca, rara vez se topa con la cerca. Puede caminar y caminar y nunca encontrarse con el borde definitorio de su propiedad. Los buenos matrimonios son similares. El esposo podría trabajar en la ciudad, volar para visitar a su padre o tomar un autobús de regreso a casa, todo en los confines de la unidad conyugal. El esposo y la esposa son uno aunque estén separados.

Sin embargo, si una joven atractiva camina seductoramente por el esposo, entonces esa cerca aparecerá repentinamente. Sabe que solo necesita deleitarse con la esposa de su juventud. Él vuelve su mente y sus ojos lejos de ella. ¿Qué está haciendo? Él está afirmando la unidad de su matrimonio. Él acepta la ayuda de la valla. La cerca le recuerda a esta unidad. Luego afirma la promesa de desear solo a su esposa. Se queda dentro de la cerca.

La esposa podría estar leyendo una novela romántica. Ella comienza a identificarse con la mujer en la historia y comienza a querer a un hombre tan romántico como el de la historia. ¡Su esposo es completamente aburrido! Surge la valla. Está empezando a codiciar al hombre de otra persona (aunque en este caso podría ser imaginario). Ella recuerda su promesa de apoyar y amar a su esposo no romántico (hasta ahora, siempre con la esperanza). Se niega a considerar que cualquier otra persona podría ser mejor para ella que la pareja que ahora tiene.

Ella cumple su compromiso devolviendo instantáneamente el libro a la biblioteca. Además, le agradece al Señor por su esposo y en su corazón le confirma su promesa a él solo. ¿Viste el patrón? Ella identifica lo que amenaza esa unidad, la rechaza y prácticamente afirma esa unidad.

Solo hemos empezado a tocar este poderoso principio de la vida de la unidad. Al igual que con los otros principios de la vida, todos tienen que ver con vivir nuestra vida cristiana. Antes de seguir adelante, nos gustaría explicar este principio de vida en su contexto espiritual. Quizás esto nos permita entender mejor cómo se aplica este principio de unidad a nuestros propios matrimonios.

D) La Analogía Espiritual

Este principio de unidad está escrito en muchos pasajes de las escrituras, incluido el Antiguo Testamento. Esto se debe a que la salvación se basa en el concepto del pacto entre Dios y el hombre. Nos concentraremos en la enseñanza del Nuevo Testamento. El Nuevo Testamento nos enseña la verdad básica de que los cristianos son parte de un pacto con Dios a través de Cristo. Ellos están en Cristo y uno con Cristo porque están unidos a Cristo.

Esto se ve más claramente por la frase "en Cristo" repetida a través de la Biblia. Se usa 88 veces! La frase "en Cristo" o "en

Él" se usa once veces solo en el primer capítulo de Efesios. Veamos solo tres ejemplos.[30]

> "Bendito sea el Dios y Padre de nuestro Señor Jesucristo, que en Cristo nos ha bendecido con toda bendición espiritual en los lugares celestiales." (Efesios 1:3)

> "En él, Dios nos escogió antes de la fundación del mundo, para que en su presencia seamos santos e intachables. Por amor." (Efesios 1:4)

> "En él tenemos la redención por medio de su sangre, el perdón de los pecados según las riquezas de su gracia." (Efesios 1:7)

Somos especiales porque estamos en Cristo. Es nuestra posición en Cristo la que nos unió al amor y las promesas de Dios. Somos uno en Cristo. Esta es la enseñanza del bautismo y se enseña claramente en Romanos.

> "¿No saben ustedes que todos los que fuimos bautizados en Cristo Jesús, fuimos bautizados en su muerte? 4 Porque por el bautismo fuimos sepultados con él en su muerte, para que así como Cristo resucitó de los muertos por la gloria del Padre, así también nosotros vivamos una vida nueva. 5 Porque si nos hemos unido a Cristo en su muerte, así también nos uniremos a él en su resurrección. 6 Sabemos que nuestro antiguo yo fue crucificado juntamente con él, para que el cuerpo del pecado sea destruido, a fin de que no sirvamos más al pecado. 7 Porque el que ha muerto, ha sido liberado del pecado. 8 Así que, si morimos con Cristo, creemos que también viviremos con él." (Romanos 6:3-8)

El bautismo es una ceremonia física que muestra nuestra unidad con Cristo. Esto es como la novia caminando por el pasillo central para ser casada. Deja a su familia para unirse al novio y formar una nueva familia. Ella pierde su antigua identidad (apellido) y se

---

[30] Efesios 1:1,3,4,7,9,10,12,13,20.

convierte en parte de una nueva identidad al adoptar su apellido.[31] Juntos comienzan una nueva vida.

Surgirán luchas que pondrán a prueba nuestra lealtad a Cristo. Sin embargo, debemos obedecer a nuestro Señor e ignorar nuestras decisiones asociadas con nuestra antigua identidad. Esto funciona prácticamente en un matrimonio cuando el esposo le pide una cosa a la esposa, pero su madre la presiona para que haga algo en contra, quizás con respecto a la disciplina infantil. Ella debe vivir su unidad con su esposo y hacer lo que él le pida. Observe cómo este pensamiento se desarrolló en Romanos 6:11 con referencia a Cristo y la iglesia.

> "Así también ustedes, considérense muertos al pecado pero vivos para Dios en Cristo Jesús, nuestro Señor." (Romanos 6:11)

Podemos ver este principio de unidad de verdad o vida, desarrollado en todo tipo de pasajes. Abajo está el consejo de Pablo a los filipenses.

> "Sólo compórtense ustedes como es digno del evangelio de Cristo, para que ya sea que vaya a verlos, o que me encuentre ausente, sepa yo que ustedes siguen firmes, en un mismo espíritu y luchando unánimes por la fe del evangelio, 28 sin que en nada los intimiden los que se oponen. Para ellos, ciertamente, es indicio de perdición, pero para ustedes lo es de salvación; y esto de parte de Dios." (Filipenses 1:27-28)

¿Cómo se mantienen firmes contra el enemigo que amenaza su fe en Cristo? Es a través de su compromiso con Cristo. "Mantente firme en un espíritu, con una sola mente." Cuando nos mantenemos firmes en nuestro compromiso de alianza, el enemigo está expuesto a lo que es, un adúltero que intenta alejarnos.

Un Angulo Único

---

[31] Sabemos que esto refleja la práctica solo en ciertos países. Sea como sea, refleja plenamente lo que sucede cuando una mujer se casa con un hombre. Ella se convierte en suya.

Antes de continuar, queremos ver un pasaje más que difiere de los otros. Romanos 7: 2-4 vincula maravillosamente estas tres enseñanzas: el pacto matrimonial, el pacto cristiano y la unidad. Pablo usa el concepto de la ley del Antiguo Testamento para entender la naturaleza de un pacto como el pacto matrimonial.

> *"Por ejemplo, por la ley una mujer casada está sujeta a su marido mientras éste vive; pero si el marido muere, ella queda libre de la ley que la sujetaba a él. 3 Así que, si ella se une a otro hombre mientras su marido vive, comete adulterio, pero si su marido muere, ella queda libre de esa ley; de modo que, si se une a otro hombre, no comete adulterio. 4 Así también ustedes, hermanos míos, por medio del cuerpo de Cristo han muerto a la ley, para pertenecer a otro, al que resucitó de los muertos, a fin de que demos fruto para Dios." (Romanos 7:2-4)*

La única manera de disolver un matrimonio es a través de la muerte. Los matrimonios en la tierra solo duran mientras ambos cónyuges vivan. El divorcio es una idea del hombre para liberar a una pareja de su compromiso, pero no lo libera del compromiso que se hizo ante Dios. Dios los ha unido, lo reconozcan o no. Lo mismo es cierto con respecto a nuestra salvación. Morimos a nuestra antigua identidad y a nosotros mismos a través de la fe en Cristo y estamos unidos en el nuevo propósito de Cristo. Y al igual que en el matrimonio, hay fruto de la unión (los niños son los más prominentes), así también hay fruto de nuestra unión en Cristo (véase Juan 15: 5).

La fuerza de un matrimonio, o de un cristiano, depende de cómo se identifiquen claramente con su unidad. En el ámbito espiritual, Satanás quiere sacudir nuestros cimientos sacudiendo nuestra fe. Él hace esto haciéndonos cuestionar si realmente somos salvos o no. Satanás hace esto también en nuestro matrimonio, tentándonos a pensar que tenemos otras opciones además de permanecer casados. Veamos cómo Satanás destruye los cimientos del matrimonio en nuestra sociedad moderna.

E) El Matrimonio Moderno y sus Tentaciones.

Nos encantaría decir que la iglesia está proclamando fielmente la enseñanza de Dios sobre el matrimonio. Desafortunadamente, esto no es así. Hay algunas iglesias que se mantienen fieles a la Palabra de Dios. Sin embargo, en general, la iglesia no solo está permitiendo el divorcio, sino que alienta a los divorciados a pensar que son "solteros." Patrocinan grupos para ayudarlos a encontrar otro compañero. Dios odia este espíritu de divorcio y nuevo matrimonio porque va en contra de este principio de unidad.

> "Porque el Señor y Dios de Israel, el Señor de los ejércitos, claramente ha dicho que aborrece el divorcio y a quienes encubren su iniquidad. Tengan, pues, cuidado con su propio espíritu, y no sean desleales." (Malaquías 2:16)

El Señor odia el divorcio porque rompe el principio básico de la vida de una sola carne. Una divorciada ha tratado traicioneramente con su pareja de matrimonio. Anteriormente, solo el hombre iniciaría el divorcio, pero ahora con más riqueza, la mujer también se siente libre de iniciar el divorcio. El corazón de Dios está roto por esto. Lo que está sucediendo en el reino físico también está sucediendo en el reino espiritual. La gente está dejando a Cristo. Están rechazando su vínculo obediente con el Señor. El vínculo entre el matrimonio y la salvación está mucho más cerca de lo que muchos de nosotros sospechamos.[32]

Esto también es evidente por la forma en que el adulterio arruina el matrimonio y la vida espiritual. El espíritu de adulterio está a nuestro alrededor. Yo personalmente estaría atado por este pecado si no fuera por la gracia de Dios. Veamos cómo la unidad está amenazada por la pornografía.

---

[32] Vea las palabras enfatizadas en este pasaje. Los problemas del matrimonio revelan problemas espirituales, "También debes saber que en los últimos días vendrán tiempos peligrosos, y que habrá hombres amantes de sí mismos, avaros, vanagloriosos, soberbios, blasfemos, desobedientes a los padres, ingratos, impíos, sin afecto natural, implacables, calumniadores, intemperantes, crueles, aborrecedores de lo bueno, traidores, impetuosos, envanecidos, que amarán los deleites más que a Dios" (2 Timoteo 3:1-4).

(1) Pornografía, visualización sensual y lectura.

Algunas personas consideran que la pornografía es una distracción necesaria y normal para niños y hombres. Incluso he oído hablar de padres cristianos que piensan que están enseñando a sus hijos sobre el matrimonio al exponerlos a la pornografía. ¡La pornografía no tiene nada que ver con el matrimonio! Estos padres no les están introduciendo al matrimonio sino al adulterio.

Si quieren enseñar sobre la unidad, entonces los padres deben evitar que sus hijos participen en la pornografía y darles la visión de deleitarse solo con la única mujer de su futuro. Nos duele lo que está sucediendo a nuestro alrededor. Jesús declaró con palabras claras que el corazón de la pornografía es el adulterio. Lee Mateo 5:28 a continuación.

> "Pero yo les digo que cualquiera que mira con deseos a una mujer, ya adulteró con ella en su corazón."

En otras palabras, el cónyuge que ha puesto sus ojos en otro con lujuria ha negado el hecho de su unidad. Han permitido que sus propios deseos de auto-indulgencia gobiernen sobre su lealtad a su cónyuge. Son uno pero ya no abrazan esa verdad. En cambio, están fomentando la falsa unidad con otro.

Las mujeres son susceptibles a la misma tentación. Cada vez más mujeres usan pornografía. Ellos están buscando relaciones sustitutivas. Al tolerar la pornografía, las películas sensuales o las novelas, están desarrollando un espíritu de traición. Están dando la espalda a su cónyuge. Esto sucede porque ya no confían en la verdad de que el camino de Dios es el mejor. La cura para aquellos atrapados en la red de pornografía es confesar la impureza de sus corazones a Dios y a sus esposas.[33] Luego deben renovar el compromiso de servir solo al Señor siendo fieles a su cónyuge. Mirémoslo de una manera positiva.

> La unidad me dice que Dios me ha dado algo muy bueno en una esposa. Las escrituras dicen, "¿Hallaste esposa? ¡Has hallado el bien!
> ¡Has alcanzado el favor del Señor!" (Proverbios 18:22)

Debemos estar contentos con nuestro cónyuge. Como nuestro propósito es deleitarnos únicamente con nuestro cónyuge, reafirmamos nuestra unidad con él o ella. Cuanto más nos deleitamos en nuestro cónyuge, más grande es el "rancho." Sentimos cada vez más libertad. Como dice Pablo en Timoteo, "la ley es solo para los que no tienen ley."[34] Cuando no comprometemos la promesa de nuestro corazón, entonces no se piensa en la ley, es decir, la cerca. Las muchas tentaciones circundantes se vuelven cada vez menos atractivas. ¿Por qué? Encontramos alegría en el cumplimiento de las promesas de Dios.

Entendemos que algunos han perdido la esperanza. Se hacen llamar adictos. El impulso de los altos químicos que se esconden detrás de los deseos sexuales puede ser muy fuerte. Los consejeros les dicen que están "heridos" del pasado. Sin embargo, debemos entender que cuando un esposo o esposa se permite a sí mismo desear a otro, está cometiendo una traición. Ellos están rompiendo su promesa. El arrepentimiento no significa simplemente intentar dejar de ver pornografía en la web. La raíz

---

[33] Me molestó mucho escuchar a un consejero cristiano recomendar que el marido no le contara a su esposa el pecado de la pornografía para "evitarla." Aunque apreciamos que él estaba tratando de ser sensible con la esposa, es un consejo impío. ¿Qué tipo de matrimonio quiere? Si quieren un gran matrimonio, entonces necesitan construir desde la base de la unidad, que no tolerará ningún engaño ni oscuridad. Mientras el hombre oculte cosas tan destructivas de su esposa, no puede haber curación. Él está cubriendo el pecado y no prosperará. Él necesita confesar y buscar el perdón por estos pecados de ella.

[34] "También sabemos que la ley no fue dada para el justo, sino para los transgresores y desobedientes, para los impíos y pecadores, para los irreverentes y profanos, para los parricidas y matricidas, para los homicidas" (1 Timoteo 1:9).

del problema debe estar expuesta. Han estado viviendo por "dobleguez" en lugar de unidad. Viven como si pudieran tomar decisiones aparte de la otra. Tales acciones revelan la duda de que el camino de Dios es el mejor y de esa manera es una rebelión contra la verdad de Dios. Siempre que uno rechace la verdad de Dios, será quemado por su rechazo de la misma.

De hecho, cuando tengamos una perspectiva clara del principio de vida de la unidad, veremos que los matrimonios malos están llenos de un comportamiento que niega la unidad. Se permiten tomar decisiones que van en contra de la unidad del matrimonio. La pornografía es solo un ejemplo. Pensemos en otra área: las discusiones.

(2) Peleando y discutiendo

Jesús dijo una vez que es una locura pensar en alguien que lucharía consigo mismo. [35], pero esto es exactamente lo que sucede cuando los esposos discuten. Cada vez que un esposo o esposa se opone al otro, es como una célula maliciosa que se ha vuelto loca y está dispuesta a destruirse a sí misma. Están contrarrestando el principio de la vida unitaria. Necesitan trabajar juntos en lugar de oponerse unos a otros.

Esto puede sonar bastante ideal, pero aquí es donde el mandato de Jesús de amarse unos a otros se vuelve muy práctico. ¿No debemos esforzarnos por amarnos unos a otros? He escuchado a muchos cristianos afirmar que los argumentos son normales, buenos e incluso necesarios. Estos supuestos consejeros no están haciendo ningún bien a nadie. Los argumentos y las peleas no son normales, aunque son comunes. Una vez que los aceptamos como normales, entonces esto establece el estándar. En cambio, debemos mantenernos de la norma de Dios y arrepentirnos de nuestros espíritus argumentativos.

Los esposos tienen diferencias de opinión. Tenemos desacuerdos, pero cuando empezamos a criticar o usar palabras que

---

[35] *"Así que, si Satanás expulsa a Satanás, se estará dividiendo a sí mismo; y así, ¿cómo podrá permanecer su reino?"* (Mateo 12:26)

intencionalmente lastiman o menosprecian, seguramente hemos olvidado el principio de vida de la unidad. Esta verdad es para todos los cristianos. El apóstol resume el enfoque que debemos tomar el uno hacia el otro.

> "Por lo tanto, como escogidos de Dios, santos y amados, revístanse de entrañable misericordia, de benignidad, de humildad, de mansedumbre y de paciencia. Sean mutuamente tolerantes. Si alguno tiene una queja contra otro, perdónense de la misma manera que Cristo los perdonó. Y sobre todo, revístanse de amor, que es el vínculo perfecto." (Colosenses 3:12-14)

Hay cosas más importantes que expresar, insistir o hacer cumplir los propios deseos y pensamientos. Cuando una pareja considera la voluntad y los caminos de Dios, la forma en que hacemos algo es tan importante como lo que hacemos. La pareja debe estar dispuesta a ejercer humildad y paciencia para cumplir el propósito del Señor. Reconocemos que debido a nuestro yo pecaminoso, caemos en esta norma, ya sea en nuestro matrimonio o en una reunión de negocios de la iglesia.

Cuando el estándar es alto, como Dios lo ha establecido, podemos arrepentirnos, ser restaurados y volver a donde Dios quiere que estemos. Sin tales expectativas, la amargura permanece en nuestros corazones y destruye lentamente todo sentido de unidad.

F) Afirmaciones de Unidad

Pensemos en algunas maneras positivas de afirmar la unidad. Quizás ya estés haciendo muchos de ellos.

1. Comprométase a no mencionar ni siquiera a considerar el divorcio o la separación de ningún tipo como una posible salida.

2. Pasen tiempo juntos. Tener una "cita" una vez a la semana.

3. Perdona completamente al otro por sus pecados. No albergues amargura. "El amor cubre una multitud de pecados".

4. Expresar afecto y deseo el uno por el otro más allá del dormitorio.

5. Hablar juntos sobre temas, sueños, niños y otras necesidades. Piense y discuta cómo se complementan.

6. Preserve sus intimidades sexuales como lo dictan las Escrituras (1 Corintios 7: 5).

7. Negarse a discutir entre sí. Reconozca las diferencias pero luego comience a discutir en oración los problemas.

8. Oren juntos regularmente. (Más que a la hora de comer!)

9. Estudien la Palabra de Dios juntos.

10. Desarrollar una visión familiar. (¿Cómo te quiere Dios como familia para ministrar en este mundo?)

Pasos de Afirmación

¿Cómo podemos subir estos pasos de afirmación? Déjame compartir desde mi propio viaje. El principio detrás de todos estos pasos se centra claramente en dedicarme a amar y deleitarme con mi esposa Linda. Al hacer esto, ella también desarrolla un creciente amor y alegría. Las tentaciones se alejan más fácilmente. Aquí hay algunas formas básicas en que expreso esa unidad más allá de lo que se dijo anteriormente.

• Determinar amar solo a mi esposa.

• Afirmar mi amor por mi esposa luchando contra la tentación.

• Confiar en el tiempo de Dios para satisfacer mis propios deseos y necesidades. Esto ayuda a protegerme de la frustración.

• Negarse a amargarse. Ella podría estar engañada por sus sentimientos. Ella necesita mi amabilidad ahora mismo. Esperaré a que pase este estado de ánimo.

- Pido disculpas rápidamente por mis errores. Quiero que trabajemos juntos.

- Recuerda que la mejor manera de Dios es trabajar a través de los dos. ¡La necesito!

- Recordar que a menos que tenga paz con ella, Dios no contestará mis oraciones.[36]

- Las mayores alegrías vienen a través de estar en armonía con ella. Los peores momentos son cuando estamos actuando en contra del otro.

En futuros debates, esperamos recurrir a temas más específicos. Debemos dominar las respuestas a estas preguntas para preservar nuestra unidad.

- ¿Cómo manejas una situación en la que está surgiendo una discusión?
- ¿Qué pasa si solo un cónyuge se está enfocando en la unidad?
- ¿Cómo puedo manejar sus palabras punzantes?
- ¿Nuestro matrimonio está construido sobre la amargura? ¿Como me deshago de esto?
- Me preocupa si mi esposo realmente me ama. ¿Qué debo hacer?
- ¿Qué hacemos cuando diferimos en un tema importante?

Resumen

El tercer principio de vida de la unidad crea armonía. Una pareja no se convierte simplemente en dos en algún momento de la vida. El matrimonio es seguro para toda la vida. De esta seguridad de amor y compromiso, el amor, la alegría y la paz crecen fácilmente.

---

[36] *"De la misma manera, ustedes, los esposos, sean comprensivos con ellas en su vida matrimonial. Hónrenlas, pues como mujeres son más delicadas, y además, son coherederas con ustedes del don de la vida. Así las oraciones de ustedes no encontrarán ningún estorbo." (1 Pedro 3:7)*

No estoy compitiendo con mi cónyuge. No se permiten concursos, excepto para amarnos más. Trabajamos juntos para hacer la obra de Dios. En lugar de encontrar maneras de satisfacer mis propias necesidades, busco lugares estratégicos donde pueda hacer sacrificios para poder demostrar mi compromiso con la unidad. Mi corazón se ha vuelto verdaderamente alegre y satisfecho. Nuestra base de unidad se profundiza más y más, eliminando grietas y fisuras que ni siquiera se habían visto antes.

"Y vivieron felices para siempre." Esta verdad se simboliza y se enseña a través de un matrimonio leal y de por vida. Como un cristiano que ha aprendido las gloriosas verdades espirituales de la identificación con Cristo, el matrimonio es como un depósito de alegría y amor. Solo necesitamos mantenernos enfocados en afirmar el compromiso con la unidad. Nos comprometemos y nos atenemos a él. Por vida.

Apéndice:

1) Nuestro compromiso

Prometo ser un hombre de una sola mujer. He hecho mi elección. Estoy casado. No importa a qué problemas me enfrento, confío en que el Señor cumplirá mi vida a través de mi esposa. Rechazo las tentaciones a mi alrededor. Digo un permanente "no" a mis deseos. Dios me ha llamado a amar incondicionalmente a mi esposa. Ella será la que me deleite. Ella es la que Dios usará en su tiempo para satisfacer mis necesidades.

Puede haber momentos difíciles, malentendidos o incluso un rechazo absoluto. Me mantengo firme en mi amor por ella. Confío en que Dios me permita cumplir mi compromiso. Ella será con la que comparto mi corazón y mi visión. Ella será con la que llore. Me comprometo a seguir trabajando en esos momentos difíciles que evitan que mi esposa confíe mi total dedicación a ella. Al mismo tiempo, le prometo a Dios que viviré solo para Él y en esa devoción entrego mi corazón a mi esposa.

2) Nuestra Oración

Querido Padre Celestial, nunca me di cuenta de lo mucho que he arruinado nuestro matrimonio hasta ahora. Ahora entiendo lo que significa 'unidad'. Aunque nos has pronunciado uno, he estado viviendo como dos. He discutido e incluso peleado con mi cónyuge. Oh Señor, perdóname y límpialo por tu sangre.

Desde este día en adelante me estoy dedicando por completo a mi cónyuge. Quiero que la devoción y el amor sean completos y no fragmentados, divididos o rotos de ninguna manera. De ahora en adelante, recurriré a tu sabiduría y consejo para resolver dificultades o problemas en mi matrimonio. Solo déjame construir ahora en la unidad en lugar de en uno mismo.

Ya sea en la cama, caminando a la tienda o juntos en el auto, permita que la gloria y la belleza de la unidad toquen nuestros corazones con Tu paz, armonía, amor y alegría. Esto es lo que prometes y ahora te lo pido. En el Nombre de Cristo oro, Amén.

> *"Ponme como un sello sobre tu corazón;*
> *ponme como una marca sobre tu brazo.*
> *Inquebrantable como la muerte es el amor;*
> *inflexibles como el sepulcro son los celos.*
> *¡Candentes brasas son, candente fuego!*
> *7 Las muchas aguas no pueden apagar el amor,*
> *ni pueden tampoco sofocarlo los ríos.*
> *Si por el amor diera el hombre*
> *todos los bienes de su casa,*
> *ciertamente sería despreciado."*
> *(Cantar de Cantares 8:6-7)*

Capítulo #4 Preguntas de Estudio

1. ¿Cuál es el tercer principio de la vida?
2. ¿Cómo demuestra un átomo esta unidad?
3. ¿Sobre qué escritura se basa este principio? Dilo o escríbelo.
4. ¿Qué hace un matrimonio bueno o malo?
5. ¿Por qué no es aceptable el divorcio o la anulación?
6. ¿Por qué el nuevo matrimonio con personas divorciadas se considera adulterio?
7. Explica el concepto de 'rancho'.
8. Enumere dos formas en que este concepto de unidad se ve en el mensaje redentor del Nuevo Testamento.
9. Explica cómo la pornografía y otras sensaciones sensuales destruyen la unidad de una pareja.
10. Explique cómo las discusiones y las peleas niegan la unidad de una pareja..
11. Enumere tres formas de afirmar positivamente su unidad con su cónyuge.

Reflexiones Personales

1. ¿Ha afirmado su deseo de unidad a su cónyuge?
2. ¿Ha adquirido el autocontrol necesario para estar contento con su cónyuge durante toda su vida?
3. Piense en su propia vida y enumere tres formas en que recientemente ha afirmado la unidad de su matrimonio en un sentido práctico.

Sección #2: Perdón

Capítulos 5-7

Restaurando Matrimonios Rotos

5. Entendiendo y Superando el Conflicto

Resolución de Conflictos Maritales: Parte 1

¿Es posible traer la paz de Dios a tu hogar? ¿A tu matrimonio? ¡Creemos que sí! Uno de los frutos del Espíritu Santo es la paz (Gálatas 5:22). En este capítulo, le mostraremos cómo una pareja puede convertir un hogar argumentativo en un hogar de armonía y amor.

El diseño de Dios realmente funciona. Simplemente volvemos a lo que Dios nos ha dado y lo tomamos: la unidad. La armonía en la relación matrimonial se deriva de la unidad que Dios ha otorgado a una pareja.

Muchas preguntas permanecen en nuestras mentes sobre cómo alcanzar prácticamente ese punto de armonía. Abordaremos estas cuestiones de dos maneras. Primero, mejorando nuestra comprensión de cómo se desarrollan las peleas. ¿Por qué los que se aman pelean o discuten? Después de comprender la fuente del conflicto, proporcionaremos pasos positivos que podemos tomar para llevar la armonía de Dios a nuestros corazones y nuestro hogar.

A) Entendiendo el Conflicto Marital (Santiago 4: 1-3)

La mayoría de ustedes podría decirme las últimas dos o tres cosas sobre las que discutió. Todavía están en tu mente porque te han lastimado. En muchos casos siguen sin resolverse. Así es con las hostilidades. Una persona podría ganar ese conflicto. Pero debido a que la otra persona vive a tu lado, tienen muchos recursos para hacer la vida más difícil para el ganador. Nadie gana realmente.

Uno podría ganar la batalla pero no la guerra. Estos problemas son más profundos que el problema real que una pareja podría discutir. Afortunadamente, Dios ha proporcionado algunas palabras muy claras acerca de las peleas.

La palabra para argumentar no se usa con frecuencia en las Escrituras. Las Escrituras usan la palabra en gran parte para significar "razonamiento lógico." La mayoría de nuestros conflictos no son más que razones lógicas presentadas de un lado a otro, aunque creemos profundamente que estamos en lo correcto. El problema se agrava enormemente cuando uno está dispuesto a verbal o quizás físicamente, lastimar a su cónyuge para hacer que el cónyuge gane la pelea. ¿Qué han ganado realmente?

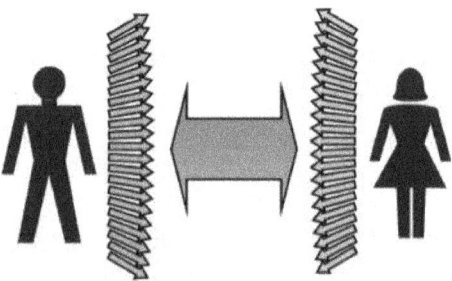

Santiago 4: 1-3, como la cirugía de antaño, abre ante nosotros el corazón de las peleas y los conflictos. Observa atentamente estas palabras.

"¿De dónde vienen las guerras y las peleas entre ustedes? ¿Acaso no vienen de sus pasiones, las cuales luchan dentro de ustedes mismos?2 Si ustedes desean algo, y no lo obtienen, entonces matan. Si arden de envidia y no consiguen lo que desean, entonces discuten y luchan. Pero no obtienen lo que desean, porque no piden; 3 y cuando piden algo, no lo reciben porque lo piden con malas intenciones, para gastarlo en sus propios placeres." (Santiago 4:1-3)

Antes de dibujar algunas observaciones generales sobre los conflictos, primero veamos dos palabras griegas clave que se usan aquí: peleas y conflictos. Se usan dos veces, primero en forma de sustantivo y luego en forma verbal (aunque en orden inverso). La pelea se refiere al conflicto de mayor escala: la guerra misma. Conflicto es la palabra para la batalla. Uno podría literalmente traducirlo "¿fuente de guerras y batallas entre ustedes?"

Las peleas luego se refieren a una guerra sin resolver de que se llevaron junto con todas las tensiones y problemas subyacentes en juego. Por otro lado, el conflicto se refiere a batallas o peleas individuales. La mayoría de las parejas son más conscientes de los conflictos que la "guerra" a largo plazo. Prestan más atención a las heridas de la última batalla que a la razón real de las luchas matrimoniales.

La ira incontrolada es un problema real en el matrimonio y exacerba estas peleas. La ira es una herramienta que ayuda a realizar un trabajo más rápidamente. Desafortunadamente, en este caso es la destrucción del cónyuge. La ira, similar al espíritu de conflicto, destruye los matrimonios porque actúa en contra del espíritu de unidad. (Marque aquí para more resources para manejar la ira).

Si resuelves un conflicto, ¿resolverás la pelea (es decir, la guerra)? No. Necesitamos ir más profundo, mucho más profundo como lo hace Santiago. Es bastante divertido pensar que a nadie le gusta estas discusiones, incluido Dios, ¡pero todavía participamos en ellos! Ahora dibujemos algunas observaciones de las palabras que ha escrito bajo la dirección de Dios para que podamos entender correctamente cómo resolver nuestros conflictos.

1) Las peleas requieren cooperación. Se necesitan dos!

Reflexiones en la escritura

Las dos palabras griegas que usa Santiago tienen el sentido de dos lados: guerra y batalla. Note que la palabra "miembros" también se usa. Esto se refiere a las extremidades de un cuerpo. Hay pelea en el interior.

Reflexiones en el Matrimonio

Tenemos la tendencia a criticar a nuestros cónyuges por nuestros problemas, pero debemos ser lo suficientemente humildes como para aceptar que los argumentos matrimoniales requieren tanto el esposo como la esposa. Se produce una gran mejora cuando me niego a ver a mi cónyuge como enemigo.

2) Los peleadores están motivados para complacerse a ellos mismos.

Reflexiones en la escritura

La palabra para placer (*hedone*) en Santiago 4:1 es la raíz del término "hedonismo," que es la filosofía popular de vivir para complacer a uno mismo, yo antes que otros.

Reflexiones en el Matrimonio

Una pareja necesita examinar cuidadosamente cuáles son sus metas en la vida. Sin pensarlo detenidamente, los pensamientos del mundo influirán en sus actitudes y en el proceso de toma de decisiones. Jesús dijo preferir a los demás por encima de uno mismo.

3) La búsqueda real para satisfacer los deseos de uno mismo causa conflicto.

Reflexiones en la escritura

Santiago 4:2 dice que "no pueden obtener; así que discuten y pelean." Están tan motivados por sus deseos que están dispuestos a causar problemas en la vida de los demás para obtener lo que quieren. Esto es lo opuesto al amor. No hay pensamiento de Dios; son auto-conducidos.

Reflexiones en el Matrimonio

A veces, los cónyuges tienen un plan en su mente que sospechan que no será aceptado por el cónyuge. Él o ella podría ponerse furtivo y llevarlo a cabo a pesar de las posibles objeciones. En otras ocasiones, manipularán al otro en un acuerdo. ¿Recuerdas las dulces palabras de Delila?

4) Las peleas carecen de autodominio y autocontrol

Reflexiones en la escritura

Obviamente no tienen autocontrol o al menos no quieren ejercerlo. "... Así que cometes asesinato. ... así que discutes y peleas." Le hacen mal al otro.

"Así es como es él." En realidad, todos tenemos una naturaleza pecaminosa. El punto es que algunos esposos se arrepienten y se vuelven a Dios por su Espíritu para ayudarlos a ellos y a su matrimonio. Otros no lo harán. Justificarán sus acciones. Todos somos responsables de nuestras acciones.

5) Los peleadores no buscan el camino de Dios

Reflexiones en la escritura

Santiago 4:2 dice: "No pides." No tienen una mente para buscar lo que Dios quiere o incluso para pensar cómo Él puede proveer para ellos. Sus oraciones son manipuladoras, como la brujería. Ellos están dispuestos a ir alrededor de Dios para obtener sus deseos.

Reflexiones en el Matrimonio

Algunos esposos y esposas no están acostumbrados a buscar la ayuda de Dios. Saben cómo obtener lo que quieren, lo han estado haciendo durante años. Están dispuestos a actuar malvados, salvajes, dulces o incluso amenazar a su cónyuge solo para que se salgan con la suya.

6) Los peleadores carecen de una perspectiva de paz o unidad

Reflexiones en la escritura

Aceptan la suposición de que gratificarse a uno mismo es más importante que el bienestar general del conjunto. En este caso se hace referencia a la iglesia, pero las mismas cosas suceden en un matrimonio. La armonía (unidad) de un matrimonio no tiene prioridad.

Una Perspectiva sobre la Riqueza

Cuando ambas parejas están trabajando, algunas de sus peleas serán eliminadas. Algunos trabajan solo para evitar discusiones. Esta reducción en los conflictos puede resultar solo por el hecho de estar aislados unos de otros, pero Santiago señala que el problema del dinero es más importante.

Cuando las cuerdas del bolso están apretadas, cada cónyuge debe renunciar a más. La pareja toma decisiones y se sacrifican juntos por un propósito mayor que construye un matrimonio. Cuando cada uno tiene su propio trabajo, tienden a comprar lo que él o ella quiere. Sus deseos individuales están satisfechos. No hay espíritu de equipo. El otro cónyuge no tiene mucho que decir al respecto. Santiago dice que los conflictos comienzan cuando no consiguen lo que quieren.

Cada persona tiene una tendencia egoísta que luchará contra un buen matrimonio. Si nos entregamos a este espíritu independiente de auto-búsqueda, entonces nos volveremos más argumentativos, arrogantes y claramente egoístas.

Solo porque la riqueza de una pareja los protege de discutir sobre "cosas", esto no significa que sean un buen matrimonio. Simplemente no se dan cuenta de cómo viven en el espíritu de divorcio. Han hecho vidas separadas para ellos mismos. El tentador puede hacer que tropiecen fácilmente debido a la forma en que viven (o deberíamos decir "no vivir") su matrimonio. Algunos usan Proverbios 31 para justificar el trabajo fuera del

Entendiendo y Superando el Conflicto

hogar. Examinando de cerca este pasaje, descubriremos que la esposa se centró en satisfacer las necesidades de su esposo y de su hogar. Ella trabajó diligentemente para cumplir con sus deberes. Uno puede ver fácilmente dónde estaba su corazón. Ella tenía un espíritu de servicio. No había un espíritu de "unidad de dos" en ese matrimonio.

Nuestra recomendación es que una pareja adinerada se centre en proyectos especiales en los que trabajen juntos, quizás aquellos para ayudar a los necesitados. Esto les ayudará a enfocarse en un propósito y un corazón comunes. Trabajar juntos. Amar juntos. Esto afirmará el fundamento de la unidad necesaria para un gran matrimonio. (Este consejo también es bueno para aquellos que sienten que sus matrimonios son bastante aburridos en este momento).

Resumen

Podemos pasar todo nuestro tiempo discutiendo este pasaje en Santiago y no aprender a resolver conflictos matrimoniales. Pero antes de continuar, resumamos esta discusión sobre el conflicto reconociendo que la verdadera fuente del conflicto es nuestro propio corazón. Nos permitimos priorizar nuestras propias preferencias sobre el bienestar del conjunto, en este caso, nuestro cónyuge y el matrimonio. Esto es cierto en una iglesia o en un matrimonio. La razón por la que nos volvemos tan agresivos para satisfacer nuestras propias necesidades es debido a nuestra naturaleza egoísta. Incluso podemos volvernos agresivos o egoístas, lo que siempre resulta en un comportamiento descortés y desagradable. En lo profundo de nuestro corazón, nuestro objetivo es complacernos a nosotros mismos.

Algunas personas dominan el uso del miedo, la ira, la autocompasión, la preocupación o el silencio como un medio para obtener lo que desean. Regularmente se acercan a una situación de cierta manera para obtener lo que "necesitan".[37] Dios en

---

[37] En muchos casos, estas son cosas que hemos aprendido de los hogares en los que crecimos.

cambio quiere que vivamos por fe y obediencia. La fe es la confianza necesaria en Dios para ayudarte a lograr lo que Él te está pidiendo que hagas de una manera agradable al Señor.

Ahora, francamente, si no eres cristiano, necesitas venir a conocer a Jesús. Jesús no solo quita nuestros pecados sino que también nos da una nueva naturaleza basada en el amor. La vieja naturaleza de todos funciona con el mismo combustible del egoísmo. Hay muchos que profesan ser cristianos solo porque levantaron la mano cuando eran niños. Eso podría darle forma a donde vas a la iglesia el domingo, pero no cambia tu corazón. Necesitas arrepentirte de tu persona egoísta, buscar la limpieza en la sangre de Cristo al creer en Jesús y comenzar a vivir el Espíritu de amor de Cristo que ahora genera tu nueva vida. Si no quieres vivir el camino del amor de Dios, entonces necesitas ser salvo. Tus deseos te están gobernando y te llevarán al juicio eterno.

Si usted es un cristiano genuino y aún lucha con estos problemas, podemos estar seguros de que Dios puede y desea ayudarnos a salir de nuestras dificultades más rápido de lo que creíamos posible. Tenemos el poder de vivir una vida piadosa en Cristo al vivir el fruto del Espíritu. Por supuesto, también podemos, por elección o engaño, caer a la vida por nuestra vieja naturaleza. Piensa en un auto con dos cambios.

Cuando pones el auto en un cambio, siempre avanzará. Pero si lo pones en el otro cambio llamado reversa, siempre te llevará hacia atrás. ¿En qué dirección quieres ir en tu matrimonio? Elegirás vivir por el Espíritu o la vieja naturaleza egoísta. Al vivir por el Espíritu de Dios, le servirás a Él y a los demás. Al vivir según la carne, servirás esos viejos deseos tuyos.[38]

Pasos para Aliviar el Conflicto Pasado

Si tu matrimonio ha tenido estas peleas y disputas, entonces te has estado perdiendo el gran diseño de matrimonio de Dios. Aunque tendrá desacuerdos, debe dejar de pensar que la discusión es la

---

[38] Este es el punto de Josué en el libro de Josué. 24:19-25.

manera de resolver esos conflictos. Aquí hay algunos pasos para ayudarte a salir de tu atolladero.

- Identifica estos placeres o deseos tuyos. ¿Qué es lo que te ha llevado a un conflicto?

- Arrepiéntase de buscar sus propios deseos en lugar de la voluntad de Dios. Concéntrese en sus propias deficiencias en lugar de las de su cónyuge.

- Arreglar las cicatrices de la "guerra." Cuando ha lastimado a otros, discúlpese, confiese su error y pida perdón. Confiesa tus pecados ante Dios y tu cónyuge. No dejes los pecados pasados escondidos. Seguirán presentándose como una barrera entre usted y su cónyuge hasta que se resuelvan.

- Comprometerse a vivir el principio de unidad de Dios sin importar las consecuencias. Tú, como cristiano, debes servir a Dios. Lo que quieres o crees que necesitas es secundario.

- Confíe en Dios para los asuntos en juego. Confíe en Él por la manera de trabajar a través de estos problemas. Empieza a estar convencido de que su camino es siempre mejor que el tuyo. Haz lo que Él quiere. Hablar sin acción es vacío. (Más sobre esto se acerca.)

Conclusión

Hemos aprendido mucho sobre el conflicto. Incluso hemos empezado a identificar algunos problemas reales que se encuentran debajo de los argumentos que tienen las parejas. Debemos resistirnos a tratar de resolver primero los conflictos antes de entender y tratar de por qué hay una guerra en primer lugar. Algunas personas se alegran de ganar esta o aquella batalla, pero nunca han preguntado por qué hay peleas. Nuestro objetivo es terminar la guerra y ganar armonía. Cuando un esposo y una esposa buscan juntos esta armonía, entonces pueden buscar a Dios en su manera de manejar los problemas. Tenemos que decidir claramente que ya no queremos que nuestros deseos egoístas sean nuestra prioridad. Esos deseos han estado destruyendo nuestros matrimonios.

La pareja es una, no dos. Como marido y mujer, ¿no estamos en el mismo equipo? ¿No tenemos el mismo objetivo? ¿No estamos ganando los dos cuando el otro lo hace bien? ¡Seguro que lo estamos! Ahora veremos un pasaje que nos lleve a tomar pasos positivos para implementar esta armonía prometida por Dios!

B) Creando Armonía Matrimonial (Filipenses 2:1-5)

Dios, el gran Reconciliador, nos entrena en la resolución de conflictos a través de Sus palabras (que se encuentran en la Biblia). Desafortunadamente, no somos muy conscientes de sus soluciones. Filipenses 2:1-11 es más conocido por sus declaraciones teológicas que por tratar problemas como problemas personales, pero creo que este fue su propósito original. Cristo modeló lo que Él quiere que se viva en nuestras propias vidas. Limitaremos nuestra discusión a los primeros cinco versículos.

> "Por tanto, si hay alguna consolación en Cristo, si algún consuelo de amor, si alguna comunión del Espíritu, si algún afecto entrañable, si alguna misericordia, 2 completen mi gozo sintiendo lo mismo, teniendo el mismo amor, unánimes, sintiendo una misma cosa. 3 No hagan nada por contienda o por vanagloria. Al contrario, háganlo con humildad y considerando cada uno a los demás como superiores a sí mismo. 4 No busque cada uno su propio interés, sino cada cual también el de los demás. 5 Que haya en ustedes el mismo sentir que hubo en Cristo Jesús" (Filipenses 2:1-5).

Este pasaje es casi lo contrario de lo que acabamos de ver en Santiago 4. Aquí tenemos pasos positivos para preservar nuestra unidad. Nuevamente, el contexto es cómo los miembros de la iglesia deben responder unos a otros a la luz de la gracia y el ejemplo de Cristo. Esto puede sonar bastante teórico al principio, pero de hecho es extremadamente práctico. Con cada observación a continuación, lo aplicaremos prácticamente al matrimonio como lo hicimos antes. Estas son cosas que quieres hacer. Lo más

Entendiendo y Superando el Conflicto

probable es que ya hayas hecho algunas de ellas, pero aún no has entendido lo importantes que son para un gran matrimonio.

1) Abrazar la unidad

"Completen mi gozo sintiendo lo mismo, teniendo el mismo amor, unánimes, sintiendo una misma cosa" (Filipenses 2:2).

Vemos un énfasis excesivo puesto en el principio de vida de la unidad en Filipenses 2:2. "Misma mente," "mismo amor," "unidos en espíritu," "un propósito" todos basados en ser de un solo cuerpo. Este concepto de unidad debe convertirse en un concepto tan profundamente arraigado en nuestros corazones que influye en cómo pensamos (pensamientos), cuidamos a los demás (corazón y actitud) y tomamos decisiones (voluntad).

Principio de matrimonio: Nuestro compromiso con nuestro cónyuge proviene de nuestro pacto matrimonial y de la declaración de Dios de que "los dos serán uno." Nuestro cónyuge no es solo otra persona con quien vivimos, sino que es parte de mí. Lo que le sucede directamente afecta la propia vida. En todas nuestras decisiones debemos pensar en el bienestar de nuestro cónyuge. A medida que crezcamos en nuestra relación íntima con nuestro cónyuge,

Union Física
Union de Almas
Union Espiritual

obtendremos una mentalidad similar, pero el tratamiento preferencial regular del otro y la visión común de la vida profundizará esta intimidad. Un gran matrimonio funciona como un equipo. El esposo y la esposa son ese equipo y ganan mientras trabajan juntos.[39]

---

[39] Tenemos nuestra parte del conflicto entre hermanos en nuestro hogar, pero a veces hay momentos de gracia que conmueven mi corazón. Dios proporcionó esta ilustración de la unidad: "Lo mejor es lo mejor que puedes." Mi hijo de cuatro años y mi hija de dos años recién ingresaron a mi estudio. Le estaba contando a su hermana pequeña acerca de su colección de mini autos, "¿Quién quiere comenzar a elegir primero? Tú o yo. "Ella dijo:" Yo. "Entonces él aceptó alegremente diciendo:" ¡Está bien! Tú eliges primero." Ellos jugaron alegremente juntos.

* SEGUIR ADELANTE *

Piense en las acciones y decisiones significativas de la semana pasada.

- ¿Habló o oró acerca de estos problemas con su cónyuge?
  - ¿Compartió con su cónyuge las Escrituras especiales que Dios ha estado usando para hablarle?

2) Rechaza cualquier impulso al egoísmo

> "No hagan nada por contienda o por vanagloria...." (Filipenses 2:3)

Pablo se niega a ocultar el pecado. Nombra egoísmo y vano engreimiento por lo que es. Cada uno es un motivador oculto. El egoísmo produce acciones y palabras que supuestamente producen mejores resultados a expensas del otro, en este caso, su cónyuge. La presunción, por otro lado, es una alta estima para uno mismo combinada con un desprecio orgulloso por los demás. La presunción oculta la culpa del egoísmo, justificando su acción en un enjambre de mentiras impías como: "Puedo usar esto para Dios mejor de lo que el puede." "He sido un cristiano más tiempo que él." "He leído mucho más que él." "Él tiene muchos problemas. ¿Qué sabe él?"

Principio de matrimonio: Necesitamos odiar todo lo asociado con el egoísmo. Nuestro orgullo hace que sea más fácil detectar nuestro egoísmo. Cuando vemos a nuestro cónyuge responder con desesperación, agravio, debate o egoísmo por algo que hicimos. *"Que hiciste?"* A menudo tenemos todo un conjunto de excusas preparadas para desarmar las reacciones antagónicas de nuestro cónyuge. En lugar de rechazarlas, responde con humildad: "Tal vez tengas razón.

Déjame pensar y orar más sobre eso" o "¿Hablaremos más sobre esto esta noche?" "Asegúrate de seguir adelante."

* SEGUIR ADELANTE *

Piense en las acciones y decisiones significativas de la semana pasada.

- ¿Su cónyuge reaccionó fuertemente a algo que hizo o dijo la semana pasada? ¿Qué era? ¿Cómo respondiste?
- A la luz de lo que se discutió anteriormente, ¿cómo podría haber respondido?

3) Se entregan en servicio humilde el uno al otro

> "…Al contrario, háganlo con humildad y considerando cada uno a los demás como superiores a sí mismo." (Filipenses 2:3)

Rara vez escuchamos a alguien aplaudiendo la humildad hoy, pero Jesús y el apóstol Pablo lo hicieron. No solo debemos estar dispuestos a realizar actividades humildes, sino que también debemos llevarlas a cabo con un espíritu humilde. La actitud de nuestros corazones hacia el servicio a los demás debe cambiarse. Necesitamos creer sinceramente que la otra persona es más importante que nosotros mismos. Si denigramos sutilmente su valor, entonces es fácil tratarlos con orgullo. Pero si los valoramos como las criaturas especiales de Dios hechas a Su imagen, entonces debemos tratar sus necesidades con el mayor respeto.

No debemos pasar por alto la cuestión de si nuestro cónyuge es realmente más importante. Debemos trabajar con esto. Las acciones y respuestas modificadas solo vienen con nuevas perspectivas. Con Cristo como nuestro ejemplo, debemos tratar a las personas más especiales de lo que merecen como nuestro deber en la vida. Ya que Dios nos trató con gracia, estamos obligados y somos capaces de tratar a los demás con Su bondad..

Principio de Matrimonio: La humildad nos permite dejar caer nuestra guardia defensiva. De repente, su objetivo de satisfacer las necesidades de su pareja se ha vuelto más importante que proteger su ego o satisfacer sus propios placeres. Tu objetivo ahora es servir a tu compañero para que él o ella sea bendecido por tu presencia. La humildad naturalmente derrite las actitudes argumentativas y defensivas. Cuando eres humilde, estás listo para verte a ti mismo como Dios te ve. Igualmente importante, usted está listo para hacer lo que Dios le ha llamado a hacer como esposo o esposa. Estás contento de servir a Dios y a otros, incluyendo a tu cónyuge.

* SEGUIR ADELANTE *

Piense en las acciones y decisiones significativas de la semana pasada.

- ¿Fuiste en algún momento humilde de corazón? ¿Qué te hace pensar de esta manera?
- Aísle un problema entre usted y su cónyuge. Humillarte con respecto a esto. Confía en Dios por los resultados.
- En un momento apropiado, pídale a su cónyuge que comparta si tuvo un espíritu humilde al respecto. Nota la reaccion.

4) Haga un esfuerzo consciente para no estar atento a sus necesidades personales

"No busque cada uno su propio interés, sino cada cual también el de los demás." (Filipenses 4:4)

La palabra *simplemente* está en cursiva en la NASB porque no hay ninguna palabra en el original. Los traductores lo insertaron. La NIV(NVI) hace lo mismo, pero no te dicen.[40] El versículo claramente nos ordena "No busque cada uno su propio interés."

---

[40] La NIV no marca sus palabras "suministradas." Note Filipenses 2: 4a, "Cada uno debe velar no solo por sus propios intereses." El 'no solo' se suministra. El pasaje simplemente nos dice que no busquemos nuestros propios intereses.

La palabra "buscar" proviene de la palabra griega *skopeo* de donde viene la palabra en Ingles 'scope' de donde se deriva. No fije sus ojos en sus propias necesidades.[41] Cuán desesperadamente necesitamos aplicar esta lección a nuestras vidas.

La desobediencia a este único mandamiento hace que hagamos muchas excusas para nuestro egoísmo. Solo podemos hacer una o la otra. Dios quiere que nos enfoquemos a propósito en atender las necesidades de la otra persona. ¿Cuántas veces has reprimido los impulsos de amor de Dios o dar porque pensaste demasiado en tus propias necesidades? Nuestro abandono deja un rastro de vergüenza y dolor.

Principio de matrimonio: El esposo y la esposa tienen sus órdenes definidas por Dios, que a veces pueden hacer que se sientan más vulnerables. "Si hago eso, entonces él (o ella) podría ..." Dios no trae ese pensamiento de riesgo a tu mente, el maligno lo hace. Satanás te está tentando. El juega con tu egoísmo y tus miedos para influirte en desobedecer a Dios. El ejemplo de Cristo mostró que la obediencia es siempre más importante que el propio bienestar. En el caso de Jesús, le costó Su vida, pero incluso entonces Dios trabajó lo mejor a través del sacrificio de Cristo. Dios dijo: "No cuides tus propios intereses personales." Necesitamos confiar en el Señor los resultados.

* SEGUIR ADELANTE *

Piense en las acciones y decisiones significativas de la semana pasada..

- ¿Te sentiste motivado a hacer algo esta semana por tu cónyuge? ¿Lo has hecho? ¿Por qué o por qué no?

---

[41] Entendemos que hay un "también" en la segunda cláusula de esta oración que da cierta necesidad de cuidar las propias necesidades. Veo que esto no es un permiso para modificar el comando de la primera cláusula sino para evitar que nos pongamos extremos con esta. En otras palabras, no dejo de bañarme o de trabajar. Solo espero que Dios cuide de mis necesidades como yo cuidaría de Dios. Por supuesto, tenemos que llevar a cabo medidas higiénicas, etc. El comando se opone a cualquier preferencia de sí mismo sobre otros.

❖ ¿El "si yo hago eso, entonces él (o ella) podría ..." juega un factor en tus decisiones? Explica.

5) Comprométete a pensar en las necesidades e intereses de los demás

"Sino también por los intereses de los demás." (Filipenses 4:4)

Debemos reorganizar seriamente nuestro estilo de vida y nuestras elecciones para que podamos considerar mejor las necesidades de los demás. Estuve enfermo el domingo pasado. Un hermano se enteró. El lunes me llamó para averiguar cómo me encontraba. Quizás fue una llamada profesional porque él es mi médico. Aunque no lo tomé como eso. Sentí su preocupación y cuidado. Hizo una llamada. Rara vez me entero de que un médico llame a sus pacientes hoy. Pero incluso si lo fuera, él ha implantado este enfoque en el cuidado de los intereses o necesidades de los demás como parte de su profesión. El amor de Dios brilló brillantemente a través de su llamada telefónica. Esta mañana, cuando corté una toronja, también pensé en mi esposa y corté las pequeñas secciones para ella.

Principio de matrimonio: Cada cónyuge debe estar disponible para servir al otro de cualquier manera especial que Dios le pida. Sé que mi esposa es responsable de atender ciertas necesidades en el hogar. Dios la ha designado para que cuide la casa y los niños.[42] Pero trato de facilitarle las cosas. Bajé la ropa sucia. Aspiro el piso de nuestra habitación (aunque no regularmente suficiente). Intento guardar mi ropa (aunque doblo mis suéteres hacia atrás). Trato de usar nuestra cita una vez a la semana para llevarla a unos pocos lugares a los que no podría llegar fácilmente. No cuento el tiempo que paso con ella hablando y orando en la noche. Trato de pensar en sus necesidades. Últimamente, le he estado preguntando

---

[42] 1 Timoteo 5:14 se dirige a las viudas, que deben volver a casarse pero se puede entender que se aplican a todas las esposas. "Por eso quiero que las viudas jóvenes se casen y críen hijos; que gobiernen su casa y no den al adversario ninguna ocasión de maledicencia" (1 Timoteo 5:14).

si hay una lista de "cosas por hacer" que le gustaría darme (hablar de ser vulnerable).

* SEGUIR ADELANTE *

Piense en las acciones y decisiones significativas de la semana pasada..

- ¿Qué pasos prácticos ha tomado para hacer que la vida sea especial para su cónyuge?
- ¿Diría que trata a su cónyuge más especial porque él o ella es más importante que usted? ¿Cómo puedes mejorar tu actitud en la práctica?

6) Gloria en tener una actitud hacia la vida como Cristo

"Que haya en ustedes el mismo sentir que hubo en Cristo Jesús" (Filipenses 2:5).

Las actitudes cambian acciones. Las creencias cambian comportamiento. Estamos llamados a poseer la actitud de Cristo y nada menos. Debemos entusiasmarnos con el llamado de Dios para con nosotros en Cristo porque podemos unirnos a Cristo para hacerlo." Nuestro propósito es el mismo. Queremos traer gloria a Dios y ayudar a nuestros prójimos. Busque cada día las oportunidades que Él ha traído a su vida, aunque a veces son muy desafiantes.[43] Por fe vivimos en Su presencia y con Su ayuda llevamos a cabo lo que necesitamos.

Principio de matrimonio: Cada cónyuge debe centrarse en mejorar sus propias actitudes. No debemos asumir las responsabilidades del otro cuando se aflojan, sino buscar formas de facilitar que el otro cumpla con sus propias responsabilidades. Esto cultiva la alegría de la vida. Debemos servir sin pensar en la recompensa. Nuestra

---

[43] Efesios 2:10 es poderosamente claro acerca de la interacción de Dios con nosotros en cada parte de nuestro día, hasta las oportunidades para proporcionar buenas obras para que lo hagamos para glorificar a Él y por el bien de los demás. " Nosotros somos hechura suya; hemos sido creados en Cristo Jesús para realizar buenas obras, las cuales Dios preparó de antemano para que vivamos de acuerdo con ellas." (Efesios 2:10)

recompensa es la alegría del servicio y permitir que Jesús sea parte de nuestro matrimonio.[44] A veces, un marido puede ser terco en su orgullo o una esposa atrapada en sus sentimientos depresivos. El otro cónyuge no debe ofenderse fácilmente, sino ver esto como una situación especial donde uno puede mostrar el amor de Jesús al otro. Puede tomar más tiempo de lo que nos gusta para el otro, pero haz lo mejor que puedas y confía los resultados a Dios.

* SEGUIR ADELANTE *

Piense en las acciones y decisiones significativas de la semana pasada.

- ¿Hay una situación en la que su cónyuge está siendo difícil? Escríbelo.

- Haga un plan para amar a su cónyuge con el amor de Cristo, especialmente en una situación difícil. Prepárese a largo plazo. Nuestra esperanza es que el amor de Dios finalmente derrita cualquier resistencia. Nuestra satisfacción se encuentra en un amor creciente por Dios y nuestro amor se derramado sobre nuestro cónyuge. Jesús declaró que el acto desinteresado de María de ungir Sus pies se repetiría a lo largo de las generaciones (Marcos 14: 9).

Resumen

Podemos ver en el poderoso ejemplo de Cristo cómo podemos comenzar a vivir estos principios en nuestros matrimonios. Todos estos principios se basan en la proclamación de Dios de que como pareja casada somos uno y ya no somos dos. Por lo tanto, debemos vivir ese hecho mediante pasos prácticos, algunos de los cuales se describen arriba.

---

[44] Nuestra alegría final debe ser agradar a Dios, porque de lo contrario nos sentiremos decepcionados. Pablo dice: "Alégrense siempre en el Señor.."

Posibles respuestas

Permítame anticipar algunas respuestas diferentes a los principios que hemos estado recogiendo de la Palabra de Dios.

• **Resistencia.** Podrías sentir un fuerte sentimiento de resistencia a estas enseñanzas. Puede ser una cubierta protectora a través de la cual ocultas tus defectos cuando están siendo expuestos. No tengas miedo del Espíritu de Dios. Sus caminos son buenos. A través de Cristo puedes encontrar el perdón de todos los pecados. Si te endureces, no hay maneras de mejorar tu matrimonio. Muchos matrimonios se han roto vergonzosamente porque las parejas se han endurecido.

• **Vergüenza.** Puede que sientas mucha vergüenza. Es difícil cuando nosotros, como el cáncer, hemos traído daños a nuestro propio cuerpo (es decir, a nuestro cónyuge). Solo piense, podríamos haber usado esos mismos días, meses y años para traer el amor de Cristo. Dios nos perdona y nos da poder cuando nos dirigimos humildemente a Él..

• **Choque.** Es posible que se sorprenda de cuánto tiempo ha estado en la iglesia y, sin embargo, nunca ha conectado la Palabra de Dios con estos principios de vida. De repente, los ves aplicando a tu matrimonio. Te preguntas: "¿Cómo pude haber perdido el mensaje de amor de Dios?" No eres el primero o el último en que esto sucederá. Gracias al Señor porque su perdón es completo y está dispuesto a trabajar con cualquier alma humilde.

• **Discutidor.** Es posible que tenga una discusión que se agita dentro de ti para impugnar algo que se ha dicho. No tenemos miedo de las preguntas. La verdad de Dios siempre conduce a la mejor vida. Tales preguntas con más frecuencia intentan disfrazar la culpa de uno. Enfócate en lo que Dios te ha enseñado. Aclarar los principios y cumplirlos. Esté abierto a la posibilidad de su culpa y confiese su pecado.

• **Demasiado ideal.** "Demasiado ideal" es una de esas rápidas excusas que esconde sobre nuestra culpa personal o nuestra negativa a obedecer. Si una persona cree sinceramente que está fuera de su alcance pero desea aspirar a esto, entonces sería mejor reformular el pensamiento: "Quiero ser así pero no he podido." Me pregunto si tiene algunas sugerencias sobre cómo podría lograrlo."

• **Si!** Así es como nos gustaría que las parejas tomen la enseñanza del Señor. "¡Oh, sí, eso es lo que hemos estado buscando en nuestro matrimonio durante mucho tiempo! Ora por nosotros para que podamos poner esto en funcionamiento." ¿Es esta tu respuesta? ¿Si no, porque no?

Resumen

Ahora reunamos todos los principios que hemos aprendido en esta sección. La fuente de todas las peleas y conflictos es correcta en nuestros propios corazones egoístas. Lo triste es que hemos herido a los que se supone que debemos amar, a veces durante muchos años. Lo bueno es que tenemos un Salvador Jesús que es más grande que nuestros pecados. El poder de Cristo puede liberarnos para tener una actitud de servicio humilde como la de Cristo. Mientras el espíritu egoísta nos gobierne, no hay posibilidad de paz. El egoísmo de una persona competirá contra el espíritu dador de Cristo.

Si una persona es amable, entonces el matrimonio mejorará instantáneamente, pero seguirá siendo difícil. ¿No sería mejor que ambos cónyuges se comprometan a llevar a cabo actitudes y acciones como las de Cristo? Dios está dispuesto a enseñarnos. Ha estado todo el tiempo.

Él está con nosotros hoy. Él está escuchando lo que nuestros corazones están diciendo. ¿Es un grito: "¡Oh Dios, ayúdame a ser como tú!" Dios tiene un plan para ayudar a los que tienen ese grito. Dios contestará tu oración. Confíe en Él y comience un cuaderno para hacer un seguimiento de cómo Dios reconstruye su matrimonio.

Aquí hay una muestra de oración.

Querido Señor, nunca me he dado cuenta de lo lejos que ha estado nuestro matrimonio. Pensé que estábamos por encima del promedio. Ahora veo que estamos lejos de donde nos quieres llevar. Señor, por favor perdóname de mi pecado.

He fallado muchas veces sin siquiera darme cuenta. A veces me doy cuenta de mi egoísmo, pero fui demasiado terco para compensar. Oh, haz tierno mi corazón. Rompe mi amor por mí mismo y el orgullo que nos impide tener un gran matrimonio. La guerra se acabó. A partir de este momento declaro una tregua. Ahora estoy por la paz. Elijo tu amor y tu presencia.

Quiero que nuestro hogar sea un lugar donde Jesús sea bienvenido todo el tiempo. Sé que tengo un largo camino por recorrer, pero puedes ayudarme. Puede que no sea la única causa de todas las discusiones en nuestro hogar, pero sé que soy una parte muy importante de ello. Por favor perdóname. No me hagas temer a la humildad sino a abrazarla como Jesús lo ha hecho. Que pueda ser una maravillosa esposo. Por favor danos un gran matrimonio, Señor. No merecemos un gran matrimonio después de todo lo que ha sucedido. Pero eres misericordioso. Usted es poderoso Haz tu trabajo en nuestro matrimonio para tu gloria. En el nombre de Cristo te pido, Amén..

Capítulo #5 Preguntas de Estudio

1. ¿Es posible tener un hogar tranquilo? ¿Cómo?

2. ¿Cuáles fueron las dos últimas cosas sobre las que discutió con su cónyuge?

3. ¿Qué dos palabras se discuten en Santiago 4: 1-3? ¿En qué se diferencian?

4. ¿Por qué debemos ir por debajo de la superficie cuando se trata de conflictos?

5. ¿Qué puedo hacer como cónyuge para lograr una gran mejora en mi matrimonio?

6. ¿Qué causa el daño real en el conflicto? ¿Por qué es asi?

7. ¿Qué le dice al cónyuge que dice: "No puedo evitarlo."

8. ¿Por qué los esposos egoístas no le piden a Dios que los ayude?

9. ¿Cómo puede la riqueza causar daño a un matrimonio?

10. ¿Cómo puede un compromiso con el principio de unidad ayudar a su matrimonio en un sentido práctico?

11. ¿Es realmente posible "no hacer nada por egoísmo o por presunción vacía"? Proporcione un ejemplo práctico de esto en su matrimonio.

12. ¿Qué significa "humillarse"? ¿Cómo ayuda a un matrimonio?

13. ¿Por qué la frase "si hago eso, entonces él (o ella) podría ..." me advierte de la tentación?

14. Un cónyuge tiene dos opciones de a quién servir. ¿Cuales son? ¿Cuál es el resultado final de cada uno?

15. Piensa cómo Jesús trató a las personas en los evangelios. ¿Cómo es la actitud de Cristo?

16. Escriba una o dos formas en que el Espíritu le está pidiendo que aplique estos principios bíblicos. Indique la fecha en que comenzará a implementarlas.

6. Resolviendo Crisis y Evitando Conflictos

Resolución de Conflictos Maritales: Parte 2

¿Por qué las parejas pelean y discuten? ¿Por qué no pueden simplemente disfrutar de una paz duradera? ¿No se casaron para tener una mejor vida juntos que cuando eran solteros?

A) El proceso de resolución de problemas

Anoche mi esposa y yo estábamos hablando de un tema en particular. No estuvimos de acuerdo. No vi ningún problema en seguir adelante llenando una solicitud para algo. Ella estaba vacilante. Le pregunté el típico "¿Por qué?" Y ella respondió: "No sé por qué." Pude haber continuado y mencionado porque no sabía cuál era el problema, no había ningún problema real para llevar fuera lo que pensé que era bueno. Sabía que tenía razón para poder continuar con la solicitud. Pero hemos aprendido mucho a lo largo de los años.

Hay tres pasos básicos para resolver estas diferencias: discrepar, discutir y decidir.

Cuando encontramos que no estamos de acuerdo con algo, disminuimos la velocidad. Aplazamos las decisiones y comenzamos a orar. Comienzo a cuestionarla más cuidadosamente en diferentes momentos sobre por qué piensa de cierta manera. A veces es más clara que otras veces. Eso está bien. Valoro su aporte. Busco su perspicacia.

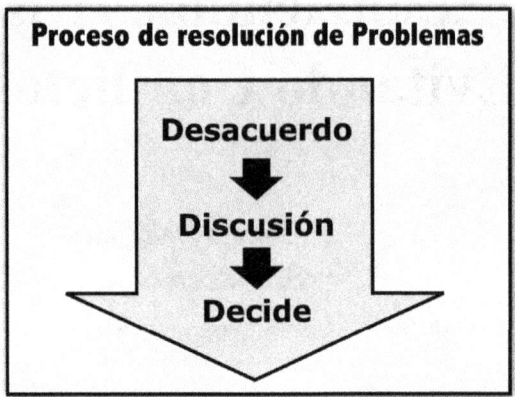

De hecho, estoy tan convencido de que Dios me hablará a través de ella en ocasiones que me resisto a seguir adelante mientras ella se siente vacilante. Si los dos deseamos la voluntad de Dios, entonces Dios debe hablarnos a los dos. No solo uso mi autoridad como esposo para tomar decisiones. Dios la ha designado como mi ayudante. Es responsabilidad del esposo asegurarse de que se tome la mejor decisión de agradar a Dios. A veces, Ella está más en sintonía con Dios y con Sus caminos que yo. Esto se convierte en una oportunidad para aprender más acerca de Dios, sus caminos y entre sí. Me resisto a la tendencia a confiar en mi orgullo y más bien me emociona lo que Dios podría estar diciendo a través de mi esposa, incluso si no estoy seguro de que sea lo mejor.

La diferencia que tuvimos en este caso tenía todos los ingredientes para un buen argumento. Di un paso hacia hacer algo por lo que ella no se sentía cómoda. (Pensé que me había comunicado claramente sobre el asunto). Podría haberme mantenido firme en mi camino, y ella podría haberse resistido. En cambio, nos hemos centrado en la voluntad de Dios y hemos estado orando y discutiendo el tema juntos. A partir de este escrito, el problema es un poco más claro pero aún no se ha resuelto. Eso está bien. Buscar la manera en que Dios resuelva estas diferencias es tan importante como encontrar la solución correcta.

Recientemente he estado observando cuidadosamente nuestra relación a medida que encontramos diferencias personales. Teníamos cuatro diferencias: sobre el seguro, la educación y dos sobre la disciplina de nuestros hijos. Suena normal, ¿no es así? En cada caso tuvimos desacuerdos significativos. Tal vez una persona estaba agitada a veces. Y sin embargo no discutimos.

En nuestro último capítulo, mostramos el enfoque general para resolver las principales disputas conyugales. Si primero tratamos de manejar conflictos individuales o "batallas", entonces nuestras soluciones serán superficiales y no funcionarán. Las parejas necesitan un nuevo enfoque para el matrimonio. Necesitan ver que están en el mismo equipo y, por lo tanto resolver :

(1) Se niegan deliberadamente a oponerse, y

(2) Diseñar los medios para trabajar juntos hacia un gran matrimonio.

La pareja de casados típica deja demasiado espacio para que el maligno dañe su matrimonio. No debemos permitir esto. Si nos encontramos peleando con nuestros cónyuges, debemos tomar nota de la disposición en nuestros corazones para luchar y arrepentirnos de este espíritu de lucha. El conflicto revela un corazón impuro. Los cónyuges deben estar convencidos de que cuando golpean, someten o se aprovechan de su cónyuge, ambos han perdido. Como pareja casada, somos un equipo y nuestro objetivo es hacer que ese equipo sea un éxito!

Una vez que tengamos este compromiso básico con nuestro cónyuge, podemos echar un vistazo más profundo a los conflictos que enfrentan las parejas. Quizás una buena ilustración de esto es cuando se hace una tregua. Cada lado puede dejar de pelear. ¡En los viejos tiempos de mala comunicación, las batallas a veces duraban días incluso después de que la guerra había terminado! ¿No se ha cancelado la guerra en nuestro matrimonio? ¿Necesitamos tener conflictos si se ha hecho la paz? No. ¿Todavía los tenemos? Sí, lo hacemos, pero ya no son necesarios. Hay una mejor manera de manejar diferentes opiniones.

Necesitamos una forma muy clara de resolver estas diversas opiniones o el enemigo las usará para hacernos pensar que estamos en guerra unos con otros. Esto a su vez resulta en la configuración de lados opuestos (lo cual es contrario al principio de unidad). Las diferencias de opinión no son incorrectas, pero si no tenemos cuidado, se convertirán en campos de batalla. Mira las opiniones como oportunidades para obtener más información sobre algún tema.

Alguien podría decir que sus principales problemas no son los desacuerdos sino las reacciones emocionales. Por ejemplo, el marido llega a casa de mal humor o la esposa bombardea a su marido en la puerta con una serie de problemas cuando entra..[45] Hagamos algunas observaciones.

---

[45] Reconocemos que hay cambios físicos que afectan la capacidad de una persona para responder con normalidad. Aun así Dios dice que Su gracia es suficiente. Debemos buscar gracia extra en esos tiempos. Mientras tanto el cónyuge debe ser más amoroso.

Lo que normalmente se llama problemas emocionales, la mayoría de las veces, están enraizados en problemas espirituales. Nuestras emociones están estrechamente relacionadas con nuestra naturaleza espiritual. Si no manejamos adecuadamente una ofensa, entonces podemos enojarnos fácilmente. Si no lo solucionamos, llevaremos esa ira a casa y nos enfadaremos con nuestro cónyuge.

Cada argumento requiere dos lados. Incluso si uno de los cónyuges está molesto, no significa que haya una batalla. El otro cónyuge necesita monitorear cuidadosamente la situación con un espíritu devoto y paciente.

Todo problema espiritual que no resolvamos adecuadamente inyectará veneno en nuestro matrimonio. El esposo y la esposa viven demasiado juntos para no ser afectados por el pecado personal. El pecado se revela en nuestro matrimonio.

El poder del evangelio nos libera de esos pecados. No necesitamos permitir que las preocupaciones, los temores, las dudas, la ira, el odio, etc. nos controlen. Cristo puede perdonarnos como el Espíritu nos da poder.

Manténgase Enfocado en el Ministerio

Necesitamos orientar nuestras vidas en torno a ministrar a otros, incluidos nuestros cónyuges en sus días malos. El Espíritu de Dios quiere usarnos para interceder y expresar su amor a nuestro cónyuge. A pesar de que nuestro cónyuge puede ser impaciente, necesitamos cuidarla pacientemente.

De buena manera, tanto el esposo como la esposa deben verificar sus actitudes y vidas antes de encontrarse entre ellos. Pregúntese: "¿Estoy en un estado en el que Dios puede ministrar su amor y gracia a través de mi vida a mi cónyuge?" Si no, pídale que lo prepare y espere hasta que lo haga!

Por último, debemos recordar que el desacuerdo al que nos referimos no es necesariamente un desacuerdo verbal. Una diferencia de enfoque hacia una situación o la expectativa de otra también puede provocar la misma situación volátil. Si un esposo deja un calcetín sucio por ahí, podría ser suficiente para poner a una pareja uno contra el otro. El marido no lo ve como un gran problema. La esposa está convencida de que el calcetín no debería estar allí. ¡Quizás ella piensa que él deliberadamente lo dejó allí para molestarla! En tales casos hay problemas más profundos detrás de escena.

Las personas siempre tendrán diferencias de opiniones y enfoques. Esto es cierto también con las parejas. Lo que hacemos con estos puntos de vista diferentes es lo que caracterizará nuestras vidas y matrimonios. Los grandes matrimonios son aquellos que han aprendido a utilizar estas diferencias para que puedan crecer como pareja. Los matrimonios pobres, sin embargo, manejan mal estas diferentes perspectivas y traen más problemas a sus relaciones.

> Al hombre le adorna alejarse de pleitos,
> pero los insensatos se enredan en ellos.
> (Proverbios 20:3)

Debemos darnos cuenta de que los conflictos son más que la simple diferencia de opinión. Los conflictos son la forma en que las parejas avanzan pobremente en sus diferentes puntos de vista. Los cónyuges pueden ser bastante malos y crueles a veces Por otro lado, podemos ver que estas crisis también sirven como oportunidades para acercarnos más a Dios y más cerca de nuestro cónyuge.

El Libro de Josué fue escrito en parte para ayudarnos a comprender mejor cómo manejarnos durante estas crisis. Si prestamos atención a las instrucciones de Dios a los israelitas, entenderemos mejor cómo convertir estos posibles argumentos en tiempos de crecimiento, amor mutuo y confianza. ¿No suena como una forma mucho más agradable de pasar una noche? Responder correctamente a las diferencias lleva a un gran matrimonio.

B) Resolviendo crisis (Josué)

Hay seis maneras en que Josué trabajó con Dios durante una crisis para evitar conflictos.

(1) Las crisis nos permiten afirmar nuestra unidad

En cierto sentido, cuando Israel entró en la Tierra Prometida, pudieron decir que la guerra ya había terminado. Esto podría sonar loco, pero era cierto. Dios dijo que les había dado la tierra. Además, dijo que nadie sería capaz de oponerse a ellos. Cuando Dios está de tu lado, entonces la guerra ha terminado.

> "Tal y como se lo prometí a Moisés, voy a darles cada lugar donde pongan los pies... Mientras vivas, nadie podrá hacerte frente, porque yo estaré contigo como antes estuve con Moisés. No te dejaré, ni te desampararé." (Josué 1:3,5)

¿Te acuerdas de Jericó? Todo lo que tenían que hacer era caminar alrededor. Dios les dijo cómo ganar sin perder. Estas cosas son verdad no solo para nuestras vidas cristianas, sino también para nuestros matrimonios. El mayor obstáculo para que una pareja supere es simplemente la determinación de no pelear. Tienen que darse cuenta de que la batalla ya está ganada. Ellos están en el mismo equipo. Dios los ha proclamado uno para toda la vida.

¡Cuando Dios esta a tu lado, la Guerra se termina!

Debido a nuestros deseos humanos, todavía tendremos malentendidos, opiniones divergentes, tiempos egoístas, momentos perezosos, etc., pero debemos aprender cómo responder adecuadamente a nuestro cónyuge y manejar nuestras propias actitudes. Estos malentendidos ocurrirán. Tendremos crisis, pero la guerra ha terminado, y como la guerra ha terminado, podemos abordar estas diferencias con un corazón y enfoque completamente diferentes.

He tratado con parejas en ambas situaciones. Cuando el esposo y la esposa están disputando sus derechos, no hay manera de resolver su conflicto. Supongo que hay leyes y reglas que uno puede poner en práctica, pero una vez que se ofenda a la persona, continuará malinterpretando los motivos de la otra persona. No hay cura fácil una vez que la desconfianza echa raíces.

Sin embargo, cuando las parejas trabajan juntas como una sola, estas diferencias son casi divertidas de resolver. Tenemos la oportunidad de trabajar realmente en el problema ante Dios. Podemos ver cómo intervendrá Dios y ayudar a aclarar la situación a medida que lo invocamos. Nuestro matrimonio crece a medida que resolvemos cosas juntos.

- ¿Sobre qué discute usted como pareja?
- Por que discuten?
- ¿Cuánto tiempo han discutido sobre la misma cosa?

(2) Las crisis señalan nuestros problemas potenciales

Cuando las parejas están peleando, los conflictos son casi imposibles de resolver. Hay demasiada angustia, demasiado egoísmo. Pero cuando toda esa esfera de lucha es eliminada, podemos ver a Dios trabajar.

"No les tengas miedo" (Josué 10:8)

"No temas a causa de ellos" (Josué 11:6).

Debemos ser conscientes de que el matrimonio es el contexto principal en el que Dios realiza Sus propósitos de santificación en nuestras vidas. Él nos hace ser más y más como Jesús. Las crisis son señales de que Dios quiere desarrollar ciertas áreas de nuestras vidas. Esto fue cierto para las crisis que Josué y los ejércitos israelitas también enfrentaron. Veamos algunos de estos pasajes ilustrativos.

"Cuando Adonisedec, el rey de Jerusalén, supo que Josué había tomado la ciudad de Hai, y que la había dejado en ruinas (como lo había hecho con Jericó y con su rey, lo mismo que con Hai), y que los habitantes de Gabaón habían hecho la paz con los israelitas y que vivían entre ellos, se llenó de temor. Y es que Gabaón era una ciudad real, mucho más grande que Hai, y sus hombres eran muy fuertes. Por eso el rey Adonisedec envió mensajes a Hoán, Pirán, Jafía y Debir, que eran los reyes de Hebrón, Jarmut, Laquis y Eglón, en ese orden, en los que les decía: "Vengan en mi ayuda. Vamos a combatir a Gabaón, porque ha hecho una alianza de paz con Josué y con el pueblo de Israel." (Josué 10:1-4)

"Cuando Jabín, que era rey de Jazor, se enteró de esto, pidió ayuda a Jobab, rey de Madón, a los reyes de Simerón y Acsaf, y a los reyes de las montañas del norte, a los del Arabá al sur de Cineret, a los de los llanos, y a los de las regiones de Dor al occidente; lo mismo que a los cananeos de oriente y de occidente, y a los amorreos, hititas, ferezeos y jebuseos de las montañas, y a los jivitas al pie del monte Hermón, en la región de Mispá. Todos estos reyes salieron con sus ejércitos. Eran tantos los soldados, y tantos sus caballos y carros de guerra, que se parecían a la arena del mar. Estos reyes se unieron y acamparon junto a los manantiales de Merón, para pelear contra Israel." (Josué 11:1-5)

Cada vez que el enemigo alzaba su fea cabeza, el Señor consolaba a los israelitas, "No les tengas miedo" (Josué 10:8) o "No temas por ellos" (Josué 11:6). La pregunta no era si ganarían. Dios les habló para que pudieran confiar en Él para la victoria mientras los guiaba a la batalla. Dios quiere que entremos en estas crisis con la misma confianza. Dios está en control. Confía en él. Dios además le explicó a Josué el secreto de por qué necesitaban pasar por estas crisis.

"Y es que el Señor endureció sus corazones para que lucharan contra Israel; así él los destruyó y, sin misericordia, fueron expulsados de sus tierras, tal y como el Señor se lo había ordenado a Moisés." (Josué 11:20)

Dios a veces exageraba las crisis endureciendo el corazón del enemigo. El rey a su vez conseguiría que otros reyes se unieran a la lucha. El propósito de Dios era simple. Dios quería que el enemigo fuera eliminado de la manera más rápida y limpia posible. (Por cierto, ¡nuestro cónyuge no es el enemigo!) Esto es lo mismo para nuestras vidas también. A pesar de que como parejas nos encontramos con lo que pueden ser grandes desacuerdos, en realidad no son diferentes a pequeños desacuerdos. La solución es la misma.

Se necesita una mayor confianza para una mayor intimidad. El Señor está construyendo un gran matrimonio. Podemos esperar que las crisis nos impulsen más hacia esa cercanía.

Dios obra a través de estos tiempos. Él sabe en el fondo que hay áreas que no le hemos entregado por completo. Él quiere que su amor domine esas áreas. Estas son usualmente malas actitudes y acciones desagradables que hemos aprendido de nuestros padres. A veces ni siquiera sabemos de otra manera de manejar una situación distinta a la forma en que nuestros padres nos han mostrado. (¿No somos a menudo ignorantes de nuestros principales defectos?) Dios, sin embargo, no está satisfecho con tales respuestas.

Cuando una pareja ve un desacuerdo entre ellos, es muy parecido a lo que Josué vio al mirar a sus enemigos intimidantes. Existe el peligro potencial si no se maneja adecuadamente. Sin embargo, si lo hacemos de la manera en que Dios nos guía, lograremos la victoria y Dios llevará a cabo una obra especial de purificación en nuestros corazones.

No debemos tener miedo de una crisis ni ser intimidados por ella. Nuestros sentimientos pueden despertarse e instarnos a apresurarnos a resolverlo "a nuestra manera", pero debemos rechazar estos sentimientos. No tenemos ninguna prisa. El problema no es si podemos vencer, sino cómo el Señor va a ayudar a resolverlo. La clave es unirse en la búsqueda de la solución de Dios. En el caso de que la situación parezca imposible, recuerde que Dios usó todo tipo de formas inusuales para resolver las crisis que enfrentó Josué: granizo, largos días, confusión e incluso cornetas. La vida era sobrenatural. Lo mismo será cierto para nuestro matrimonio mientras lo buscamos en estas crisis.

Cuando comenzamos a ver cómo Dios trabaja con nosotros para resolver nuestras crisis, es más fácil pensar en el esposo y la esposa como un equipo que trabaja con Dios. Por otra parte, vemos a Dios 'creciendo' a nosotros. Comenzamos a entusiasmarnos de cómo Dios está obrando en nosotros. Estamos en el mismo equipo ganador.

"No te inclinarás ante ellas, ni las honrarás, porque yo soy el Señor tu Dios, fuerte y celoso. Yo visito en los hijos la maldad de los padres que me aborrecen, hasta la tercera y cuarta generación." (Exodo 20:5)

Cada cónyuge puede verse significativamente afectado por los pecados de sus antepasados. Cuando la pareja se casa, ¡también están mezclando sus pecados!

El propósito último de Dios es la paz, la pureza y el descanso. Sin embargo, Dios estaba dispuesto a traer confrontación para alcanzar esa meta de armonía. Lo mismo ocurre con nuestro matrimonio. Dios no nos tienta, pero nos prueba. La prueba es nuestra oportunidad de vivir confiando en Él, confiando en que Él quiere hacer algo especial en nuestras circunstancias. Surgen crisis para ayudarnos a saber que aún no hemos obtenido la armonía que Dios nos ha prometido. Aún no hemos ganado todo lo que Dios quiere que tengamos. Tenemos una promesa de ello.

Nos gusta. Pero tenemos un poco más de trabajo por hacer para obtenerlo.

- ¿Cuál fue tu última crisis?

- ¿Encuentras que la diferencia de opiniones siempre conduce a argumentos?

- ¿Tienes momentos en que las diferentes ideas no conducen al conflicto? Explique.

(3) Las crisis a menudo se basan en conflictos pasados sin resolver

Algunas parejas encuentran que siempre discuten. Las crisis casi siempre conducen al conflicto. En tales casos, cada cónyuge debe dar un paso atrás y completar un inventario de conflictos personales.

Los conflictos suelen tener historias muy largas. Cuando una pareja se ha metido regularmente en un conflicto, es obvio que han aceptado una forma pecaminosa de manejar las diferencias. Dios tiene un camino mejor. El problema, sin embargo, es un poco más difícil de resolver.

Más que probable, estas inclinaciones para usar el conflicto en las discusiones se han transmitido por generaciones. Por ejemplo, si puedes rastrear un corazón adúltero en tus padres y abuelos, entonces es muy probable que tengas la misma lucha de estar completamente dedicado a tu cónyuge. Si tus padres discutieron, entonces aprendiste que es normal discutir. No solo ha aprendido a discutir, sino que ha aprendido la actitud detrás del argumento: "Tengo razón; ¡Estás equivocado! "Pero démosle la vuelta a esto. En lugar de mirar las faltas de tus padres, mira tu propio matrimonio."

Reflexiones Personales

¿Qué problemas tiene dificultades para manejar? Trate de aislar algunas áreas. Pueden incluir manejar dinero, enfrentar decepciones o usar la ira para intimidar a su cónyuge para obtener lo que desea. Ahora, observe de cerca a sus padres y vea si ellos también tuvieron el mismo tipo de problemas. Recuerde, no solo examine sus pecados personales, sino que observe cuidadosamente cómo se relacionaron con sus cónyuges e hijos. ¿Qué encuentras?

Dios quería que los israelitas eliminaran a los enemigos de larga trayectoria. Él quería que vivieran de una manera santa y se condujeran en amor de acuerdo con Sus leyes. Esas naciones, sin embargo, estaban seguras en la tierra. Tenían sus fortalezas. Los israelitas entraban para apoderarse de la tierra que controlaban estos amorreos. Vivían en fuertes fortalezas. Algunos, como Jerusalén, estaban ubicados en una montaña difícil de alcanzar (Jueces 1:21). Fueron difíciles de erradicar.

Sin embargo, Josué estaba dispuesto a mirar a estos enemigos fuertes desde la perspectiva de Dios. Sabía que no era su proyecto personal el que conquistaría Canaán. Dios tenía sus propios propósitos. Por eso iban a ganar. ¡Dios estableció su plan de ataque cuatrocientos años antes!

> "Y después de cuatro generaciones volverán acá; porque hasta ahora no ha llegado todavía a su colmo la maldad de los amorreos." (Génesis 15:16)

Josué pudo haber intentado en lo más profundo de su corazón luchar contra el enemigo, pero también tuvo que aprender a trabajar con Dios para lograr estos planes. Los medios para llevar a cabo estos planes son tan importantes como nuestros objetivos. Luchar contra las luchas conyugales a través de nuestros esfuerzos personales solo conducen a la derrota al final, incluso si logramos el éxito inicial. No podemos ganar dominando o superando a nuestro cónyuge. La fuerza de voluntad no nos va a dar grandes matrimonios.

En cambio, necesitamos ver que Dios ya había decidido eliminar al enemigo. Josué sabía que podía llevar a los israelitas a conquistar porque Dios lo había predeterminado. Nosotros, como parejas, también sabemos que Dios está en el negocio de darnos grandes matrimonios. Necesitamos eliminar esas malas respuestas para llegar allí. Él crea oportunidades para que podamos crecer y ganar.

Dios no trajo a todos los enemigos a Josué a la vez. Comenzó con Jericó para animarlos y entrenarlos. Solo más tarde, Dios pudo trabajar más rápidamente al traer más enemigos a la vez para conquistar. Dios nunca nos trae demasiado para controlar si confiamos en El. Los cónyuges también tenemos una gran reserva de autoexpresiones potenciales que traerán daño a nuestro matrimonio. Pensemos un poco más acerca de cómo estos "enemigos" amenazan nuestra armonía.

Algunos de estos "enemigos" son los celos, la preocupación, el miedo, el orgullo, el odio y la codicia. Literalmente destruyen los matrimonios. Cada vez que tengan una oportunidad, nos incitarán a manejar erróneamente una determinada situación. Nos intimidan a tomar malas decisiones. De manera similar, los ejércitos enemigos de Israel formaron a veces coaliciones para intimidar y golpear mejor a Israel. Podríamos sentir que estas fuerzas son fuertes, pero los propósitos de Dios son mayores y más gloriosos. Es por esto que es crucial que nos encontremos personalmente con Dios cada día temprano en la mañana para que podamos estar a tono con Él y Sus propósitos.

Las tensiones y luchas que surgen de una diferencia de opinión no tienen por qué convertirse en conflicto. Cuando los cónyuges están dispuestos a seguir sus inclinaciones naturales, terminarán en un gran argumento. Esto es conflicto. El Señor no le dio a un matrimonio dos mentes para discutir, sino para proporcionar una mayor sabiduría y conocimiento que da como resultado una mayor estabilidad.

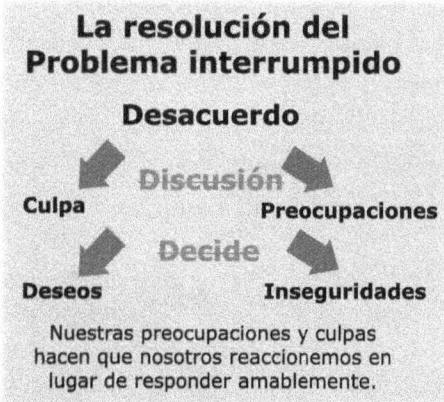

Nuestro matrimonio solo será tan fuerte como el trabajo que ponemos en cada una de estas áreas con nuestro cónyuge. Los matrimonios crecen a medida que los esposos crecen espiritualmente. El matrimonio es el lugar donde Dios nos lleva a donde Él quiere que estemos.

Una vez que se toleran los estándares más bajos, que no son estándares, traemos dolor y conflicto a nuestros matrimonios. La parte emocionante es que Dios está trabajando pacientemente con nosotros. Él está allí para eliminar al enemigo. La paz está asegurada mientras conquistamos. Alabemos a Dios por la forma en que trabaja para ayudarnos como individuos y parejas a superar estas crisis. Donde una vez fuimos lisiados, ahora somos fuertes!

Reflexiones Personales

• ¿Con qué luchas personales batallas? ¿Ves estas dificultades en la relación de tus padres o la forma en que manejan diferentes situaciones? Explique.

• El matrimonio es un contexto a través del cual Dios resuelve nuestros problemas y pecados personales. Pídele a Dios que elimine estas respuestas incorrectas de ti. Míralo a Él para limpiar, instruir y dominar las respuestas correctas.

(4) Las crisis deben ser resueltas a la manera de Dios.

Los conflictos deben cesar. Afortunadamente, Dios nos ha dado un patrón mediante el cual los enemigos que encontramos durante las crisis pueden ser superados. Encontramos estos secretos para la victoria en las batallas registradas en Josué. El patrón es algo así: una crisis lleva a su pueblo a invocar su nombre, lo que a su vez le permite a Dios hablar. Con el plan y la ayuda de Dios, ellos aseguran la victoria. Los israelitas buscan al Señor, y el Señor los guía fielmente a la victoria, una y otra vez.

La crisis lesarrolla ➡ **Llama al Señor** ➡ **Cálmate** ➡ **Planificación cuidadosa** ➡ **Victoria completa**

Alguien podría preguntar qué sucedió en Ai donde Israel fue vencido por el enemigo? Buena pregunta. Josué no le pidió a Dios dirección antes de la batalla. Por supuesto, fue triste que alguien también haya violado la prohibición especial de Dios. Si Josué hubiera hablado con el Señor sobre el asunto en lugar de presumir la victoria, Dios habría prevenido ese desastre. La victoria (como en Jericó) puede llevar al orgullo y parece haber algún problema de confianza en sí mismo en esta etapa. El consejo y la dirección de Dios cuando se implementan siempre llevan a la victoria. Ahora hagamos una pregunta. ¿Quieres tener un gran matrimonio o no? La única manera de establecer un matrimonio fuerte es buscar constantemente a Dios. "Y el Señor le dijo a Josué:" Entonces el Señor le dijo a Josué: «Date cuenta de que yo te he entregado a Jericó y a su rey, con todos sus guerreros."(Josué 6:2) Solo Dios tiene las respuestas a los problemas que enfrentamos.

Armonía de la Unicidad   **Intercambio de opiniones**

Jericó era una ciudad fuertemente custodiada con enormes muros dobles intimidantes. Nuestro mayor problema es que cuando sentimos por primera vez una diferencia de opinión, no nos dirigimos inmediatamente al Señor. ¿Qué significa seguir al Señor? Los siguientes diagramas aclararán qué significa buscar a Dios y por qué funciona.

Hay varias etapas para esto.⁴⁶ La clave es recordar que todos comenzamos en el mismo lugar frente al altar, donde nos comprometemos felizmente en matrimonio. Las cosas están bien. Todo es pacífico. Es solo cuando percibimos una diferencia de opinión o un enfoque variado en algún asunto que comenzamos a sentir la crisis. Es aquí donde entran la tentación y la prueba. Santiago 1 nos da instrucciones sobre la diferencia entre ellos.

Tentación	*Prueba*
Let Cuando alguien sea tentado, no diga que ha sido tentado por Dios, porque Dios no tienta a nadie, ni tampoco el mal puede tentar a Dios. 14 Al contrario, cada uno es tentado cuando se deja llevar y seducir por sus propios malos deseos. 15 El fruto de estos malos deseos, una vez concebidos, es el pecado; y el fruto del pecado, una vez cometido, es la muerte. (Santiago 1:13-15)	Hermanos míos, considérense muy dichosos cuando estén pasando por diversas pruebas. 3 Bien saben que, cuando su fe es puesta a prueba, produce paciencia. Dichoso el que hace frente a la tentación; porque, pasada la prueba, se hace acreedor a la corona de vida, la cual Dios ha prometido dar a quienes lo aman. (Santiago 1:2-3,12)

La tentación es del maligno. Su propósito es dividir y separar. Esto es lo opuesto a responder a la verdad de la unidad. Lo hace enfatizando las diferencias y dándonos la oportunidad de dejarse llevar por nuestros propios deseos. Su esperanza es que nos hagamos daño mutuo, lo que resultará en cicatrices a largo plazo. Intenta que digamos cosas malas sobre nuestro cónyuge y luego nos haga llegar a la conclusión de que es mejor actuar sobre estas cosas (incluso si realmente no lo dijimos en serio).

---

⁴⁶ Un mejor tratamiento a través de este enlace en www.foundationsforfreedom.net/ Topics/Family/ Parenting009_Harmony.html

Reflexiones Personales

¿Cuáles son algunas de las cosas malsanas que has dicho? "Nunca más volveré a hablar con ella." "Te odio." Asegúrate de identificar y confesar tus malas palabras, confesarlas y pedir disculpas. Sea lo más específico posible.

El conflicto nunca es bueno porque siempre conduce por un mal camino. Algunos consejeros llaman conflicto normal. No lo es. Dios nunca considera palabras desagradables y actúa como normal. Nos dijo que "hablemos la verdad en amor."

La prueba es de Dios. Las crisis son ocasiones para enfatizar nuestra unidad. Hemos decidido seguir al Señor. Cuando enfrentamos alguna diferencia, buscamos al Señor en oración y organizamos momentos para discutir el tema con nuestro cónyuge. Cuando sienta un espíritu enojado, bájelo al decidir no seguirlo. Esto se hace reconociéndolo (antes de que genere problemas), rechazándolo y afirmando su unidad mediante algún hecho práctico. Podría decir: "Cariño, sé que no estamos de acuerdo con este tema, pero hablemos y oremos juntos al respecto más adelante, cuando ambos tengamos más tiempo." Las palabras pueden ser muy afirmativas.

Conscientemente, elijan trabajar juntos para ver lo que Dios quiere para su familia. Cuando vea lo que Dios quiere, entonces cada uno de ustedes puede hacer los ajustes necesarios a su vida para adaptarse a lo que Dios quiere. La tentación (del maligno) y la prueba (de Dios) se convierten en las dos opciones en cada punto de desacuerdo. Dese cuenta y elija el camino de Dios.

¿Qué pasa cuando la pareja responde a la tentación? En el diagrama adyacente, vemos que la elección de seguir la tentación trae consecuencias terribles. Siempre trae daño a la relación y, a veces, heridas dolorosas. Si no se produce una mejora clara, se produce un ciclo degenerativo y se consolida este ciclo de respuestas negativas en el matrimonio. En lugar de vencer al enemigo, se entregan a los deseos del enemigo y ajustan sus vidas a esta dosis diaria de aflicción.

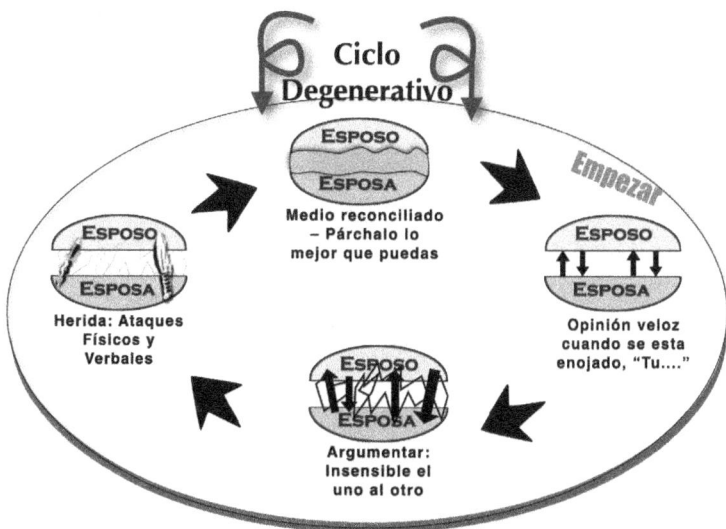

Muchos matrimonios están plagados de este ciclo degenerativo. Al degenerar significa que el matrimonio empeora cada vez más cada vez que la pareja pasa por un ciclo de "pelea." No estamos diciendo que no pueda mejorar, pero se requiere una genuina humillación del alma para disculparse y aclarar las cosas. Más se dirá sobre el perdón en el próximo capítulo.

Cuando no se hacen las disculpas adecuadas, entonces hay una capa de amargura que se encuentra entre la pareja (vea la tabla a la derecha). No hay armonía perfecta, incluso cuando no están discutiendo. Cuando comienza otro argumento, la pareja continúa donde se quedaron por última vez. Este ciclo degenerativo se repite porque la amargura busca otra ocasión para atacar. Ya no comienzan en la parte superior con nada entre ellos, sino más bien con amargura, por así decir, impregnando sus conversaciones amargas. Recomendamos con urgencia otro método para responder a las crisis que evitan esta espiral descendente.

El Ciclo Regenerador

El ciclo de regeneración trae vida en lugar de muerte en la relación cada vez que el ciclo progresa. Este ciclo comienza en armonía (en la parte superior) y termina estableciendo un matrimonio más fuerte que nunca. Estas ganancias son posibles porque las diferentes perspectivas nunca conducen al modo de "ataque." Si lo hacen, se busca y se gana el perdón.

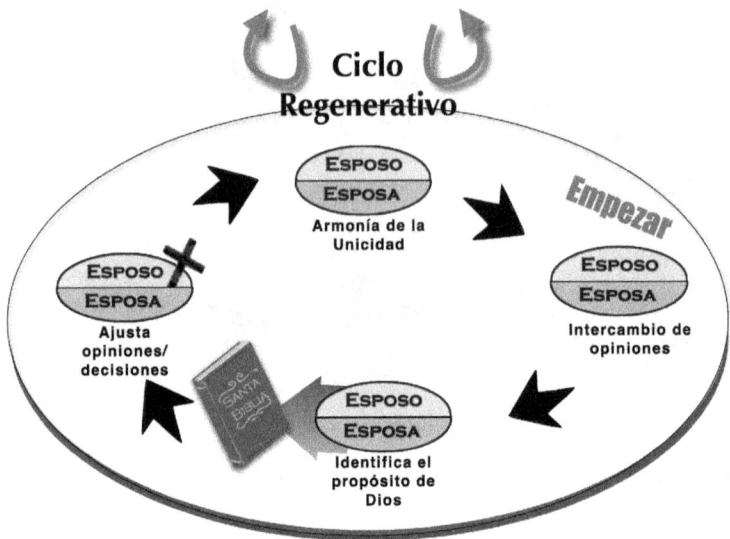

La diferencia de la posición opuesta del cónyuge se acepta por lo que es. El hecho de que dos personas difieran, no significa que tengan que "hacerlo a su manera." Ambos buscan el punto de vista de Dios y hacen los ajustes necesarios.

El esposo y la esposa no siempre estarán de acuerdo, incluso después de la discusión. En un capítulo posterior, proporcionaremos una explicación detallada sobre cómo deben responder la esposa y el esposo si hay desacuerdos, incluso después de observar cuidadosamente la Palabra de Dios (por ejemplo, cuánto deben dar a la iglesia o a los pobres). Las parejas maduras están dispuestas a resolver diferencias irreconciliables en los caminos de Dios. Sin embargo, debe indicarse que las diferencias de opinión pueden derivarse de no buscar al Señor en algún asunto (por ejemplo, comprar un auto nuevo a crédito porque uno no tiene la codicia). En cualquier caso, cada pareja tiene muchas diferencias para que practiquen trabajar con su cónyuge para resolver problemas.

Si una pareja va a resolver los asuntos a la manera de Dios, entonces cada cónyuge debe estar cerca de Dios (para que puedan ser pacientes), hablar entre ellos (un impase hace que sea muy difícil) y estar deseando los propósitos de Dios. Al final, si una pareja invierte tiempo juntos (¡aparte de estos tiempos polémicos!), Dará sus frutos. Ellos "lucharán" menos y ganarán más. Hay dos ciclos: el ciclo degenerativo y el de regeneración. La diferencia entre ellos es como la noche y el día. El primero se basa en la amargura, mientras que el último se acumula a partir del perdón.

(5) Las crisis nos pueden llevar a grandes matrimonios

Josué tuvo la opción de quedarse en Jericó después de la primera batalla o continuar liderando a Israel en la batalla y distribuyendo tierras a cada tribu. Toda la tierra era su herencia. Necesitaban capturarla y mantenerla. La última mitad del Libro de Josué enfatiza cómo Josué distribuyó cuidadosamente un montón de tierra a cada tribu. Necesitaban estar motivados para terminar la tarea que Dios les había dado claramente.

> "Pero siete tribus de los hijos de Israel se habían quedado sin recibir tierras, 3 así que Josué dijo:«¿Hasta cuándo van a continuar con su negligencia? ¿Cuánto más se van a tardar para tomar posesión de la tierra que el Señor, el Dios de nuestros padres, les ha entregado?" (Josué 18:2-3)

Después de algunos contratiempos, es fácil entrar en el modo de "tolerancia." Tendemos a aceptarlo como un matrimonio "bueno." Nos falta la motivación para tener un gran matrimonio. ¿Qué crees que hará el Señor para estimular a la pareja manchada con un espíritu de tolerancia? Efectivamente, Él se asegurará de que enfrenten más crisis hasta que finalmente se den cuenta de que mejor formen su matrimonio.

> "La mujer contenciosa es gotera constante." (Proverbios 19:13)

Dios quiere que tengamos matrimonios armoniosos y agradables, no solo por nuestro bien, sino para Su gloria. La gloria de Dios fue diseñada para brillar a través de la armonía del esposo y la esposa. ¿Cuál fue el motivo de Dios cuando hizo a Eva para Adán? ¿No estaba pensando en algo mejor que lo que Adán tenía antes? ¡Por supuesto! Cuando un hombre tiene esposa, es bendecido. Cuando tiene una esposa excelente, es grandemente bendecido.

¿Hallaste esposa? ¡Has hallado el bien!
¡Has alcanzado el favor del Señor! (Proverbios 18:22)

Si una esposa o esposo es irresponsable, entonces el matrimonio se amarga con bastante rapidez. Muchos proverbios resaltan el error de un hombre perezoso o irresponsable. "Al hombre le adorna alejarse de pleitos,
pero los insensatos se enredan en ellos." (Proverbios 20:3) Otro grupo entero de proverbios señala la tristeza de aquellos matrimonios que tienen una esposa mal humorada y quejona. Estas esposas han fallado a Dios y a sus esposos. Son egoístas. "la mujer contenciosa es gotera constante." (Proverbios 19:13b)

Necesitamos un espíritu como el de Caleb. Recordó la promesa de Dios y creyó a Dios por la fuerza para obtenerla.

> "Por lo tanto, te pido que me des este monte, del cual habló el Señor aquel día. Tú eres testigo. Aquí viven los anaquitas, y tienen grandes ciudades fortificadas; pero con la ayuda del Señor puedo vencerlos y echarlos de estas tierras." (Josué 14:12)

Cuando entendemos que el Señor realmente quiere darnos un matrimonio bendecido, entonces nos levantaremos con fe y le creeremos que nos dé lo que de otra manera sería imposible. Podríamos tener muchas cosas en contra de nosotros como Caleb, pero su fe en Dios hizo toda la diferencia. "¡Con Dios todo es posible!"

(6) Las crisis resultan en conflicto permanente si no se resuelven adecuadamente

Estamos muy tristes de ver cuántas parejas no toman en serio la Palabra de Dios. Insisten en tener luchas de poder. ¡Ciertamente no los envidiamos! Dios nos ha dado la posibilidad de eliminar estas luchas. Una por una a medida que resolvemos estas crisis, nuestros matrimonios se vuelven más y más dulces. El enemigo es eliminado sistemáticamente. La intención de Dios es sólo buena. Desafortunadamente, no somos tan minuciosos como Dios quiere que seamos.

> "Sin embargo, no pudieron arrojaron a los cananeos que habitaban en Guézer, así que se quedaron a vivir entre la tribu de Efraín, y hasta el día de hoy son sus tributarios" (Josué 16:10, También 17:12).

Cualquier cosa que no se elimine se convierte en un punto irritante en nuestros matrimonios. Israel sufrió hostigamiento constante mientras "toleraban" la presencia del enemigo en su tierra. Si eliminaban en lugar de solo someter a un enemigo, entonces desaparecería y será más incapaz de molestarlos.

"No se engañen. Dios no puede ser burlado. Todo lo que el hombre siembre, eso también cosechará." (Gálatas 6:7)

Necesitamos recordar que estos compromisos no solo se gozarán de lo que podría ser un gran matrimonio, sino que estas luchas se transmitirán a nuestros hijos. Por las acciones y actitudes de los padres, su triste manejo del conflicto pasa directamente a sus hijos. Pablo en Gálatas 6:7 dice, "Dios no puede ser burlado."

Él no está en lo más mínimo engañado. No tenemos ninguna excusa para nuestra desobediencia. Incluso si comenzamos con el pie equivocado, si tomamos a Dios en serio, podemos convertirnos en agentes de Su cambio divino comenzando con nuestras propias vidas y matrimonios personales. La falta de armonía y los problemas duran mientras no conquistemos al enemigo.

Por supuesto, si elegimos seguir al Señor, entonces podemos manejar estas crisis. Es aquí donde se desarrolla la intimidad. Los matrimonios íntimos transmiten todo tipo de cosas buenas a nuestros hijos (por ejemplo, cómo ser pacientes entre sí).

Resumen

Los medios por los cuales Josué y los israelitas manejaron muchas crisis en Canaán brindan una gran perspectiva de cómo una pareja casada debe manejar los tiempos difíciles. Podemos responder a la manera de Dios y ganar, o podemos responder con miedo o compromiso y perder. Hay un camino correcto y otro malo. Hay un ciclo degenerativo así como un ciclo de regeneración. Nuestras elecciones tienen un gran impacto en nuestros matrimonios e incluso en nuestros hijos. Sin embargo, ningún matrimonio es tan malo que no puede comenzar de nuevo. Ningún matrimonio es tan seguro que esté más allá del alcance de la amargura, si se le permite establecerse.

Conclusión

El conflicto puede ser evitado. Dios nos ha dado armonía a través de nuestra unidad. Al final, cada pareja debe volver a entrenarse para que puedan dialogar y orar en lugar de discutir. Permítanme cerrar con otra ilustración de cómo se evitó una "explosión" entre mi esposa y yo.

Mi esposa y yo descubrimos que no estábamos de acuerdo sobre qué hacer para la educación en casa el próximo año. Me sorprendió que ella se diferencie de mí (¿no debería ella siempre estar de acuerdo?) Aunque valoro su opinión. Ya había hablado con ella sobre ciertos aspectos de la educación en casa el próximo año. Ella obviamente no entendía mis intenciones. Nuestras diferencias persistieron.

Discutimos diferentes ventajas y desventajas de hacer las cosas, esto o aquello. Le di tiempo para expresar cómo estas decisiones afectarían su horario y rutina. Al final, ella tenía una diferencia de opinión, pero no podía identificar claramente cuáles eran las razones de esto. He aprendido que mi esposa necesita tiempo adicional para identificar sus razones. Así que en lugar de impulsar la implementación de mis planes, hice una pausa. Una vez más, se difundió un posible argumento. En cambio, estábamos orando y trabajando a través de la discusión a lo largo de varios días. Durante nuestras discusiones, sin embargo, descubrí dos preocupaciones principales.

Primero, ella no tenía confianza en mi liderazgo. No había expresado cómo estaba pensando acerca de los problemas del cambio de currículo y el impacto en su agenda. Con calma traté de explicar cómo estaba pensando en ese asunto. Mientras hacía esto, ella se calmó. Un problema típico de los esposos es no discutir con sus esposas lo que han pensado claramente. La esposa podría asumir que su esposo ha descuidado el cuidado de esa área cuando, de hecho, ya lo ha pensado mucho.

Segundo, al valorar sus opiniones, aunque diferían de las mías, podía, por la gracia de Dios, tratar de saber por qué lo que ella decía era importante. En ese momento, sin saberlo, estaba identificando sus valores. Nuestros valores son típicamente los mismos, como lo fueron en este caso.[47] Ella dijo que le preocupaba si nuestros hijos estaban siendo entrenados adecuadamente para obtener una perspectiva bíblica. Me encantó escuchar eso y después de eso pude entender más fácilmente por qué ella había insistido en un determinado libro del currículo. Pensé que el libro era inadecuado para lo que necesitaban nuestros niños, pero podría sugerir otras formas de abordar esa capacitación. El problema fue resuelto.

La mayoría de los problemas se pueden resolver cuando el esposo y la esposa oran y hablan regularmente juntos. Si la pareja se encuentra demasiado ocupada para hablar y disfrutar de la compañía mutua, tenderán a discutir y alborotarse más. Un gran matrimonio lleva tiempo, pero cada segundo vale la pena. ¿No preferirías dialogar en vez de discutir, orar en lugar de luchar? ¿No es una palabra amable mejor que una crítica? Nosotros creemos que sí.

---

[47] Cuando nuestros valores son diferentes, es fácil ir a las Escrituras para encontrar puntos en común.

Reflexiones Personales

Haga una lista de las últimas tres áreas donde usted y su cónyuge tuvieron diferentes opiniones.

- ¿En qué diferiste?
    - ¿Se resolvieron estos problemas? ¿Cuánto tiempo tomó?
- ¿Fueron manejados adecuadamente? Explique.
- ¿Cuáles fueron los resultados finales?
    - Haga una lista de las lecciones que deben aprenderse.

Capítulo #6 Preguntas de Estudio

1. ¿Cuáles son dos cosas que el esposo y la esposa deben hacer si van a tener un gran matrimonio?

2. ¿Son necesarios los conflictos? ¿Por qué o por qué no?

3. ¿Son necesarias las diferencias de opinión? ¿Están equivocadas? ¿Cómo deben ser manejadas?

4. ¿Cómo debemos manejar los trastornos emocionales?

5. ¿Cómo usa Dios las crisis para "santificar" o hacer a una pareja más santa?

6. ¿Cómo se conectan nuestros conflictos con los conflictos de nuestros padres y abuelos?

7. ¿Cuál es la manera en que Dios resuelve el conflicto?

8. Explique brevemente tres de las seis maneras en que Josué evitó el conflicto trabajando estrechamente con Dios.

9. ¿Cuál es la diferencia entre la prueba y la tentación? ¿Cómo se relacionan con una crisis y conflicto?

10. Dibuja y explica el ciclo degenerativo.

11. Dibuja y explica el ciclo de regeneración.

12. ¿Cuáles son las consecuencias de no resolver los conflictos?

7. Sustituyendo la Amargura Marital por el Perdón

La amargura, creo, es el asesino número uno de nuestros matrimonios. Muchos se opondrían y dirían que son diferencias sobre el dinero o la incompatibilidad, pero estas personas no entienden cómo la amargura es un problema fundamental para estas y muchas otras dificultades conyugales. La amargura, paso a paso, separa a la pareja y disminuye su compromiso mutuo.

Dios quiere traer sanidad a los matrimonios. Quiere eliminar todo resentimiento. Parte de nuestro problema es que no comprendemos cómo Él ya nos ha dado las herramientas para separarnos de la intimidación de la amargura en nuestros matrimonios a través del maravilloso poder del Evangelio. Esa pequeña piedra que Dios usó en la mano de David es muy parecida a la herramienta especial que Dios le ha dado a sus hijos para acabar con el gigante amenazador de la amargura. A través de nuestra simple fe y obediencia, el poderoso amor de Dios derribará los altos muros del resentimiento.

Sin embargo, si no tenemos cuidado, surgirán resentimientos en nuestros corazones y asaltarán nuestros matrimonios. En lugar de ser el vencedor, nos convertiremos en la víctima. Los consumidos por la amargura observan lentamente la destrucción de su matrimonio. Hace poco supe de un matrimonio en el que la amargura se había vuelto tan fuerte que la esposa no podía dormir por la noche. Este fue solo uno de los muchos síntomas de un matrimonio infectado por la amargura. Hay muchos otros. Una y otra vez, vemos parejas devastadas por la amargura. Es una pena que las parejas esperen hasta que su matrimonio esté al borde de la ruptura antes de lidiar con la amargura en sus vidas.

Cualquiera que haya sido infectado por la amargura conyugal sabe que dominará toda la vida si está permitido. Aparecen todo tipo de síntomas físicos, incluidos muchos dolores y enfermedades relacionados con el estrés. Pero no se detiene ahí. La amargura comienza por destruir las relaciones. Sin embargo, comienza tan sutilmente. Éstos son algunos de los posibles síntomas de una ruptura en una relación debido a la amargura: poner los ojos en blanco, ignorar las peticiones simples, enojarse fácilmente, poner sobrenombres "divertidos", criticar los esfuerzos de su cónyuge, bromear sobre las deficiencias y sentirse frustrado. Tantos matrimonios han sido destruidos simplemente por no seguir la simple instrucción del apóstol:

> "Desechen todo lo que sea amargura, enojo, ira, gritería, calumnias, y todo tipo de maldad." (Efesios 4:31)

La amargura no debe ser aceptada en nuestras vidas personales. Si nos negamos a tolerarlo, entonces no plagaría nuestros matrimonios. La amargura se aleja de la bondad dada por Dios en nuestros matrimonios. ¿Por qué entonces tantas parejas han aceptado cierto grado de amargura en sus matrimonios? Algunos nunca han pensado en cómo la amargura se relaciona con sus matrimonios problemáticos. Otros lo saben, pero están tan claramente comprometidos a destruir al otro, que están dispuestos a soportar el sufrimiento.

En nuestra siguiente discusión, explicaremos cómo la amargura y la ira dañan profundamente los matrimonios y esbozamos pasos claros para eliminar la amargura y obtener esa dulce relación para la cual está diseñado el matrimonio.

A) Entendiendo la Raíz de la Amargura

La amargura matrimonial viene de ser ofendido por el cónyuge y de tener un corazón de mala gana contra él o ella. Por ejemplo, un esposo podría decirle a su esposa: "Esa comida no fue muy buena." Su intención podría no ser tan mala como la esposa siente. Pero en cualquier caso, la esposa se resiente de la observación de su marido.

Ella piensa para sí misma cómo es tan fácil para él volver a casa y esperar una gran comida. Podría encubrir, y sin embargo revelar levemente, su amargura por algún gesto, inflexión de voz o alguna decisión privada al preparar la comida. El resentimiento, correcto o incorrecto, ha sido plantado en su alma, y ella está respondiendo.

La semilla de la amargura se planta de muchas maneras. En lugar de hablar honestamente con su esposo acerca de cómo ese comentario la lastimó, guarda secretamente la ofensa en su corazón y enfría su corazón hacia él. La distancia cada vez mayor entre la pareja continuará produciendo malentendidos hasta que se resuelva.

Del versículo anterior (Efesios 4:31), podemos ver que la amargura tiene muchos "hermanos y primos," entre ellos: cólera (ejemplo, temperamento), ira, clamor (ejemplo, ruido), calumnia y malicia (es decir, corazón maligno).

La amargura es la raíz de muchos problemas. Un corazón amargo engendra todo tipo de reacciones malignas. Ira, cólera, clamor, calumnia y malicia son todos los medios por los cuales el resentimiento se expresa. La amargura no puede quedarse en el corazón por sí misma. Es cierto, la amargura puede permanecer latente durante un largo período hasta que surge una tormenta, pero llegará. Mientras tanto, lentamente envenena la vida de esa relación.[48]

Debemos descartar todas estas expresiones de odio y deshacernos de ellas por completo. Cuando una persona quiere remover un árbol, no solo corta las ramas. Él tiene que llegar al trabajo sucio de excavar las raíces. Si las raíces principales no se eliminan, las ramas volverán a crecer más fuertes que antes. La solución real no es solo deshacerse de la expresión de ira, sino lidiar con la raíz de la amargura a partir de la cual crece el odio. Veamos cómo la amargura hace su trabajo malvado incluso en personas normales como tú y yo.

La razón por la cual la amargura es tan devastadora es que proporciona la justificación para ser mezquino, frío, malhumorado o desagradable para los demás. La amargura se nutre a sí misma legitimándose. La mayoría de la gente sabe que está mal odiar a los demás. Nuestra conciencia nos dice que está mal hacer el mal a los demás. Esto limita la expresión de nuestro odio hacia los demás. Si las personas van a persistir en su mezquindad hacia alguien, necesitan alguna forma de anular la función de culpa de su conciencia. De lo contrario, la culpa se acumularía tanto que tendrían que dejar de ser malos. Comenzarían a sentirse bastante mal (culpables) por eso.

---

[48] Tenga en cuenta que la amargura hace esto con todo tipo de relaciones. ¿Por qué los adolescentes están tan enojados contra sus padres? Busca el resentimiento y la amargura. Resolver la amargura en todas las relaciones es un deber.

La amargura proporciona el cortocircuito necesario que les permite pasar por alto el trabajo de sus conciencias, no solo para hacer el mal a los demás, sino también para sentirse presumidos y auto justificados al respecto.

¿Cómo hace esto la amargura? La amargura engaña a la persona engañando a su conciencia. La persona solo necesita detenerse en la forma en que alguien lo ofendió, y se libere de la acción defensiva de su conciencia. Un paralelo biológico podría ser el efecto de las drogas o el alcohol en el cuerpo de una persona. Las conexiones nerviosas se debilitan para que él, en un estado de ebriedad, pueda hacer cosas que de otra manera nunca haría. La amargura es una droga para el alma. Permite a las personas hacer cosas malas que de otra manera no se considerarían capaces de hacer.

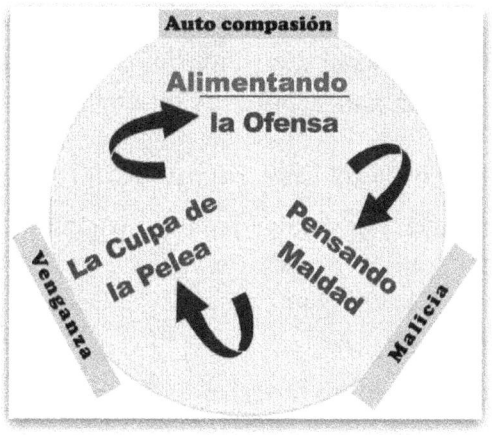

Recuerdo a un antiguo vecino. Tenía tanta amargura que destruyó su matrimonio y su relación con sus hijos. Se pasearía con una pistola en su auto en caso de que tuviera suficiente valor para suicidarse. Es importante saber cómo funciona la amargura. Aunque es muy poderosa, puede ser deshabilitada gracias a la gracia de Dios en Cristo.

La amargura funciona mientras se esté enfocando. Uno podría pensar que una persona escupiría el venenoso de la amargura de su vida al igual que uno podría escupir un limón agrio. Pero la gente se aferra a ello. ¿Por qué? El que siente que ha sido perjudicado gana un ligero sentido de poder y control. En la mayoría de los casos, estas personas están convencidas de que son las personas designadas por Dios para llevar a cabo la justicia. Esta es la etapa de "alimentación ofensiva" en el diagrama de arriba.

A través de la autocompasión, inutilizan su conciencia y permiten que los efectos mortales de la amargura continúen e incluso empeoren. Creen que están haciendo el bien cuando de hecho están haciendo el mal. Es este falso sentido de la justicia lo que los ciega al mal de sus acciones.

Cuando esto sucede en un matrimonio, el cónyuge se pone a sí mismo en una situación en contra de su pareja. Amamantar el odio y el dolor atenúa la "dualidad" y virtualmente elimina la "unidad" del matrimonio. Están casados, pero actúan como dos. Dos oponentes. La amargura hace que esta división sea permanente mientras él o ella quieran que dure. Echemos un vistazo más de cerca a cómo la amargura actúa en su miserable maldad.

Un Vistazo Dentro de la Amargura

"Tengan cuidado. No vayan a perderse la gracia de Dios; no dejen brotar ninguna raíz de amargura, pues podría estorbarles y hacer que muchos se contaminen con ella." (Hebreos 12:15)

Las escrituras revelan muchas ideas sobre la amargura. Hebreos 12:15 establece tres cosas. Cada una de ellas será discutida más adelante.

Corto de la gracia de Dios (La marca de la amargura)

Raíz de la amargura (La naturaleza de la amargura)

Estar contaminado (El resultado de la amargura)

1) Corto de la gracia de Dios (La Marca de la Amargura)

Las personas pueden afirmar que pertenecen a Dios y, sin embargo, no tienen la bendición de Dios sobre sus vidas. Esto también es cierto con las personas amargas que profesan conocer a Cristo. Hebreos 12:15 dice que algunas personas están "por debajo de la gracia de Dios." Las personas amargas han retenido la gracia y, por lo tanto, la gracia y la misericordia son retenidas de ellos. Jesús claramente declaró esto en el Sermón del Monte mientras instruía a otros sobre cómo orar y luego inmediatamente lo enfatizó.

> Si ustedes perdonan a los otros sus ofensas, también su Padre celestial los perdonará a ustedes. 15 Pero si ustedes no perdonan a los otros sus ofensas, tampoco el Padre de ustedes les perdonará sus ofensas. (Mateo 6:14-15)

Jesús habló mucho sobre el perdón porque está en el corazón del evangelio. Jesús nos cuenta del hombre que se negó a perdonar a una persona que le debía muy poco, incluso cuando el rey ya había perdonado su deuda mucho más grande (ver barra lateral). Cuando retenemos la gracia, será retenida de nosotros.

Las personas atrapadas en la red de la amargura creen que tienen el derecho de llevar a cabo su espíritu vengativo. Cuando, de hecho, Jesús afirma claramente que estas personas que se niegan a perdonar a otros están en gran peligro. Sabemos que estos pasajes plantean todo tipo de preguntas sobre lo que significa la frase "se queda corto de la gracia de Dios." ¿Significa que un cristiano puede perder su salvación? Jesús describe su juicio de una manera muy vívida. Lo dejaremos como lo hizo Jesús. Él revela el alto costo de tener un corazón implacable. El punto es simple: nadie tiene derecho a llevar amargura en su alma. Siempre debemos perdonar a todos, incluyendo a nuestro compañero.

La Importancia de Perdonarse Unos a Otros

Mateo 18:23-35

"Por eso, el reino de los cielos es semejante a un rey que quiso hacer cuentas con sus siervos. 24 Cuando comenzó a hacer cuentas, le llevaron a uno que le debía plata por millones. 25 Como éste no podía pagar, su señor ordenó que lo vendieran, junto con su mujer y sus hijos, y con todo lo que tenía, para que la deuda quedara pagada.26 Pero aquel siervo se postró ante él, y le suplicó: «Señor, ten paciencia conmigo, y yo te lo pagaré todo.» 27 El rey de aquel siervo se compadeció de él, lo dejó libre y le perdonó la deuda. 28 Cuando aquel siervo salió, se encontró con uno de sus consiervos, que le debía cien días de salario, y agarrándolo por el cuello le dijo: «Págame lo que me debes.» 29 Su consiervo se puso de rodillas y le rogó: «Ten paciencia conmigo, y yo te lo pagaré todo.» 30 Pero aquél no quiso, sino que lo mandó a la cárcel hasta que pagara la deuda. 31 Cuando sus consiervos vieron lo que pasaba, se pusieron muy tristes y fueron a contarle al rey todo lo que había pasado. 32 Entonces el rey le ordenó presentarse ante él, y le dijo: «Siervo malvado, yo te perdoné toda aquella gran deuda, porque me rogaste. 33 ¿No debías tú tener misericordia de tu consiervo, como yo la tuve de ti?» 34 Y muy enojado, el rey lo entregó a los verdugos hasta que pagara todo lo que le debía. 35 Así también mi Padre celestial hará con ustedes, si no perdonan de todo corazón a sus hermanos."

La gracia de Dios será retenida de nosotros mientras la retengamos de otro. Un espíritu que no perdona es como retirar la vida y permitir que la muerte se asiente en nuestros cuerpos. No es de extrañar que las personas amargas tengan los matrimonios y las vidas más tristes de la tierra. ¿Se instalará ahora en su corazón, de una vez por todas, para ser siempre rápido en perdonar a los demás sin importar cuánto sienta el dolor y el rechazo? Este es el camino de Jesús.

2) La Raíz de la amargura (La naturaleza de la amargura)

Hebreos 12:15 continúa mencionando la "raíz de la amargura." Hay dos aspectos de esta raíz.

Primero, la escritura habla de la manera segura en que la amargura puede aferrarse a nuestras almas. La resistencia de una planta proviene de sus raíces. Si no hay raíces, la planta es fácilmente arrancada. Pero como la raíz está ahí, entonces la planta con sus ramas, hojas y flores evidentes se manifestará con el tiempo. Si una persona es amarga o actúa con amargura, entonces debe saber que en algún momento en el pasado se permitió que una semilla de amargura creciera dentro de su alma.[49] Algo ha sucedido en su pasado que debe ser tratado adecuadamente para eliminar la amargura.

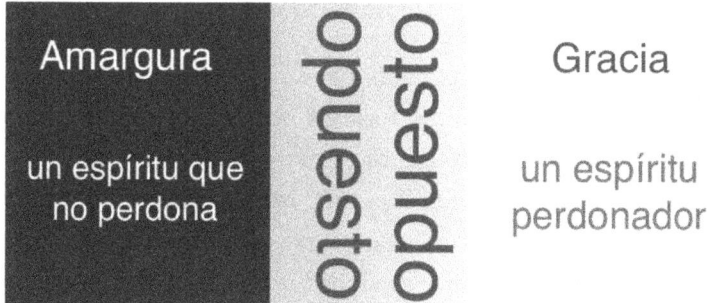

Segundo, vemos que la raíz brotará todo tipo de problemas diabólicos. Creo que estas son las manifestaciones de amargura junto con sus consecuencias (consulte el diagrama de árbol anterior). Cuanto mayores son las manifestaciones de amargura, mayor es la raíz de amargura que ha crecido. La amargura nunca produce buenos resultados. La justicia nunca se sirve. La gracia nunca se da. Los matrimonios son destruidos.

Tercero, observamos que algunas raíces pueden ser más grandes y más profundas que otras. Alimentar la raíz de la amargura hace que crezca. ¡Si queremos un matrimonio mejor, la amargura no es el camino a seguir! Un espíritu perdonador es lo opuesto a un espíritu implacable (ver diagrama). Cada vez que nos justificamos (pensamos que está bien) a nosotros mismos por resentirnos con alguien, "nutrimos" la raíz de la amargura. Crece. En cambio, debemos comenzar a confesar que nuestro corazón amargo está mal, porque Jesús dice que está mal y busca el perdón. Todo este amargo sistema de raíces puede morir.

---

[49] Existe la duda de si esta semilla vino del exterior y se implantó en su corazón o si la naturaleza maligna la produjo, pero los resultados y la cura son los mismos. Es la naturaleza malvada la que nutre y alienta la amargura. Podemos encontrar el perdón completo y la paz de corazón a través de Jesucristo.

3) Muchos se contaminan (El Resultado de la Amargura)

El pasaje de las Escrituras de arriba dice en una palabra autoritaria que las personas que son amargas serán contaminadas y que la contaminación en la mayoría de los casos se extiende a las vidas de otros. Esto está claro.

¿Puede un cónyuge ser amargado y el otro no ser influenciado por él? Clamor habla de palabras furiosas. La malicia es el mal que finalmente se lleva a cabo. La ira es el medio a través del cual se expresa el disgusto. La cólera es la ira volátil que estalla como un volcán. La amargura brota todo tipo de problemas. Y para empeorar las cosas, los que son víctimas de tales actos, a menudo se amargan a sí mismos.

En lugar de ser una persona que Dios usa para extender Su gracia y misericordia a otros, esta persona se ha convertido en un instrumento a través del cual Satanás lleva a cabo su trabajo diabólico. Cualquiera que juegue en el barro se embarrará. Aquellos que juegan con gente fangosa se enturbian. Quien juegue en el campo del odio y el desprecio será contaminado. Una razón por la que el divorcio es tan horrible es la amargura que contamina no solo al cónyuge sino a sus hijos y amigos. Se usan tantas palabras ácidas. Este dolor está claramente documentado tanto en la investigación y lo que es más importante, en las vidas que rodean a aquellos que permiten que la amargura resida en sus corazones.

Resumen

Pensemos en estas cosas desde la perspectiva del matrimonio. Las personas se casan para tener una relación amorosa y todos los buenos frutos que provienen de tal relación. Cuando la amargura se implanta en el corazón de cualquiera de los cónyuges, terminan con terribles problemas. Los problemas pueden ser observados primero por la decepción de uno por no tener una relación cálida y amorosa. Sin embargo, las dificultades pueden llegar a ser tan abrumadoras que la vida en común se vuelve intolerable.

La semilla (la ofensa) primero debe ser plantada. Las raíces entonces crecerán. Si permitimos que la semilla brote y se arraigue, la planta de amargura crecerá y denigrará cada vez más otras áreas de nuestras vidas y las de quienes nos rodean.

Por otro lado, podemos sacar esa raíz. Si simplemente ignoramos las ofensas menores, terminamos permitiendo que la semilla permanezca. En tales casos, olvidaremos que la semilla se sembró alguna vez y no sabremos que todavía está enterrada en el suelo con una raíz que crece lentamente. Por la gracia de Dios, necesitamos excavar la suciedad de la raíz para exponerla. Esto se hace reconociendo cómo te has opuesto al camino del Señor de amor y perdón. Sea específico acerca de las palabras que ha dicho, las acciones que ha tomado y las actitudes que ha mantenido. Una vez que la suciedad se retira, la raíz se puede extraer fácilmente. Sigamos y veamos cómo hacerlo. Mientras tanto, ¡no dejes que la semilla amarga se plante en primer lugar! Evite ofenderse siempre perdonando conscientemente unos a otros. "El amor cubre una multitud de pecados" (1 Pedro 4: 8).

Aplicación para la Vida: ¿Es una política en su matrimonio perdonarse siempre rápidamente?

B) Principios para Superar la Amargura

Cuando comenzamos a discutir cómo eliminar la amargura, necesitamos ver cómo las raíces se afianzan en el suelo. Muchas personas han intentado sacar las raíces en vano. Como jardinero de casa, sé lo difícil que es sacar las malas hierbas que se han permitido crecer. Veamos algunos de los principios fundamentales que hemos aprendido.

La raíz amarga crece de una semilla. La semilla es la ofensa original. La ofensa es un evento, una palabra, un comentario, una expresión facial o algo parecido que se ha percibido como un error que me hicieron y que nunca perdoné. Hasta que no se identifique este problema, no se puede sacar completamente. Se puede hacer más pequeño al destrozar la planta. Incluso podría obtener parte de la raíz, pero seguirá creciendo a menos que esté completamente erradicada. Una de las partes más difíciles de identificar de este evento ofensivo es la exposición de nuestros corazones al dolor que sentimos en ese momento. Necesitamos enfrentar nuevamente este dolor y decepción para poder responder adecuadamente esta vez.

Las "cosas" entre un esposo y una esposa crean distancia entre ellos ("dualidad") en lugar de unidad.

- La fuerza de la raíz depende de cuánto se haya alimentado la amargura. La amargura se nutre al tomar un deleite secreto al planear la venganza. La raíz de la amargura está protegida por una lógica de defensa defectuosa que afirma mi derecho o el deber de dañar a otro. Mientras estos dos estén de pie, entonces la raíz no se puede extraer. Estos argumentos defectuosos deben exponerse para poder llegar a la raíz. Al exponer y destruir esta línea de pensamiento, Dios puede comenzar a hablar nuevamente a mi conciencia a través de la culpa. Eso a su vez comienza a restablecerme la normalidad. Mientras la amargura se aloje en el corazón, el orgullo de obtener un juicio "justo" evitará que la culpa haga el trabajo necesario en mi vida.

- Las personas amargas son difíciles de aconsejar porque continuamente pasan por un ciclo de pensamientos que se justifican y acusan al otro. Por lo general, los avances no se producen hasta que se rompe el ciclo. Antes de que comience la extracción profunda de la raíz, debemos discernir cómo Satanás confunde el ciclo de pensamientos de uno. Es muy parecido a una rutina. A medida que avanzamos en el ciclo, cada vez es más difícil responder de manera diferente. Incluso si soy capaz de salir por un momento, es muy fácil retroceder.

• La Palabra de Dios debe penetrar en mi mente para que pueda ver que Jesús realmente condena lo que estoy haciendo. Ser amargo siempre es malo. Tomar la venganza de Dios en mis propias manos también está mal. Debo reconocer que hay consecuencias graves para mi matrimonio, mi familia y mis relaciones si no cambio. Piensa si ahora tienes un matrimonio con problemas. Los problemas son una herramienta que Dios usa para hacer que una persona esté abierta a la verdad y luego sea liberada del engaño. Nos muestra lo malo que es amargarse. Quiere que conectemos la mala consecuencia con nuestra decisión de tolerar la amargura.

La dificultad para extraer la raíz es que está tan interrelacionada que es difícil aislarla e identificarla, y mucho menos arrancarla. Por lo general, Dios usará una crisis para humillarme lo suficiente como para estar dispuesto a lidiar con la amargura de la manera que Dios desea. Cuando estoy dispuesto a perdonar, entonces toda la raíz de la amargura se expone y comienza a marchitarse. Una vez que perdono, Dios me perdona. Veamos algunos conceptos básicos que son necesarios para curar un corazón amargo y cómo se relacionan con un matrimonio.

1) Jesús dijo que debemos perdonar con generosidad.

> Entonces se le acercó Pedro y le dijo: «Señor, si mi hermano peca contra mí, ¿cuántas veces debo perdonarlo? ¿Hasta siete veces?»22 Jesús le dijo: «No te digo que hasta siete veces, sino hasta setenta veces siete." (Mateo 18:21-22)

Debemos perdonar a todos todo el tiempo. Justo antes de la historia anterior sobre el hombre que no perdonó, Jesús dijo estas palabras.

Debido a las debilidades de las personas, las personas a menudo tratan de encontrar circunstancias que los excusen de tener que perdonar a otros. ¡No hay ninguna! El mandato de Dios de llevar el perdón a cada ofensa posible se traga toda oportunidad para que la amargura se infiltre. Siga esta política. Con generosidad trato a las personas con amor. Si este amor general no es suficiente, entonces necesito dar otro paso. A propósito perdono a esa persona en mi corazón. Hablaremos sobre cómo hacer esto más tarde. Como embajadores de su reino, tenemos el derecho de distribuir la misericordia y el amor de Dios a las personas del mundo.

> Esto quiere decir que, en Cristo, Dios estaba reconciliando al mundo consigo mismo, sin tomarles en cuenta sus pecados, y que a nosotros nos encargó el mensaje de la reconciliación. Así que somos embajadores en nombre de Cristo,… (2 Corintios 5:19-20).

Perdonar no significa que alguien no haya hecho algo malo. Por lo general, significa que lo hicieron! La diferencia es que usted, como lo instruyó Jesús, no tiene esa deuda moral contra ellos. Perdonamos porque Dios nos perdonó. Al perdonar a otro, permite que la gracia divina de Dios obre poderosamente a través de su vida tal como lo hizo Jesús. Solo aquí encontramos una verdadera esperanza para superar los severos problemas de amargura y resentimiento en los matrimonios.

Matrimonio: El esposo y la esposa deben perdonarse continuamente por cada mal que se hace o se percibe como hecho. No debe haber ni siquiera una situación o circunstancia que el cónyuge no perdonará. Al casarse, es sabio darse cuenta de que su cónyuge, sin importar cuánto sienta su amor en ese momento, algún día dirá o hará algunas cosas ofensivas. Tome una decisión que no importa cuán cruel, dura o egoísta pueda ser su cónyuge, la perdonará porque Cristo le ha perdonado cosas mucho peores. Tome medidas para eliminar los problemas del pasado que no han sido perdonados. Actualmente perdona cualquier cosa que necesite ser perdonada. Prepárese para el futuro prometiéndole a Dios que perdonará a todos, cada vez, por todo.

2) Las Escrituras afirman que tomar venganza es solo una prerrogativa de Dios.

> Nunca tomes tu propia venganza, amado, pero deja espacio para la ira de Dios, porque está escrito, "Mía es la venganza, yo pagaré, dice el Señor. (Romanos 12:19)

Cuando el hombre intenta distribuir justicia, solo produce más ofensas. La venganza personal está muy lejos del juicio de Dios. Dios nos dice que liberemos a los que nos ofenden. Dios mismo llevará a cabo la justicia adecuada. Él es el Juez justo que ejercerá el juicio completo cuando lo considere oportuno. No tengo derecho a 'pagar' a una persona por el mal que me ha hecho. "Nunca pagues mal por mal a nadie" (Romanos 12:17). No estamos afirmando que el hombre no merece el juicio sino solo que no estamos aquí en la tierra para llevar a cabo el trabajo. En cambio, ahora tenemos la obligación de amar a los demás y mostrar a la gente la gracia de Dios. Debemos centrarnos en el trabajo que nos ocupa. De hecho, es mucho más glorioso!

Matrimonio: Somos uno en matrimonio. Si juzgamos a nuestro cónyuge, entonces hacemos de nuestro cónyuge nuestro enemigo. Nuestro cónyuge a veces merece el juicio de Dios. Esto es verdad. Pero el juicio significa que el tiempo de gracia ha expirado. En cambio, debemos rogarle a Dios que Él le dé gracia a nuestro compañero. Yo, como cónyuge, soy la persona más apropiada para abogar por la gracia de Dios en nombre de mi compañero. Un espíritu perdonador protegerá nuestro privilegio de orar por otro. La venganza no es el camino. Jesús se negó a vengarse; así deberíamos nosotros (cf. Juan 3:17).

3) Dios nos ha dicho que tengamos bondad, perdón y amor, y que desechemos el odio y la calumnia en todas sus formas.

"Por lo tanto, como escogidos de Dios, santos y amados, revístanse de entrañable misericordia, de benignidad, de humildad, de mansedumbre y de paciencia. Sean mutuamente tolerantes. Si alguno tiene una queja contra otro, perdónense de la misma manera que Cristo los perdonó. "(Colosenses 3:12-13)

"Pero ahora deben abandonar también la ira, el enojo, la malicia, la blasfemia y las conversaciones obscenas." (Colosenses 3:8)

Nunca debemos abrazar el odio ni por un momento. Somos el pueblo de Dios nacidos de la gracia. Estas respuestas no caracterizan a Cristo en nosotros. Cristo está obrando a través de nosotros. Nos enfocamos en extender la gracia. Debemos perdonar como hemos sido perdonados.

Matrimonio: ¡El matrimonio nos da muchas oportunidades para mostrar la gracia amorosa de Dios! Sin duda nos ofendemos más en casa que en cualquier otro lugar. El matrimonio es el lugar donde estamos capacitados para ser como nuestro Padre en el cielo. Cada día nos reunimos con nuestro Señor para pedirle todo el amor y la bondad que necesitamos para todas las personas que conoceremos ese día, incluido nuestro cónyuge. ¡Entonces podemos distribuir su amor a lo largo del día!

4) Debemos confiar en Dios incluso en tiempos difíciles de opresión.

Bienaventurados los que padecen persecución por causa de la justicia, porque de ellos es el reino de los cielos »Bienaventurados serán ustedes cuando por mi causa los insulten y persigan, y mientan y digan contra ustedes toda clase de mal. Gócense y alégrense, porque en los cielos ya tienen ustedes un gran galardón; pues así persiguieron a los profetas que vivieron antes que ustedes. *(Mateo 5:10-12)*

A veces nos sentimos tentados a alterar nuestras políticas hacia los demás cuando nos maltratan. El hecho es que Dios especta y manda amar a los demás en todo momento. Todos nos debemos amor unos a otros. Cuando se retiene a través de un corazón malo y amargo, entonces Dios en su tiempo llevará a cabo el juicio. Sin embargo, Cristo nos da una forma totalmente diferente de pensar en la opresión del mundo. Él nos dice que es una circunstancia disfrutar de la alegría. Podemos cambiar el propósito del maligno amando a quienes nos odian.

Podemos convertir la ocasión de amargura en una oportunidad para ministrar. En lugar de frenar la gracia de Dios al ser amargados, perdonamos deliberadamente y recibimos la gracia de Dios para amar a esa persona. Esta es la arma más poderosa que tenemos para romper la dureza de nuestro cónyuge. Romanos 12: 20-21 habla sobre permitir que la conciencia funcione completamente cuando respondemos con reacciones amorosas en lugar de amargura.

> Por lo tanto, si nuestro enemigo tiene hambre, démosle de comer; si tiene sed, démosle de beber. Si así lo hacemos, haremos que éste se avergüence de su conducta. 21 No permitamos que nos venza el mal. Es mejor vencer al mal con el bien. (Romanos 12:20-21)

Matrimonio: incluso cuando nuestro cónyuge nos prende con un espíritu malo parecido al enemigo, Dios nos ha dado un plan de operación claro.

1) Primero, debo perdonar. Solo perdonando puedo dar el siguiente paso.

2) Entonces debo tratar a mi cónyuge con un amor que realmente no merecen. Si un esposo pierde la paciencia con su esposa, todos sabemos que el esposo no "merece" ninguna bondad a cambio. Pero es a través de la extensión de la bondad inmerecida (tal vez haciendo una comida muy buena) que tenemos nuestra única oportunidad de dar la vuelta a un cónyuge malo.

3) Debo regocijarme en mi oportunidad de mostrar amor en Situaciones muy difíciles. ¿Por qué? Porque todos los que presencian el amor en circunstancias tan atenuantes saben que es de Dios. Es un milagro moderno que ocurre en nuestros salones o habitaciones.

Resumen

La verdad de Dios proporciona las armas que necesitamos para destruir las grandes tácticas del enemigo. La amargura no es una excepción. La verdad de Dios ha eliminado las profundas raíces de la amargura de la vida de las personas. Estas personas ya no son las mismas. Satanás había dominado sus mentes con amargura, pero ahora son liberados por las poderosas verdades de Dios mencionadas anteriormente.

Aunque conocemos estas verdades, necesitamos trabajar a través de los pasos para destruir la raíz de la amargura. Tenemos las municiones. Ahora necesitamos aplicarlas a nuestras vidas.

C) Pasos para Eliminar un Corazón Amargado

Los siguientes pensamientos son buenos para mantener la amargura lejos de nuestras vidas, así como para sentar las bases para derribar la fortaleza de la amargura. ¿Ves cómo estamos destruyendo la raíz de la amargura? Paso a paso aplicamos la Palabra de Dios al pensamiento defectuoso detrás de la amargura. A medida que inyectamos cuidadosamente la verdad de Dios en la conciencia, el Espíritu de Dios convence aún más a las personas. Sí, todavía pueden ser orgullosos, pero si estamos orando, deberíamos ver que Dios está abriendo una puerta para la reconciliación.

Vamos a abordar este problema con un pareja en mente. Consideremos dos Situaciones: 1) Un caso leve de amargura y 2) Un caso más extremo de amargura.

1) Caso leve de amargura

Primero, recuerde que la semilla de la amargura ya ha sido plantada y ha comenzado a echar raíces. No estamos diciendo que no haya grandes peligros para esta pareja. El hecho es que si no extraen su pequeña raíz, entonces puede crecer fácilmente para ser un árbol fuerte. Esto es lo que Hebreos 12:15 nos advierte. También debemos recordar que por más que aceptemos la amargura, entonces, en el mismo grado, no somos capaces de llevar a cabo el amor. El matrimonio declinará muy rápidamente en afecto y calidez.

La única ventaja es que la mente de esta persona no está totalmente bloqueada por ciertas mentiras, por lo que aún puede razonar. En otras palabras, la pareja todavía puede tener una conversación normal. El ciclo de las mentiras solo se infiltra en parte de la mente.

En este caso, tenemos que encontrar la semilla de la amargura. Nombra la pequeña ofensa que causó una reacción. La ofensa puede ocurrir tan fácilmente. Incluso si pensamos que somos inocentes de cualquier mal, la amargura puede crecer en nuestra pareja. La amargura a veces puede basarse en un supuesto motivo erróneo. Asumí que él hizo cierta cosa porque ... cuando, de hecho, su motivación fue perfecta. Así que siempre debemos actuar como un policía fuera de servicio.

Cuando notamos la frialdad de nuestro cónyuge, debemos discernir lo que está sucediendo. Necesitamos sacar a fondo esa semilla antes de que suelte las raíces. Una vez que las raíces están en su lugar, es más difícil eliminarlas. Si no lo cuidamos lo más rápido posible, le permite a nuestro cónyuge sentir que la frialdad o las emociones altamente cargadas son la mejor manera de hacernos saber que están ofendidos. Ten cuidado. Tan pronto como la semilla de amargura se implanta, comienza a enviar sus raíces.

¿Qué hago cuando siento que mi cónyuge me da el "hombro frío" y me aísla?

"¿Cómo puedo perdonar a alguien que no pide perdón?"

Perdón es un término técnico. Quizás podamos entenderlo mejor en el contexto de una deuda monetaria. Si alguien te debe diez dólares, entonces está moralmente obligado a devolverte el dinero. Sin embargo, si lo desea, puede perdonar la deuda. Esa persona no te deberá nada.

La cuenta se liquida con respecto a los $10. ¿Qué hiciste para perdonar? Usted eligió asumir la deuda y liberar al deudor de su obligación de pagarle. En la mayoría de los casos, usted declararía que no exigiría un pago. Perdonaste la deuda.

Lo mismo sucede cuando perdonó una deuda espiritual. Un esposo no debería haber hablado con rudeza al conducir, pero le reprochó a su esposa. La ley espiritual del amor ha sido quebrantada. Él le debe a ella. (En realidad le debe su amabilidad).

Podría tomar diez horas para que el Espíritu de Dios obre en su corazón. ¿Debería alimentar la ofensa todo el tiempo? ¡Absolutamente no! De lo contrario, ella tendrá una mala respuesta y pecará a sí misma. A ella se le ordena perdonar.

En su lugar, simplemente debe decirle de corazón a Dios que perdona la deuda espiritual en que su esposo ha incurrido. Ella decide asumir la deuda y liberarlo de su obligación. Entonces la deuda espiritual se va al igual que los $ 10. La cuenta está clara. Su corazón es libre de expresar su amor por él.

Dios podría decidir castigar a nuestro cónyuge, pero esa es su responsabilidad. Aunque perdonamos la deuda, él sigue siendo responsable ante Dios por su pecado. Es por esto que necesitamos hacer dos disculpas cuando pecamos contra una persona, primero a Dios y luego a esa persona.

A medida que el cristiano madura, él perdonará naturalmente (de manera sobrenatural) a quienes lo rodean todo el tiempo. Se convertirá más en una disciplina espiritual inconsciente. En lugar de centrarse en lo que la gente le debe, recordará cuánto le debe a Cristo que lo perdonó de una deuda tan grande.

Comprueba si has hecho algo mal

Primero, ora y pídele al Señor que te informe sobre cualquier cosa que hayas hecho mal. Presta mucha atención a lo que Él trae a tu mente. Luego puede preguntarle a su cónyuge qué ha hecho para ofenderlo. Me gustaría pensar que esto último funciona, pero la mayoría de las veces, mi orgullo es demasiado grande para que me corrija. En otras palabras, probablemente no hubiera causado la ofensa si hubiera sido sensible al Señor en primer lugar. Pero debido a la urgencia de evitar que este problema se convierta en amargura, todavía trato de resolverlo de inmediato.

Resuelve resolverlo antes de dormir.

"Enójense, pero no pequen; reconcíliense antes de que el sol se ponga, y no den lugar al diablo" (Efesios 4:26-27).

Las escrituras son bastante claras. La ira, que es una emoción normal y buena, puede convertirse en amargura si no se trata rápidamente. No debo dejar que el sol se ponga sobre mi ira. Debo lidiar con cualquier enojo ese mismo día. El propósito de la ira es motivarme a lidiar con algo rápidamente. Pero si demoro en resolver el problema confrontando a la persona, la amargura se arraiga. Entonces la ira que me instó a una resolución oportuna se convierte en un arma contra mí. Podría usar esa ira e ira para lanzar palabras que están atadas con fuego que hieren aún más a mi compañero.

Mi esposa y yo nos vamos a la cama casi al mismo tiempo. Tenemos algunas de nuestras mejores conversaciones en la cama antes de quedarnos dormidos. Podemos detectar fácilmente si falta la amabilidad tierna normal. Puede ser un tratamiento para la espalda fría o palabras bruscas en respuesta a la pregunta del otro. A veces sentimos que algo no está del todo bien. Si tanto el esposo como la esposa están decididos a resolver los problemas antes de dormir, entonces tenemos una buena plataforma sólida para la reconciliación. Recuerdo haber orado hasta altas horas de la noche en varias ocasiones para que Dios sanara nuestra relación.

Dios sugiere que al permitir que la ofensa crezca de la noche a la mañana, las raíces de amargura ya comienzan a crecer. ¡Qué asombroso crecimiento! Le damos al diablo la oportunidad de jugar con nuestras mentes cuando hemos pecado. El pecado cierra nuestra sensibilidad a Dios y su verdad. Mientras este pecado no se resuelva, le damos una oportunidad a Satanás. Él puede mudarse con sus tentaciones y establecer una base a través de la cual puede destruir nuestro matrimonio.

Perdona y no esperes a que te pregunte.

No espere a que su cónyuge pida perdón. Sólo perdónale a él o a ella. No pocas personas me han preguntado si deben perdonar a alguien que no ha pedido perdón. Jesús dice que necesitamos hacerlo. Es mucho mejor y el proceso es más completo si el que ofende lo solicita, pero incluso si no lo ha hecho, debemos perdonar.

Muchos cristianos han permitido que una ofensa permanezca en su corazón demasiado tiempo. Cada vez que se hace esto, nuestra relación con esa persona se deteriora. Entonces, si nuestro cónyuge no ha vivido la ley del amor, entonces simplemente debemos descartarla. Si no podemos, entonces debemos pasar por el proceso de confrontación, disculpa y perdón.

Incluso si nuestro cónyuge no pide perdón, debemos perdonarlos en nuestros corazones. No necesitamos decirles "te perdono", ya que puede sonar bastante arrogante. Sin embargo, debemos decirle a nuestro Señor que le hemos perdonado. A medida que lo hacemos en nuestros corazones, debemos buscar una manera de expresar concretamente nuestro amor a nuestro cónyuge. Siempre podemos sellar nuestro perdón con una oración para bendecir a esa persona.

Confrontar suavemente

Esto es difícil de implementar hasta que la pareja esté consciente de la gravedad del problema. El ofensor en la mayoría de los casos ha actuado mal y está a la defensiva. El ofendido está pensando que tiene razón por ser ofendido. Entonces, ¿quién debería sacar el tema? Quien se da cuenta primero del problema. Al igual que el cáncer, cuanto antes se detecta, más fácil es tratarlo.

Es más que probable que el cónyuge ofendido no mencione el problema. Tenemos que ser muy cuidadosos al confrontar. La oración y la humildad ayudan mucho en el proceso. Nunca empieces diciendo: "Lo hiciste ...." Si eres ofendido, comienza diciendo,

"Cuando dijiste esas palabras sobre comer esta tarde, realmente me dolió. Traté de olvidarlo, pero realmente me molesta." Si usted es el ofensor y se da cuenta de que su cónyuge está manteniendo su distancia, plantee el problema con algo como:" Sé que hablé más o menos esta tarde. , podríamos hablar de ello un poco. Permíteme comenzar disculpándome por la forma en que hablé. ..."

No queremos esperar demasiado tiempo tratando de aclarar la relación. Los detalles pueden ser olvidados. Otras cosas pueden distraerte. Tampoco deberíamos reaccionar de inmediato ante la situación, entonces tenderíamos a estar a la defensiva. Las palabras "decir la verdad en el amor" son muy importantes aquí. También debemos recordar enfrentarnos de tal manera que no estemos acusando al otro, sino que fomentemos una conversación sobre la situación. Esté preparado para perdonar donde hemos hecho mal.

Si veo que mi esposa me está dando un tratamiento frío o silencioso, lo más probable es que la haya ofendido. Puede que sepa cuál es el incidente o la actitud ofensiva o no. A veces creo que sé lo que es, pero me doy cuenta de que me ha juzgado mal. Realmente no importa mucho. Podría estar equivocado. No estaré a la defensiva. Si me encuentran en lo malo, me disculparé. La relación es lo más importante. Mi orgullo debe irse. Puedo seguir preguntándole: "¿Pasa algo?." Quizás podría decir: "Me di cuenta de que estás callada. ¿Hice algo que te lastimó? "Una esposa podría decir:" No has estado hablando mucho últimamente. ¿Te he disgustado de alguna manera?"

En cualquier caso, debemos dedicarnos a cuidar y preservar la unidad de nuestra relación.

Discutir amablemente

Necesitamos fomentar una conversación positiva, hablar sobre lo que pensamos que hicimos y discutir lo que realmente hicimos. Debemos tener cuidado de no acusarnos mutuamente. Una persona podría preguntarse si vale la pena hablar de ello. "¿No es mejor olvidarlo?" Si nuestro cónyuge está ofendido, entonces tenemos que lidiar con eso.

Si una pareja discute con regularidad, es probable que ya haya muchos resentimientos almacenados en el corazón por otros problemas no resueltos. El conflicto surge fácilmente en tales Situaciones. Negarse a acusar. Se un verdadero amigo. No estás tratando de hacerte ver bien, sino tener paz uno con otro.

Permita que ambos lados presenten adecuadamente su propia comprensión del problema. Recuerde, usted está buscando la "espina" que ha causado ofensa. Si se ve, entonces puede continuar con el siguiente paso.

Dar tiempo

No arrinconemos a nuestro cónyuge. El Espíritu de Dios nos convence de pecado. No necesitamos tomar Su trabajo. Simplemente planteamos el problema para que no brote y crezca lentamente. Una vez más, necesitamos hablar lo más posible y luego orar. Cuando una persona comienza a ponerse a la defensiva, cambie la dirección de su conversación o regrese y hable más tarde (¡ojalá el mismo día!) En los momentos posteriores a que hayamos discutido completamente los problemas, le sugerí: "¿No crees que deberías disculparte? "Ella respondió positivamente a esta llamada oportuna.

Confiesa y perdona

Cuando una persona ha hecho o dicho algo mal, debe disculparse diciendo primero lo que ha hecho mal y luego pedir perdón. Por ejemplo: "Lo siento por hablar tan groseramente contigo en el almuerzo. Fue impropio ¿Podrías perdonarme, por favor? Por supuesto, también tenemos que pedirle al Señor que nos perdone. Si ambos compañeros han hecho algo mal, dejen que el marido vaya primero. Si uno de los cónyuges es terco, entonces empiece el humilde.

¿Qué sucede si solo un cónyuge se disculpa cuando ambos han hecho algo malo? Somos tan tontamente tercos a veces. Ve tan lejos como puedas. Que la persona que se disculpó primero se regocije, Dios ha aclarado esa parte. Su corazón está limpio. Ahora él puede comenzar a orar por el cónyuge. Sin embargo, ten en cuenta que tu cónyuge puede acusarte de manipulación cuando comiences a orar.

El que ha sido perdonado debe ser cuidadoso o podría sentirse ofendido por la falta de voluntad de su cónyuge para disculparse. Podría terminar peor que al principio. Si actuamos de acuerdo con la política que vamos a perdonar, incluso si la otra persona no perdona, Satanás no puede colarse y aprovecharse de nuestro progreso. Vas a perdonar su deuda de amor incluso si él no la pide.

Ahora, si el cónyuge terco pide perdón más tarde, perdona y afirma tu amor el uno por el otro. Y alaba a Dios que ninguna raíz de amargura surgió de esa situación.

2) Manejando la Amargura Extrema

Lo que acabamos de decir sobre el tratamiento de la amargura leve también es cierto al tratar la amargura extrema. Hay otras cosas, sin embargo, que también necesitan atención. La amargura no es tan fácil de eliminar cuando sus raíces han crecido a lo largo de los años. El mejor enfoque es comenzar a lidiar con las ofensas a medida que surjan.

Enfócate siempre en nuestra esperanza de que Dios está con nosotros.

Siempre ten esperanza en lo que Dios puede hacer. No debemos decir que cualquier situación es imposible. He visto dos milagros absolutos en la forma en que Dios trató a las personas atadas por la amargura. Uno estaba a punto de ser enviado a una unidad psiquiátrica a largo plazo. La otra persona habría estado allí si otros hubieran sabido lo que estaba pensando. Su orgullo era el cielo alto. Pero Dios intervino a través de las oraciones de muchas personas. Su gracia abundante derritió esa montaña de orgullo en nada en cuestión de minutos. Siempre tengo esperanza. Siempre presiona al Señor por la liberación. Hoy es el día de salvación.

Recuerda que el maligno no quiere que nadie interceda por estas personas. Es por eso que la gracia y la misericordia son las únicas cosas que pueden romper esas barreras. Si usted se siente ofendido por ellos, entonces no orará por ellos. Necesitamos estar en el modo de ministerio. Piensa en ti mismo como una luz en el mundo muy oscuro de la esposa amargada. A veces, usted (como un extraño) puede ser la única luz en una cueva muy oscura donde ambos cónyuges están muy enojados el uno con el otro.

Espera Problemas: Raíces Profundamente Arraigadas

Hemos explicado que hay dos percepciones erróneas: (1) un enfoque en la ofensa y el ofensor, y (2) la justificación de la respuesta incorrecta. Crecen en paralelo. Necesitamos tomar las diferentes verdades mencionadas anteriormente y compartirlas con nuestro cónyuge tanto como sea posible. Podrían escupirlo como un bebé que rechaza un nuevo tipo de comida. Necesitamos buscar el tiempo de Dios.

A veces, si podemos identificar la ofensa real, puede ser de gran ayuda. Pueden estar generalmente enojados contigo pero no saben por qué.

En otras ocasiones, es útil mostrar las terribles consecuencias que Dios les ha traído debido a su desobediencia. También debemos recordarles que en desobediencia a Dios no han perdonado a alguien. Vaya más allá de esto y recuérdeles los muchos actos de amabilidad que se han perdido debido al odio en su corazón.

Eso es correcto. Mencione la verdad para que su montón de culpa desborde su sistema defensivo de auto-justificación. Una vez más, recuerde que no lo estamos haciendo de manera acusatoria sino de una manera suave y sin embargo explicativa. Solo estamos descubriendo lo que hay ahí. No necesitamos acusar. Simplemente exponiéndolo, dejamos que el Espíritu de Dios haga Su trabajo.

Busque Avances Milagrosos

Necesitamos vivir nuestras vidas como lo hizo Jesús en Isaías 50.

> "Dios el Señor me ha dado una lengua de sabios, para saber cómo consolar a los cansados. Todas las mañanas despierta mis oídos para que escuche como los sabios. 5 Dios el Señor me ha abierto los oídos, y yo no he sido rebelde ni he intentado huir." (Isaías 50:4-5)

Los enemigos intimidantes solo pueden ser quebrantados esperando en el Señor. El consejero o amigo debe arrojarse sobre el Señor por gracia y verdad. Necesita la gracia de Dios para ser bondadoso con una persona mezquina y amarga. Esto no es fácil.

Necesita la verdad que Dios le da. Fíjate cómo en el pasaje anterior él era un oyente. Fue discípulo aprendiendo del Padre. Esto es lo que Jesús hizo regularmente en el curso de su ministerio. No hay cónyuge mayor que el que intercede así en favor de su cónyuge.

Asegúrate de que sepan y escuchen el Evangelio

Quienes no ejercen la gracia tal vez nunca hayan sido salvos. Pueden profesar ser cristianos, pero deberíamos pedirles que nos cuenten nuevamente cómo llegaron a conocer al Señor. Si hemos experimentado la gracia de Dios, entonces es menos probable que estemos absortos en vengarnos. Asegúrese de que escuchen el Evangelio de Cristo Jesús que Dios murió por los pecadores. Me gusta compartir de Romanos 5: 1-10, donde vemos tres formas en que nos describen antes de ser salvos: desamparados (6), impíos (6) y pecadores (8). Toda la gracia. Merecimos lo peor pero recibimos lo mejor.

Se paciente

El proceso puede tomar un tiempo. Incluso podrían estar amargados hacia ti. Piensa en esto, de esta manera. Aunque no parezca alentador, es posible que no reconozcan su amargura hasta el final de sus vidas. Hemos visto a varias personas venir al Señor en su lecho de muerte. Pero incluso si toma tanto tiempo, ¿no estás preparado para amar tanto a tu cónyuge? Eso esperamos. Este es el pacto de matrimonio que hemos hecho ante el Señor. También son los principios del Nuevo Pacto de amor y perdón.

Distraer con la verdad

Sabemos que la amargura crece y se mantiene centrándose en la ofensa del otro. Ora por sabiduría sobre cómo alejar su mente de estos temas. A veces el dolor lo hará. Otras veces alejándolos de su entorno. A menudo no están ansiosos por conocer gente nueva. Pero con estas oportunidades para cambiar sus circunstancias, trate de compartir algunas ilustraciones del poder del perdón. Comienza compartiendo tu historia y cómo Dios te salvó!

Si puedes alejarlos de pensar en el mismo patrón, entonces puedes implantar la semilla de la verdad que puede combatir la semilla de la amargura. Por ejemplo, podríamos intercalar la verdad sobre cómo solo Dios tiene el derecho de juzgar a los demás. Oh, cómo debemos orar por esas personas atrapadas en la trampa de Satanás!

Haz preguntas

Podemos hacerles preguntas clave: ¿Por qué pareces tan infeliz? ¿Por qué no quieres ir a ningún lado? ¿Siempre fuiste así? ¿Qué comenzó tu amargura? Si las personas tienen tanta amargura, a veces te dirán qué es lo que está mal pero estarán muy sesgados. Necesitamos explorar la verdad. Pregúnteles si están dispuestos a tomar algunos pasos para recuperar ese hermoso matrimonio.

D) Pasos prácticos para que tome la pareja

Nos gustaría que cada pareja tome algunos pasos importantes. Cada cónyuge que está leyendo esto debe entender que la amargura siempre está mal y nunca es beneficiosa. Es una raíz que brota problemas. Ninguno de nosotros quiere matrimonios como ese. ¿Tomarías algunas decisiones hoy?

Siempre perdona a tu cónyuge. Siempre perdonarás a todos. Si tiene otros pensamientos que le dicen que debe ser malo con él o ella, entonces tenga en cuenta que estas son tentaciones satánicas. Recházalos. La voz del Señor nos está llamando a ser amables y bondadosos, ya que Él siempre está atento a ti.

Simplemente sustituya su nombre en la oración: "Yo _____ (su nombre) siempre perdonaré a mi cónyuge de inmediato por cualquier cosa incorrecta que él o ella haga contra mí." Recuerde que con su perdón no está diciendo que su cónyuge merece perdón o que su maldad no es importante, pero simplemente perdona la deuda moral que su compañero le debe.

Ponerse al día con el pasado. Quieres eliminar toda la raíz amarga de tu propio corazón. Es cierto que no puedes hacer esto por tu cónyuge, pero al menos puedes aclarar qué amargura reside en tu propio corazón. Si usted es una pareja que hace esto, entonces cada uno de ustedes debe tomar un pedazo de papel y anotar todo lo que su cónyuge ha hecho que le ha molestado. Si lo has olvidado, entonces fue cubierto en tu amor general.

Concéntrese solo en aquellas cosas que le molestan y sobre las que siente un poco de resentimiento. Si una pareja está haciendo esto juntos, entonces deje que el marido comience.

El debe dirigir una oración en la que busquen Su perdón como pareja por toda su amargura acumulada. Después de esto, la esposa debe confirmar esto en oración. Entonces el marido debe ir a través de su lista. No debe atacarla ni discutir ninguno de los problemas. Su esposa podría querer discutirlos más tarde. Ahora es el momento del perdón. El esposo podría querer comenzar con los artículos más ofensivos. Debe nombrarlos uno por uno y luego decirle a su cónyuge que, aunque se ha sentido ofendido por estas cosas, ahora los perdona todos por completo.

Entonces él necesita pedirle perdón a ella por acumular resentimiento y retener su amor y gracia. Él puede decir: "He pecado guardando el resentimiento y ocultándote todo mi amor y afecto. ¿Me perdonarás por todo esto? "La esposa debe seguirlo. Después de hacer esto, sugeriría volver al Señor y pedirle Su ayuda para hacerte una pareja llena de Su misericordia y gracia, siempre dispuesta a perdonar.

Tu cónyuge podría no estar aquí hoy. Eso está bien. Todavía tienes trabajo de seguimiento. Puede que sea un poco más incómodo, pero aún es necesario. Si su cónyuge es cristiano, comparta lo que ha aprendido y lo que le gustaría hacer. Incluso si su cónyuge no tiene un entendimiento o no está de acuerdo en estos asuntos, puede continuar.

Primero confiesa tus pecados al Señor.

Escribe tu lista y confiésalos. Debido a tu resentimiento has fallado a tu cónyuge. En tu corazón (esta es la gran diferencia) perdónalos.

En voz alta pide perdón por tus fracasos.

Recuerde, no es necesario que le diga a su cónyuge que estuviste ofendido o por que estabas ofendido si simplemente puede perdonarlos. Esto es más para ti que para él o ella. Pero al menos dile al Señor. Si su cónyuge no es cristiano o se irrita fácilmente, no mencione este proceso. Pueden tomarlo como si estuvieras atacándolos. La lista es para que pueda limpiar completamente su registro de amargura. Después, quema o rompe tu lista. Descártalo. Se fue. Ahora expresa tu amor. Con esperanza, tu cónyuge notará el cambio en ti y te preguntará al respecto. Ese es el momento para compartir la obra de Dios en tu vida.

Discuta el procedimiento. Has hecho un compromiso de no retener el perdón. Si ha hecho esto con su cónyuge, entonces puede establecer algunas reglas claras que lo ayudarán a resolver las diferencias.

(1) Urgencia del perdón (a la hora de dormir).

(2) Organiza una señal específica que necesitas para hablar. (por ejemplo, coloque un jarrón vacío en la mesa del comedor, un paño azul en la almohada de su cónyuge, etc.).

(3) Organice un determinado lugar para el debate (por ejemplo, la mesa del comedor).

(4) Cita pacíficamente tu resentimiento.

(5) Oren juntos antes de comenzar cualquier discusión.

Conclusión

Una sola piedra bien colocada derribó al imponente Goliat. En los matrimonios esa pequeña piedra es un espíritu perdonador. Cuando una persona afirma la liberación de esa deuda moral como lo ordenó Jesús, abre las corrientes de la gracia de Dios para que se derrame sobre él y sus relaciones con los demás. En lugar de jugar en la mano del diablo, el cónyuge se convierte en el agente divino del amor de Dios. Un espíritu perdonador libera todas las hostilidades que uno ha almacenado en su corazón. Un espíritu perdonador nuevamente permite que el amor de Dios te toque a ti y a tu cónyuge con Sus dulces aguas de gracia. Ninguna ofensa es tan grande o duradera que no puede o no debe ser perdonada.

Hay dolor en el perdón. A veces el dolor es intenso. Pero aún así, las palabras y el ejemplo de Jesús nos llaman a confiar en Él, ya que le obedecemos fielmente, perdonando a todos. Deje que el espíritu de perdón gobierne nuestros hogares y corazones, y nuestros matrimonios y familias nunca serán las mismas.

¡Jesús vivirá allí! El mandato de Jesús de perdonar generosamente no es limitarnos a una vida menor, sino liberarnos para vivir en el poder de Su Espíritu. Nuestro ministerio es traer gracia a nuestro matrimonio para no causar una escasez de él. Con este resentimiento desaparecido, el matrimonio es instantáneamente mucho más dulce y placentero. ¿No es esta la razón por la que nos casamos en primer lugar?

Capítulo #7 Preguntas de Estudio

1. ¿Qué sucede cuando la amargura se asienta en un matrimonio?
2. ¿Cuales son los "hermanos y primos" de la amargura? Ver Efesios 4:31.
3. ¿Por qué no es suficiente dejar de hacer y decir cosas malas a nuestro cónyuge?
4. Explicar la forma en que crece la amargura (el ciclo de la amargura).
5. ¿Puede una persona recibir la gracia de Dios cuando tiene amargura en su corazón? Explique.
6. Explique una verdad a partir de la frase "raíz de la amargura."
7. La semilla de la amargura es la ofensa en tu corazón. ¿Cómo crece en una raíz?
8. ¿Cómo nos enseña la enseñanza de Jesús sobre el perdón de cómo resolver problemas con la amargura?
9. ¿Qué tiene que ver la enseñanza de la venganza con ayudar a las personas a eliminar la amargura?
10. ¿Cómo nos revela Romanos 12: 20-21 una clave especial para evitar ser ofendidos?
11. ¿Por qué la enseñanza "no dejes que el sol se ponga sobre tu ira" nos ayuda a evitar la amargura?
12. ¿Cómo podemos perdonar incluso si la otra persona no nos lo pide?
13. Reflexiona sobre tu propia respuesta a las personas que te ofenden. ¿Cómo tiendes a responder?

Sección #3: Amistad

Capítulos #8-10

Creando un Gran Matrimonio

8. Cultivando la Intimidad en el Matrimonio

Cada matrimonio es el cumplimiento de muchas esperanzas y sueños. Tal vez puedas recordar cuando te estabas preparando para tu casamiento. Recuerdo escribir poemas de amor. Linda, por otro lado, estaría probando vestidos. Probablemente éramos como la mayoría de las parejas, que tienen sus cabezas muy por encima de las nubes. Cada pareja está convencida de que su propio matrimonio será diferente de aquellos que enfrentan problemas. Dios ha conectado a cada pareja para desear y soñar lo mejor. ¿Por qué?

No estamos seguros de todas las razones para esto, pero parece que el Señor revela dos cosas importantes a la pareja a través del breve período de compromiso:

1. Los verdaderos anhelos del corazón: Una verdadera relación honesta, entrañable y fiel que brinda mayor alegría, amor y sentido de plenitud.

2. La profundidad del compromiso: desinterés y dedicación exclusiva para amarnos unos a otros.

Dios en su gracia concede a cada pareja un anticipo de cuán grande podría ser realmente su matrimonio. Él les da algo a lo que aspirar. Las parejas casadas generalmente son sorprendidas poco después de la boda. La realidad del egoísmo se establece. Si la pareja lo permite, la amargura se asentará en la relación de la pareja hacia la tumba. Las parejas no pueden ir mucho más allá de tolerar el egoísmo de su cónyuge sin el plan y el poder de Dios incorporado en sus vidas a través de Jesucristo.

Dios pronuncia cada pareja "uno" en el día de su boda. ¿Son uno? Sí. Pero todavía queda la necesidad de que la pareja crezca en ella todos los días de sus vidas de casados. La vida matrimonial sirve como una oportunidad constante para que cada cónyuge viva lo que en el fondo saben que deberían estar haciendo. Como una pareja casada vive junta, tendrán muchas oportunidades para eliminar esas aparentes fisuras entre ellas y convertirse en una. La vida matrimonial en resumen, entonces, es una oportunidad para crecer en intimidad. En este capítulo aprenderás cómo cultivar una intimidad más profunda en tu matrimonio.

A. Entendiendo la Intimidad

A través de su lectura anterior, ha visto dos formas principales de obtener un gran matrimonio. Primero, has llegado a entender cómo es el matrimonio bíblico. Has adquirido la visión de Dios del matrimonio. Mientras mire el matrimonio desde el punto de vista del hombre, las perspectivas distorsionadas matarán todos los intentos valientes de tener un gran matrimonio. El matrimonio no es un arreglo hecho por el hombre. Es el diseño de Dios. Necesitamos mantener su diseño claramente enfocado.

Segundo, usted ha visto cómo recuperarse de los grandes contratiempos en su matrimonio. Como pecadores, en diferentes grados, ha hecho daño a su relación matrimonial. Afortunadamente, a través de Cristo puedes identificar y resolver estos problemas. No importa cuán malo haya sido el pasado, al abordar correctamente los problemas, puede hacer cambios significativos para mejorar. Las crisis son oportunidades diseñadas por Dios para profundizar su intimidad con su cónyuge y con Él. Aprender a resolver conflictos te acerca a los demás.

En esta tercera y última sección se discute el tema más encantador de cómo obtener un gran matrimonio. Si tuviéramos que resumir el propósito del matrimonio en una palabra, sería "intimidad." Muchas personas están buscando una mayor intimidad en el matrimonio. El matrimonio está diseñado para ir más allá de la mera amistad.

¿Qué es la Intimidad?

El concepto de intimidad conyugal se deriva del principio bíblico de unidad. Aunque la palabra "intimidad" no se usa en la Biblia, el concepto se encuentra allí.

(1) Primero, la frase "los dos se convertirán en uno" se usa para definir la relación matrimonial. La intimidad es vivir a plena vista del otro, de modo que los dos funcionan como uno solo. Dios diseñó y designó al esposo para que fuera la cabeza y para que la esposa se sometiera al esposo. Si van a funcionar como uno en lugar de dos, entonces necesitan una forma de relacionarse entre sí que no cause conflicto pero que aliente la armonía.

El significado de "unidad" se puede entender mejor mediante las palabras utilizadas para describir la intimidad física o la unión sexual. Nuestra cultura intenta persuadirnos de que las experiencias sexuales de los animales y los humanos son las mismas. Están totalmente equivocados. Mucho más está en juego. En el fondo, la pareja sabe que hay más intimidad que sexo, pero no sabe cómo lograrla. ¿Por qué otra cosa se casaría una pareja?

(2) En segundo lugar, la palabra hebrea utilizada para describir la relación sexual nos da una pista de lo que falta. Esa palabra es 'conocer'. La palabra hebrea yadah tiene muchos usos, entre ellos: conocer, aprender a saber; percibir; descubrir y discernir; discriminar, distinguir; saber por experiencia; reconocer, admitir, reconocer, confesar; y tener unión sexual.

> "Adán conoció a Eva, su mujer, y ella concibió y dio a luz a Caín, y dijo: 'Por la voluntad del Señor he adquirido[a] un varón.'" (Génesis 4:1)

Cuando dice, por ejemplo, que Adán conoció a Eva, las escrituras dicen que se unieron en unión sexual. Sin embargo, está sucediendo mucho más que el cumplimiento del impulso sexual del individuo. Hay un intercambio íntimo de alma y persona. Los animales no tienen alma ni autoconciencia. La gente si.

La pareja casada, entonces, no solo está revelando sus cuerpos, sino también sus corazones. Si una pareja quiere una verdadera intimidad, necesitan profundizar su relación entre sí. Necesitan "conocerse" en sus diferentes esferas de la vida. Aunque esto pueda parecer anticuado, solo piense, ¿no es así como es antes del matrimonio?

Recuerdo andar en mi bicicleta tres millas por nuestra ciudad en pleno invierno, en la nieve y la lluvia, para tener la oportunidad de hablar y pasar tiempo con mi maravillosa Linda. Todavía lo haría. Todavía quiero "conocerla" más.

(3) Tercero, también podemos ver cómo se representa la intimidad en toda la Biblia. Muchos teólogos han discutido sobre el verdadero significado del Cantico de Salomón. Si aún no has leído este libro, deberías. El libro describe cómo una pareja está involucrada románticamente en la vida del otro. También encontrarás poesía romántica muy interesante.

> *¡Qué hermosa eres, amiga mía!*
> *¡Qué hermosa eres!*
> *Son tus ojos dos palomas*
> *que se asoman tras el velo,*
> *y tus cabellos, un rebaño de cabritos*
> *que desciende de los montes de Galaad.*
> *2 Comparables son tus dientes*
> *a un rebaño de blancas ovejas*
> *recién bañadas y trasquiladas.*
> *Todas ellas tienen su pareja;*
> *ningún espacio dejan vacío.*
> *3 Tus labios son un hilo carmesí,*
> *y tus palabras son cautivadoras.*
> *Tus mejillas son dos gajos de granada*
> *que se asoman tras el velo. (Cantar de Cantares 4:1-3)*

El Cántico de Salomón continúa grabando su boda, su luna de miel y su vida después del matrimonio. Algunos teólogos no podían aceptar un lenguaje tan vívido y sensual. En lugar de otorgar a las Sagradas Escrituras el poder de moldear sus puntos de vista sobre las relaciones matrimoniales, buscaron ocultar el lenguaje sensual e íntimo con una interpretación "solo espiritual." No necesitamos rechazar esta vívida imagen de la intimidad conyugal.

Este libro nos ayuda a comprender la intimidad que Dios desea con su pueblo y afirma una imagen saludable de un matrimonio íntimo. El amor entre Dios y su pueblo y un esposo y una esposa comparten una serie de similitudes. Una vez más, debemos ir más allá del pensamiento superficial que la intimidad solo tiene que ver con la expresión sexual. La intimidad tiene que ver con tener y desarrollar relaciones profundas dentro de los límites del pacto.

Jesús comparte más sobre esta relación espiritual que desea con su pueblo. Él no está hablando de sexo. Él está, sin embargo, hablando de una relación íntima.

> "Permanezcan en mí, y yo en ustedes. Así como el pámpano no puede llevar fruto por sí mismo, si no permanece en la vid, así tampoco ustedes, si no permanecen en mí.5 Yo soy la vid y ustedes los pámpanos; el que permanece en mí, y yo en él, éste lleva mucho fruto; porque separados de mí ustedes nada pueden hacer." (Juan 15:4-5)

A medida que nos perdemos en la identidad y el propósito del Salvador, Él se mezclará con nosotros y esa relación producirá muchos frutos. El fruto o las obras que se producen son un hermoso testimonio de Cristo viviendo en un cristiano. ¿Podemos ver cómo los dos son paralelos entre sí? Ambos son importantes y verdaderos. Este es el misterio del que habla el apóstol.

> "Por eso el hombre dejará a su padre y a su madre, y se unirá a su mujer, y los dos serán un solo ser. Grande es este misterio; pero yo digo esto respecto de Cristo y de la iglesia." (Efesios 5:31-32)

(4) Cuarto, notemos algunos mandatos claros en la Biblia que tienen que ver con la intimidad entre un esposo y su esposa. Estas cuatro perspectivas ayudan a formar el entendimiento que un cónyuge debe tener hacia otro. Cuidado. Te sorprenderías!

Cuatro Perspectivas Prácticas del Matrimonio

1) Posesión

"Pero por causa de la inmoralidad sexual, cada hombre debe tener su propia esposa y cada mujer su propio esposo." (1 Corintios 7:2)

El esposo tiene a su esposa y la esposa tiene a su esposo. Se pertenecen entre sí. Se poseen uno a otro. Cada uno es propiedad del otro. (Este es el significado simple de la palabra griega para tener o poseer.)

2) Obligación

"El marido debe cumplir el deber conyugal con su esposa, lo mismo que la mujer con su esposo." (1 Corintios 7:3)

El esposo y la esposa tienen ciertas obligaciones que cumplir el uno hacia el otro. En este caso habla de relaciones sexuales. Ninguno de ellos tiene derecho a rechazar a su cónyuge. Sus voluntades están limitadas por su relación de alianza matrimonial. Han renunciado a sus derechos de hacer lo que les da la gana.

3) Control

"La esposa ya no tiene poder sobre su propio cuerpo, sino su esposo; y tampoco el esposo tiene poder sobre su propio cuerpo, sino su esposa." (1 Corintios 7:4)

El esposo y la esposa se rinden a los deseos de sus parejas. Sus voluntades y sí mismos están cedidos a la preferencia de cada uno. La propia voluntad de uno se pierde en servir al otro.

4) Devoción

"Pero el casado se preocupa de las cosas del mundo, y de cómo agradar a su esposa... Pero la mujer casada se preocupa de las cosas del mundo, y de cómo agradar a su esposo." (1 Corintios 7:33-34)

El esposo y la esposa buscan positivamente lo mejor del otro. Las decisiones de la vida siempre tendrán en cuenta lo que "agrada" al otro cónyuge, ya sea sexo, reubicación, compras, etc. El matrimonio reunió al hombre y la mujer para que ya no vivan de acuerdo con sus propias preferencias sino para el otro.

Derechos e Intimidad

Los malos matrimonios luchan con los problemas de control. Cada cónyuge se enfoca en sus propios "derechos" y cumple sus propias demandas o deseos. Sin embargo, en los matrimonios importantes, cada uno ha renunciado voluntariamente a sus propias preferencias para buscar un bien mayor, es decir, qué es lo mejor para el otro. Este compromiso al mismo tiempo construye el matrimonio en sí. Ser un cristiano en crecimiento enteramente completamente las necesidades de un gran matrimonio. Por ejemplo, un cristiano ha muerto para servirse a sí mismo y está comprometido a servir a Cristo. Él sirve a Cristo sirviendo a los demás y en particular a su pareja.

Un buen ejemplo es la acción entre dos imanes. Los polos opuestos se atraen. Polos similares repelen. Alinea los polos en la misma dirección, y se pegarán entre sí. Pero si los volteas de norte a norte, entonces los imanes se repelen entre sí. Puedes forzarlos juntos, pero aún así lucharán contra la presencia del otro. De la misma manera, la intimidad se aprovecha de la atracción. Funciona por el poder de la rendición. La intimidad te ayuda a "pegarte" el uno al otro. Para juzgar su intimidad, pregúntese: "¿Mis decisiones y actitudes traen bendiciones a mi cónyuge?"

Anoche nuestra familia llegó tarde a casa. Los niños acababan de subir a la cama. Mi esposa dijo que estaba cansada. Ella se veía cansada. Pero vi más que esto. Vi que estaba tan cansada que solo quería olvidarse de limpiar la cocina. Ella generalmente agarra la energía extra para limpiar. Le dije que iba a limpiar las cacerolas. Salimos corriendo de la casa después de la cena. Estas bandejas fueron las más difíciles de limpiar. Algunas estaban llenas de grasa (bandeja para asar) y otras tenían comida quemada en los bordes. Este no era mi deber, pero sabía que podía ayudarla de manera significativa al asumir el trabajo voluntariamente. Ella se fue a dormir. Me alegré de limpiar las sartenes para ella y de limpiar el mostrador de la cocina. Respeto su deseo de bajar a una cocina limpia por la mañana. La ayudé a lograr ese objetivo sin agotarle más.

La verdadera intimidad tiene mucho que ver cuánto compartimos nuestro corazón con nuestro cónyuge. Este intercambio depende de la profundidad del compromiso de los cónyuges entre sí. Las conversaciones y las experiencias deben reunir a la pareja de tal manera que piensen y vivan como uno solo. Exploremos esto de una manera divertida. Terminemos esta sección respondiendo un cuestionario de intimidad de siete preguntas. Mira lo íntimo que eres con tu cónyuge. Responda 'S' para sí y 'N' para no.

Una Prueba de Intimidad

S N 1. Has pasado más de 15 minutos en cualquier momento en los últimos tres días para tener una conversación agradable con su cónyuge.

S N 2. ¿Puede nombrar las dos cosas más importantes en la mente de su esposo o esposa?

S N 3. ¿Te sientes satisfecho y en paz diez minutos después de las relaciones sexuales?

S N 4. ¿El esposo ha compartido y discutido sus sueños futuros en los últimos tres meses?

S N 5. ¿Te gusta estar solo con tu pareja caminando y hablando?

S N 6. ¿Sientes que no hay barreras entre ustedes?

S N 7. En la última semana, ¿ha restringido conscientemente sus palabras para hablar bien con su cónyuge?

¿Cómo hiciste? Si su matrimonio es íntimo, sus respuestas en una semana típica deberían ser sí. Si sus corazones son uno, entonces sus voluntades son uno. Ustedes son almas gemelas. Mucho intercambio tiene lugar entre ustedes. ¡Su deseo de compartir sus vidas juntos no debe detenerse después de la luna de miel! Las parejas íntimas apartan estratégicamente el tiempo para estar juntas. Crecer su relación es una prioridad.

B. Creciendo en la Intimidad

Muchas parejas recuerdan con nostalgia esos momentos dulces e inocentes antes del matrimonio cuando estaban tan interesados el uno en el otro. Ellos harían todo lo posible para verse el uno al otro. ¿Cómo vuelve una pareja a ese estado? En cierto sentido no puedes porque tu motivación no es la misma. En otro sentido, sin embargo, puedes.

Como reveló el cuestionario de intimidad, debe priorizar el tiempo para crecer juntos. En realidad, necesitas dividir el tiempo en tu agenda para estar juntos. Es un simple acto de obediencia para que el esposo se aferre o aprecie a su esposa. Él pasará tiempo con ella para "conocerla más." Este tiempo deberá ser separado de otros segmentos de la vida, como el entretenimiento y el trabajo. Es posible que los padres deban reducir parte del tiempo empleado en transportar a los niños a sus muchas actividades. Tu relación se convertirá en una prioridad.

Algunos pueden basar su decisión de pasar tiempo hablando con su cónyuge sobre si lo desean o no. Si él o ella no tiene ganas de hacerlo, entonces simplemente no lo hace. En cambio, base su decisión de comunicarse con su cónyuge en su compromiso matrimonial general. Los sentimientos seguirán las decisiones correctas, no viceversa.

Estos tres componentes para un matrimonio en crecimiento desarrollarán más esta idea: el intercambio personal, la comprensión mutua y el compromiso cada vez más profundo. Es un ciclo que da vueltas y más vueltas, y se profundiza con cada ronda. Veamos estos tres aspectos importantes del crecimiento de un matrimonio íntimo.

• Intercambio Personal

Si una pareja simplemente hablara más entre sí, crecería en su intimidad. Claramente, un gran desafío para la intimidad en nuestro mundo moderno es estar ocupado. Mientras un hombre y una mujer permitan que sus tiempos juntos sean sobras del mundo ocupado, también pueden asumir que no habrá mucho crecimiento.

Linda y yo nos enganchamos a pasar una hora cada noche hablando y orando juntos antes de casarnos. Se ha convertido en el mejor de los hábitos. Esta cita de la tarde ha sido lo mejor para nosotros.

Al principio fue la única vez que pude verla. La visitaría en casa de sus padres. Pasamos nuestro tiempo juntos en el estudio de la Biblia, orando y compartiendo. Después de casarnos, simplemente continuó. Nuestro matrimonio sigue mejorando cada año. Nuestro matrimonio es tan maravilloso que es difícil imaginar que podría mejorar aún más, pero cada paso demuestra que puede.

La conversación entre los cónyuges debe ser honesta, centrada en los demás y verdadera. Vamos a explicar.

Una conversación honesta elimina la simulación. No necesitamos pretender que todo está bien cuando no lo está. De hecho, somos deshonestos si permitimos que nuestro cónyuge piense así. Nuestro trabajo es ayudar a nuestro cónyuge a saber quiénes somos realmente. Podríamos compartir nuestras luchas personales con los celos, la pornografía o la ira. Cuando damos ese paso honesto hacia adelante, el velo del secreto desaparece y podemos crecer en la intimidad. No podemos estar cerca de una persona "fingida." No es su persona real. La mayoría de las conversaciones son superficiales porque no son honestas. Está bien hablar de edificios, carreras y escuelas, pero al final, necesitamos compartir nuestras verdaderas heridas, esperanzas, deseos y frustraciones. Aquí es donde y cuando comienza el verdadero crecimiento.

La conversación debe ser centrada en el otro. Así como la conversación puede ser superficial, también puede ser egoísta. Si siempre habla de sí mismo en lugar de indagar sobre la vida y las preocupaciones de su cónyuge, ya no tendrá que preguntarse por qué no crece su amistad con su cónyuge. A nadie le gusta las personas que les gusta hablar solo de ellos mismos. Esto también es verdad en un matrimonio.

La persona que se enfoca en sí misma se contenta con solo conocerse a sí misma. Si se necesita algo del cónyuge, es solo para ser un puesto de escucha. No estamos hablando de cuánto habla una persona, sino si realmente emplea sus palabras para descubrir más sobre la otra persona. Esto es simple amor. La intimidad por necesidad exige una investigación en curso sobre la vida del cónyuge. Queremos explorar la vida de nuestro cónyuge porque estamos interesados en su persona. Justo la otra noche, le pedí a mi esposa que me contara algo que no sabía sobre ella. Tuvo que pensar mucho tiempo pero al final vino con algo.[50]

Nuestra conversación debe ser verdadera. La honestidad y la verdad están muy estrechamente relacionadas. Queremos separarlos un poco para ayudarnos a identificar un problema que muchos matrimonios tienen.

---

[50] Una de nuestras hijas está cortejando. Ella y su amiga crearon un juego que las parejas casadas pueden jugar fácilmente. Lo llamaron "Peligro" después del programa de juegos. Una persona hace una pregunta sobre ellos mismos y la otra intenta responder. Entonces la otra persona debe responder la misma pregunta. Se turnan iniciando la pregunta.

Generalmente cuando una persona piensa en honestidad, solo está pensando si sus palabras son honestas o no. La verdad, sin embargo, alcanza un nivel más profundo. La verdad es más profunda que las palabras para que uno pueda conocer (yadah) lo que el otro siente y piensa.

Hay muchas cosas que a un cónyuge le puede gustar o no, pero no mencionar. Piensa en las cosas que podrían hacer juntos. Por cortesía, es posible que no mencione algo que no le gusta. Usted simplemente lo aguanta. Podría pensar que su abstención de mencionarlo es más amoroso, pero debido a la cercanía de esta relación, necesita un mejor enfoque, un enfoque más genuino. (Si estás dispuesto a ir pero no quieres, puedes mencionarlo. "Sé cuánto te gusta esto. ¿Por qué no vamos juntos?")

Compartir asuntos personales

Por ejemplo, los hombres y las mujeres son muy diferentes. Nos diferenciamos en cómo experimentamos y percibimos la vida. A mi mujer le gusta que le rasquen la espalda. ¿De qué serviría si rascara el lugar con picazón pero nunca lo rascara? No quiero su amabilidad y cortesía, sino un poco de orientación en lugar de "¿Podrías mover un poco hacia la izquierda?" Me encanta escuchar: "¡Oh, sí!"

La cortesía tranquila no es suficientemente cierta. Entiendo que no queremos ofender sino que queremos complacer al otro. Es bueno pensar en la otra persona; el tiempo es importante. Pero si algo que él o ella hace para darte placer no te complace realmente, habla. Si esto fue algo momentáneo, entonces podríamos dejarlo de lado, pero el matrimonio es de por vida. Permitir que la relación crezca en la verdad. "Hablando la verdad en amor" (Efesios 4:15).

Resumen

Conversar con nuestro cónyuge es el paso más básico que nos permite saber cómo piensa o percibe los diferentes problemas. Estamos empezando a saber cómo está motivado nuestro cónyuge. Nos adentramos en sus luchas y tentaciones. A medida que obtengamos más conocimiento sobre ellos, podemos servirlos y cuidarlos mejor, y obtener apoyo de ellos. El intercambio personal nos lleva al entendimiento mutuo..

• Entendimiento Mutuo

La profundidad de la conversación personal nos permite profundizar en las vidas y experiencias de nuestro cónyuge. A veces, cuando mi esposa siente que no puede contarme toda la historia, la escribe en una o dos páginas y me la entrega.

Esta es una forma de resolver el problema. De esta manera, ella puede concentrarse tranquilamente en el tema, y no interrumpo su proceso de pensamiento. Ella también tiene una oportunidad ante el Señor para aclarar sus propios pensamientos.

Cuando el esposo y la esposa comienzan a compartir más sobre sus vidas, pueden percibir mejor quién es realmente su cónyuge. El marido no puede amar bien si no sabe cómo piensa realmente su esposa sobre un asunto determinado. La esposa no puede ser una buena compañera si no sabe bien lo que Dios está haciendo en la vida de su esposo. Es aquí donde aprendemos como pareja que somos uno y podemos hacernos vulnerables el uno al otro sin desestabilizar la relación.

Creo que es aquí donde se eliminan los puntos y arrugas de la esposa, como dice el apóstol Pablo. A través del amor incondicional del esposo, su esposa puede abrirse más y más como una hermosa rosa.

"Esposos, amen a sus esposas, así como Cristo amó a la iglesia, y se entregó a sí mismo por ella, 26 para santificarla. Él la purificó en el lavamiento del agua por la palabra, 27 a fin de presentársela a sí mismo como una iglesia gloriosa, santa e intachable, sin mancha ni arruga ni nada semejante" (Efesios 5:25-27).

La comprensión mutua tiene un gran beneficio colateral que a menudo ignoramos. Disminuye la táctica del malvado de usar los malentendidos y las falsas suposiciones para despertar desconfianza. Cuanto mejor se conozcan (yadah) genuinamente el esposo y la esposa, menos entenderán mal los motivos de la otra persona. Cuando el pasado de uno se revela completamente al otro, entonces él o ella sabe que son plenamente aceptados, como lo son para el Señor. Se elimina la amenaza de chantaje (es decir, qué sucede si él o ella descubre ... ¿todavía me amará?). Ya nada está oculto. Esto es muy parecido a relajar los músculos.

La relajación no puede tener lugar cuando los músculos están todos tensos. Para alcanzar la relajación, uno tiene que ordenar mentalmente a los músculos que se relajen. (Inténtelo. Dígase a sí mismo que relaje los músculos de sus hombros. Sentirá que sus hombros se sueltan un poco.) De manera similar, una pareja no puede asumir completamente la nueva forma de unidad hasta que haya eliminado todas sus reservas.

Algunas de estas preocupaciones y dudas han permanecido en sus mentes durante muchos años. La esposa, por ejemplo, podría someterse a su esposo en todas las áreas excepto en una. Sin embargo, ella duda en esa área porque no puede confiar en él. El esposo también puede amar a su esposa en todas las áreas, pero se detiene en un asunto porque siente que ella puede hacer un mal uso de su amor. Es más que probable que haya incluso más áreas, pero hasta que no superen ese bloque, no pueden percibir correctamente todas sus necesidades.

Retener toda la confianza muestra que las partes "tensas" de la vida personal de una persona aún permanecen. Estos son miedos y preocupaciones. Los miedos paralizan el entendimiento mutuo a través de la incomprensión y la ignorancia. La fe, por otro lado, alienta libremente a la pareja a compartir sus vidas entre sí.

Los matrimonios íntimos están formados por la inconsciente profundización de la confianza mutua. La intimidad es normal y buena. A medida que la confianza se profundiza, el Señor le permite crecer en la unidad que Él declaró el día de su boda. La palabra "saber" es significativa. La comunicación habla de la revelación. El entendimiento aborda el tema de la confianza, aceptando el conocimiento de uno mismo y ajustando la perspectiva de uno.

A medida que uno comprende mejor al otro, pueden comenzar a trabajar, compartir y amar juntos más estrechamente. A ellos les gusta ser "uno" y compartir sus corazones y vidas.

Resumen

El conocimiento compartido permite a la pareja aumentar su confianza mutua y, por lo tanto, crecer en entendimiento mutuo. El entendimiento mutuo también te protege de muchos esquemas del diablo. Satanás usa el malentendido para causar conflicto entre los dos. Con el entendimiento mutuo, una pareja puede dar pasos más profundos de compromiso.

• Compromiso de Profundización

Del mismo modo que un niño no puede convertirse en un adulto de la noche a la mañana, la pareja no puede madurar en su intimidad a través de una o dos experiencias especiales como una boda. Es un proceso que dura toda la vida. Una pareja debe participar en decenas de miles de conversaciones especiales y experiencias compartidas para que la confianza mutua crezca. Los miedos son superados y reemplazados con una confianza vigorizante entre sí. Como resultado de esta profundización en el entendimiento mutuo, evoluciona un compromiso más firme. Este compromiso es un poco diferente a la mayoría de los compromisos. Es más sutil e inconsciente pero real.

Compromiso profundo

Este compromiso se manifiesta en ser sincero, estar dispuesto a sacrificarse y quererse mutuamente.

Un corazón. Una pareja debe llegar cada vez más al punto de tener un solo amor. Están comprometidos el uno con el otro y ningún otro. Esto se manifestará dejando de lado las fascinaciones y fantasías. Incluso si uno de los cónyuges tiene un hábito desagradable, el otro todavía se compromete a amar a su cónyuge. Jesús dice que cualquier deseo sexual por otro cónyuge es adulterio. Un solo corazón elimina esas áreas no comprometidas para que un cónyuge pueda apreciar completamente a su pareja.

Dispuesto a sacrificar. Una vez comprometido, el cónyuge está más dispuesto a sacrificarse para cuidar al otro. Esta es la vida del cónyuge. Su fidelidad para mejorar a su cónyuge es más importante que su propio yo. Una pareja de esta manera construye un gran matrimonio, paso a paso. El amor del esposo será más amplio y penetrará más profundo. La sumisión de la esposa será más genuina e impulsada por un espíritu de voluntariado.

Más cariño. Con el compromiso, obtenemos un sentido más profundo de ser aceptados y apreciados. Cuanto más resolvemos amar a nuestro cónyuge, más emoción y alegría proviene de la relación. Estamos muy contentos de ver a nuestro cónyuge crecer y ser ayudado en alguna área. El bienestar de nuestro cónyuge se vuelve más importante para nosotros. Así que oro por mi cónyuge. Acabo de enviar una tarjeta electrónica a mi esposa que no se ha sentido bien.

Resumen: Este compromiso más profundo es, en esencia, el amor. El amor es la expresión de lo incondicional, genuina preocupación por el otro. El amor no es meramente una teoría sino que es práctico, amable y perdonador. El amor es la devoción subyacente hacia los demás que genera una gran cantidad de palabras amables, acciones generosas y favores especiales.

Estos compromisos no se mencionan ni se notan a menudo por el cónyuge individual, pero ocurren. Permite que el matrimonio se convierta en otro ciclo de crecimiento. El esposo y la esposa son más sinceros y honestos en su conversación. Todo el ciclo se repite.

Conclusión

Un matrimonio íntimo se caracteriza por la comprensión de que mi cónyuge es de vital importancia para mí. No solo estamos satisfaciendo las necesidades básicas de los demás. Hemos llegado a creer, con la autoridad de la Palabra de Dios, que nuestra unión es más bendecida que nuestra separación. A medida que nos convencemos del valor de nuestro cónyuge para nuestras vidas, estamos dispuestos a cerrar las grandes brechas de género para que podamos realmente "conocer" a nuestros cónyuges.

Cuanto más creo que mi esposa es importante para mi bienestar, más trataré de entender quién es ella y cómo puede ayudarme en mi vida. La esposa, de una manera similar, podrá comprometerse más con su esposo de manera confiada. La confianza en el diseño de Dios moldea nuestras actitudes y acciones.

La intimidad marital es compartir a nivel del corazón. Se necesita tiempo y una comunicación genuina útil para llegar allí, pero es el camino para caminar hacia abajo. Cada cónyuge está convencido de la importancia del otro y lo trata maravillosamente. Cada uno se da cuenta de que Dios ha dotado especialmente a su pareja para trabajar con él o ella. Es solo esta confianza la que los obliga a cambiar hábitos para dar esos pasos hacia una intimidad más profunda. Cada paso del compromiso trae una apreciación más profunda del otro cónyuge. Esto trae más cambios en la forma en que comparten su vida.

Preguntas para el Desarrollo de la Intimidad

* ¿Ha aprovechado el tiempo regular en su agenda para dedicarse a desarrollar una relación íntima con su cónyuge? Explique.

* ¿Diría que sus conversaciones con su cónyuge son superficiales o sobre asuntos del corazón?

* ¿Se pregunta si se casó o no con la persona adecuada o se ha dedicado de todo corazón a ser una bendición para su cónyuge? Si es así, ¿cómo has demostrado esto?

¿Preocupado por la Intimidad?

No hay duda que muchas preguntas vienen a la mente cuando hablamos de hacernos vulnerables a nuestros cónyuges. Una esposa no puede confiar en su esposo por nada y mucho menos compartir su corazón. Otra mujer tiene un marido adúltero. ¿Se supone que el es fiel? Otra pareja está llena de amargura. Todos se preguntan si la intimidad es posible. Y como antes, responderemos que no, pero hay una opción que tiene una gran esperanza.

Puedes elegir invitarlo o alejarlo. Palabras, actitudes y acciones muestran el deseo de un matrimonio cálido y hermoso. Un cónyuge no puede ser obligado a responder, pero puede crear una atmósfera que haga que su pareja quiera estar más cerca de usted. Por otro lado, puede ahuyentar a su cónyuge a través de una actitud fría, amarga o condenatoria.

Un millón de amas de casa pueden (¡y lo hacen!) Quejarse de los defectos de sus esposos. Puedes unirte a ellos y tratar a su marido como un enemigo y no como un amigo. Si es tratado como un enemigo, actuará como el enemigo. La mayoría de las veces simplemente no reconocemos cuánto nuestras malas actitudes han envenenado nuestra relación.

Qué diferencia haría, si se tragara sus quejas, perdonar y comenzar a tratarlo como el Señor le dijo que lo hiciera con un espíritu amable y sereno. ¡Sólo entonces su marido se dará cuenta de que le gusta estar en casa! Solo cuando esté convencido de que ambos están en el mismo lado, dejará de lado sus comentarios y pensamientos críticos y renovará su compromiso con la unidad. Solo entonces puede comenzar a desnudar su alma ante su cónyuge y genuinamente "conocerlo."

> "Cuán hermosa eres!"
> "Amada mía"
>
> "Cuán hermosa eres!"
> "Tus ojos son como palomas"
>
> Cantares 1:15

Y sé que hay tantos maridos que desearían estar casados con otra persona. Y mientras desees esto, deseas el mal. Permanecerás en la salvaje frustración de nunca ser cumplido. En lugar de sentarte y trabajar duro para amar a esta mujer por el resto de tu vida, estás viendo todas las razones por las que no merece tu amor. Puede permanecer así o puede comenzar a aumentar el nivel de confianza. Entonces ella puede lentamente (parecerá para siempre) ser desarmada de su desconfianza. Ella siente que no es deseada, por lo que no se hace deseable. Deséala, no solo por su cuerpo sino también por quién es ella, y comenzará a responder.

Muchos matrimonios, como se indicó anteriormente, están lisiados y continúan en niveles superficiales. Son felices solo compartiendo una casa en paz. Dios quiere mucho más. Dios quiere que vayamos más y más profundo en los niveles de intimidad. Ahí tenemos más libertad para revelar nuestro ser más profundo a nuestro cónyuge.

C) Intimidad Sexual

Las parejas están dispuestas a usar el sexo para satisfacer sus necesidades físicas inmediatas. El marido tiene fuertes impulsos físicos; La esposa tiene una profunda necesidad de sentirse querida. La relación física les da un poco de lo que quieren, pero la mayoría de las veces, el acto sexual solo les recuerda lo que realmente no tienen.

Si la relación física no se basa en una buena relación social y compromiso matrimonial, los viejos sentimientos de amargura y culpa volverán después del sexo. Incluso el sexo puede traer su propia culpa porque se usa de manera egoísta para satisfacer las propias necesidades.

¿Cómo debería ser la relación sexual? La intimidad física debe construirse sobre la base de una buena relación matrimonial en la que la pareja se revele su alma. No solo hablamos de consentimiento o voluntad, sino de un corazón unido en el "saber" el uno del otro. El sexo entonces no es un objetivo a alcanzar. Es una expresión más profunda y bella de la unión que ya tienen. Los sentimientos extremadamente agradables y los impulsos satisfechos se mezclan en una obra maestra de la unidad.

Muchas parejas nunca llegan más allá de satisfacer sus propias necesidades. El sexo para ellos consiste en obtener lo que necesitan en lugar de darlo al otro. Hay un mundo de diferencia entre ser usado y ser amado. Hay una gran diferencia entre un matrimonio en el que el esposo está fascinado y completamente tomado con su esposa y uno en el que el esposo fantasea con otras mujeres. ¿El esposo realmente ama a su esposa? ¿Está realmente enfocado en ella?

Algunas de las mejores pruebas vendrán en la cama con ella. Veamos algunos ejemplos. Él tiene sus planes para la noche, pero ella no se siente bien, está cansada o tal vez su período (al mes) acaba de comenzar. ¿Será paciente o irritado? ¿Declarará a través de sus palabras y acciones que su bienestar es más importante que satisfacer sus deseos? O en otra situación, ¿qué pasa si ella simplemente le da la espalda porque está resentida por algo que él le dijo por la mañana? ¿Cómo responderá el marido? ¿Se centrará más en cumplir sus propios anhelos sexuales o en profundizar su relación con ella? Cada vez que él se niega por ella, ella profundiza su confianza en él. Ella reconoce que él la ama solo por lo que es y no por lo que puede dar. (¿Qué pasa si se hace vieja y no puede dar más?)

La esposa tiene sus propias pruebas también. ¡El mandato de ser sumiso no es fácil cuando tu esposo es insensible! Si ella permanece resentida, ella expresará su falta de voluntad para intimar con él. Incluso si ella se hace dispuesta, no es una gran compañera.

La cama a menudo se convierte en un campo de batalla. Cada lado está luchando. La esposa necesita encontrar el perdón por su amargura y darle la bienvenida a su esposo en lugar de rechazarlo incluso en sus momentos egoístas. Los esposos no cristianos no están pensando en Cristo cuando van al dormitorio. Ella necesita ser gentil y de una actitud tranquila incluso en la cama. Si allí el encuentra una mujer muy gentil y amable, su corazón cambiará lentamente (ver 1 Pedro 3:1).

Solo siendo fieles a nuestro llamado, podremos llevar adelante el matrimonio. Los hábitos de cama no están excluidos. Incluso si nuestros cónyuges son tercos, tontos o perezosos, debemos amar a aquel con quien nos hemos comprometido. Algunos podrían decir que es imposible. Sería más correcto decir que es imposible sin Cristo, pero es posible amar como Cristo a través de su Espíritu Santo. Podemos perdonar a los demás y, definitivamente, darles lo bueno que no merecen.

Es desafortunado que no todos tengan una relación verdaderamente íntima basada en un profundo compromiso mutuo. La única manera de comenzar a hacerlo es que los que responden a Dios comiencen a ser completamente fieles a su cónyuge. No hagas excusas. Ora y ayuna si es necesario. Esté determinado de que, incluso si su cónyuge nunca responde correctamente, usted será su pareja fiel. Creo que el cónyuge en la mayoría de las Situaciones responderá. Por eso te casaste. La fidelidad de una persona devuelve la esperanza al matrimonio, ya que actúa como un canal del gran amor de Dios.

Algunas personas creen que el acto sexual es para la realización personal. Eso es totalmente falso. El acto sexual está diseñado para cumplir con tu pareja. Debemos centrarnos en las necesidades del otro en lugar de en las nuestras. ¿Que pasa contigo? Dios ha diseñado para atender nuestras necesidades mientras servimos con devoción a los demás. De esta manera debemos confiar en el Señor.

El amor genuino es muy necesario en la cama. La paciencia, la bondad y el perdón crearán momentos maravillosos juntos. Solo con el amor de Dios, el esposo puede estar dispuesto a ir sin sexo si es necesario. Solo la gracia de Dios le permitirá a la esposa abrir su cuerpo a su esposo, incluso si él recientemente la ha tratado de manera desagradable.

El marido no debe apresurarse por su placer e ignorar sus necesidades. Las mujeres responden más lentamente. Por lo tanto, los esposos deben tomar las cosas más despacio para poder concentrarse en las necesidades de su esposa. La esposa también debe ser agresiva en complacer a su marido. Necesitan una conversación honesta y verdadera combinada con cojines de amor para alcanzar los máximos sentimientos de deleite.

Estas cosas pueden ser fáciles de sugerir o decir, pero me doy cuenta de que muchas veces necesitaremos pedir ayuda a Dios. Solo Él solo puede ayudar. Eso está bien. A nuestro Señor le encanta escuchar nuestras oraciones. Él quiere ser visto como "nuestro refugio." Necesitaremos ayuda para que podamos responder correctamente, especialmente cuando no tenemos ganas de hacerlo. Necesitaremos su ayuda para cambiar el corazón y las elecciones de nuestro cónyuge. ¡Necesitaremos ayuda para esperar a que Él conteste!

Preguntas Sobre el Desarrollo de la Intimidad Sexual

1. ¿Diría que se enfoca en satisfacer las necesidades de su cónyuge durante el sexo o las suyas?

2. ¿Cómo responde usted como esposo a su esposa cuando ella lo desanima por motivos de enfermedad, inconveniencia, cansancio o por estar molesta?

3. ¿Cómo debe responderle a su esposo si no tiene interés sexual?

4. ¿Por qué un cónyuge cristiano debería dedicarse a su pareja?

D) El Propósito de la Intimidad

Un matrimonio puede caer en la rutina si no crece en intimidad y unidad. La intimidad, sin embargo, no es un objetivo final. Es el medio para lograr el propósito de Dios para tu vida.

El matrimonio tiene un propósito más allá de sí mismo. Un individuo existe para más que comer y vivir. Él tiene un propósito en la vida. El propósito de una fábrica es más que simplemente proporcionar un lugar para que la gente venga y trabaje. Están fabricando artículos. Dios ha diseñado el matrimonio de una manera similar. El propósito del matrimonio siempre va más allá de servir a sí mismo.[51] Discutamos tres maneras de extender nuestra intimidad sirviendo a otros.

1) Sirve a tu cónyuge

El matrimonio, como ya se ha mencionado, es una oportunidad sin fin para que el esposo y la esposa sirvan a Dios como se sirven a los demás. Debido a que la relación está tan estrechamente

---

[51] Dios tuvo una intimidad perfecta en la divinidad trina y, sin embargo, se extendió a Sí mismo al mundo.

vinculada, se examinan y se prueban de manera que normalmente no ocurre fuera del matrimonio.

El marido debe darse cuenta de su oportunidad de oro para servir a su esposa. Él debe especializarse en complacerla viviendo devotamente para ella. No te preocupes ¡Ella no se opondrá! No solo hace cosas por ella, sino que también la atesora en su corazón. Él está bastante dispuesto a enfocar su corazón indiviso completamente en ella. Él está contento. Esto se convierte en su gran privilegio, alegría y recompensa en la tierra.

> "Así también los esposos deben amar a sus esposas como a su propio cuerpo. El que ama a su esposa, se ama a sí mismo. Nadie ha odiado jamás a su propio cuerpo, sino que lo sustenta y lo cuida, como lo hace Cristo con la iglesia, porque somos miembros de su cuerpo, de su carne y de sus huesos" (Efesios 5:28-30).

La esposa también debe darse cuenta de que su oportunidad de oro para mostrar su amor a Dios será capturar la visión de ser una compañera de ayuda. Ella fue diseñada para esa posición clave. Las muchas Situaciones individuales que surgen van mucho más allá de sus sentimientos. Van directamente al tema de la obediencia. De su fiel servicio, un hermoso resplandor de Dios emanará de su vida.

> "Y tampoco fue creado el hombre por causa de la mujer, sino que la mujer fue creada por causa del hombre." (1 Corintios 11:9)

> "La mujer noble es corona de su esposo;
> la malvada es como carcoma en sus
> huesos." (Proverbios 12:4)

Dios no quiere que nos detengamos aquí en nuestro servicio a nosotros mismos. Exige que vaya más allá de esto.

2) Sirve a tus hijos

El fruto más obvio de la relación matrimonial son los niños. Cada niño es un fruto perfecto de la unidad de los padres. Dios quiere que Su pueblo tenga muchos hijos. Él nos manda, como parejas casadas, a tener los hijos que nos dará. El hogar bendecido tiene muchos hijos. Incluso José y María tuvieron al menos otros cinco hijos después de tener a Jesús.

Los matrimonios íntimos naturalmente tienen hijos.[52] Debemos dar una cálida bienvenida a la mano de Dios en la creación de niños. Solo él abre y cierra la matriz. Esta intimidad que da vida incluye no solo al esposo y la esposa, sino también a Dios. Estamos abiertos a lo que Dios quiere. No vivimos para nosotros mismos, sino para lo que Él quiere hacer a través de nuestras vidas. Dado que este es un proceso muy impredecible, si no amamos y confiamos plenamente en Dios, tendemos a ser temerosos y ansiosos en lugar de confiar y gozar.

El control de natalidad tiene al menos cinco problemas obvios.

1) El hombre quiere los privilegios del matrimonio (sexo) sin sus responsabilidades (hijos).

2) El hombre piensa que un matrimonio sin hijos es mejor que uno con hijos. Menos son mejor.

3) El hombre desobedece a Dios al no traer muchos hijos al mundo.

4) El hombre suele matar a los niños para evitar tenerlos.

5) El hombre piensa que sus planes para la planificación familiar son mejores que los de Dios.

Muchas parejas quieren más dinero y tiempo para sí mismas. Ellos deciden no tener hijos. El matrimonio para ellos se ha convertido en una institución egoísta. Sería mejor no casarse.

---

[52] Hay excepciones especiales como Sara, Hanna y otras que, por razones especiales, no pudieron tener los hijos que deseaban. Estas parejas deben entender que Dios tiene algunos planes especiales para sus vidas.

Los padres pasan gran parte de sus vidas cuidando a sus hijos. Esto requiere muchos años de inversión. Deben dar constantemente y con sacrificio su tiempo, energía, cuerpo, dinero y posesiones para criarlos para Dios. En un sentido verdadero, lo que tienen como padres se convierte en el de sus hijos. Amamos esta canción de alabanza a una esposa y madre fieles.

> "Habla siempre con sabiduría,
> y su lengua se rige por la ley del amor.
> 27 Siempre atenta a la marcha de su hogar,
> nunca come un pan que no se haya ganado.
> 28 Sus hijos se levantan y la llaman dichosa;
> también su esposo la congratula:
> 29 «Muchas mujeres han hecho el bien,
> pero tú las sobrepasas a todas.»
> 30 La belleza es engañosa, y hueca la hermosura,
> pero la mujer que teme al Señor será alabada." (Proverbios 31:26-30)

El control de la natalidad es otra de las muchas maneras en que nos aferramos a nuestro estilo de vida egoísta y no confiamos totalmente nuestras vidas en las manos de Dios. Evitar la concepción significa que excluimos a Dios de esta área de nuestra vida. Cuando decimos "no" a Dios en esta área, en esencia estamos limitando nuestra capacidad de tener intimidad con nuestro cónyuge. Mi esposa y yo hemos estado en ambos lados de esta cerca, por así decirlo. Tenemos una brecha de siete años entre nuestro segundo y tercer hijos. Esto se debe en parte al uso de métodos de control de la natalidad. Podemos testificar que una vez que pudimos, por la gracia de Dios, desechar nuestra parafernalia de control de la natalidad, Dios llevó nuestro matrimonio a un nivel más profundo e íntimo. Aprendimos a confiar en Dios juntos. Teníamos más libertad para abrir completamente nuestras vidas ante Él.

3) Sirve a tu mundo

El matrimonio es para canalizar el amor de Dios al mundo. El matrimonio diseñado por Dios es el lugar donde el mundo ve el verdadero amor en acción. El matrimonio se trata de servir, no de ser servido. Las alegrías del matrimonio solo alcanzarán al esposo y la esposa que están comprometidos a servir a quienes les rodean. Como familia, extenderán la bondad y el amor de Dios al mundo mediante el servicio a los demás.

Esto puede tomar muchas formas, pero comienza amando a tus vecinos y a las personas que conoces. A veces, un esposo y una esposa están demasiado ocupados ganando dinero o llevando a sus hijos a sus actividades para que su hogar sea un hogar. Las familias necesitan reducir la velocidad para permitirles hacer espacio para el servicio. ¿No hay muchas personas que necesitan un hogar lejos de casa? Tal vez Dios quisiera usar a su familia para ministrar a estas personas.

También sugerimos orar juntos acerca de cómo Dios quiere usarte en este mundo. A menudo perderemos lo mejor de Dios simplemente porque no le hemos pedido. Piense en cada uno de sus dones y cargas (preocupaciones). ¿Cómo quiere Dios usar estos para traer una mayor bendición al mundo? Pero tal vez tienes regalos no identificados que Él todavía está desenvolviendo. Sigue orando y buscándolo. ¡A menudo abre puertas que ni siquiera sabíamos que estaban allí!

El Enfoque en El

Cuando abrimos nuestras vidas al Señor, comenzamos a glorificarlo. Cada problema con el que tratamos en última instancia se convierte en uno en el que luchamos por glorificar a Dios o no. La obediencia es una cuestión de confianza. Cuando confiamos o le creemos, profundizamos nuestras vidas con Él y nuestro cónyuge. El matrimonio es un lugar donde Dios quiere hacer conocer Su gloria. Él quiere que tengamos matrimonios hermosos para que otros puedan ver el temor de la unidad y vislumbrar la persona de Dios y la forma en que Él quiere tener intimidad con el pueblo de Dios. El matrimonio es una institución maravillosa..

Preguntas Sobre Servir a Otros

1. ¿Alguna vez pensaron en ustedes mismos como una pareja (o familia) en la luz de servir a los demás?
2. ¿Has buscado a los hijos que Dios te daría para lograr Sus propósitos más grandes?
3. ¿Te has entregado al control de la natalidad (planificación familiar)? ¿Por qué? ¿Cómo podrías cambiarlo?
4. Durante la próxima semana, alabe a Dios por tres maneras en que El ha sido glorificado a través de la forma en que manejó las cosas en su matrimonio.

Una Pregunta Sobre la Intimidad

Surge una pregunta natural cuando se habla de servicio. ¿Deberíamos tener algún tiempo para nosotros como pareja? Con el cuidado de los niños pequeños y el papá ocupado en la iglesia y en el trabajo, hay momentos en que parece imposible que una pareja se reúna. Las emergencias surgen y requieren separación, pero son tiempos de emergencia, no la norma. Una esposa que trabaja lejos en otra ciudad no es una emergencia. La esposa está hecha para el marido. Ella debería estar a su lado. Las carreras para mujeres han desbaratado los planes de Dios para la intimidad conyugal.

Es importante y vital pasar un tiempo juntos de manera regular y frecuente. Hacemos nuestro mejor esfuerzo para salir una vez a la semana sin los niños. A Linda le gusta que planee estos momentos, o al menos diga que es importante para mí decir cuándo saldremos esa semana. Ahora entiendo por qué (ha tardado muchos años en comprender esto finalmente). Ella no solo quiere estar conmigo, también quiere saber que deseo estar con ella. Mi iniciativa de planificación añade el toque especial necesario.

Últimamente, a ella le ha preocupado salir al mediodía los viernes. Ella sabe que yo enseño los viernes por la noche y podría estar distraído o ocupado preparando materiales. Arreglo las cosas de tal manera que no me distraiga. De lo contrario, nuestro tiempo juntos no serviría para construir la relación.

¿Necesitamos gastar mucho dinero? No. De hecho, el dinero a menudo se interpone en el camino de la relación. A veces hemos tenido picnics juntos seguidos de un paseo. Estos han sido algunos de los momentos más dulces (si no interfieren las alergias activas).

Resumen

Cualquier matrimonio que se mire en el espejo durante demasiado tiempo comenzará a envejecer y decaer. Estamos aquí para servir a los demás: nuestro cónyuge, nuestros hijos y otros. Al servir a los demás, estamos glorificando a Dios.

Personalmente podría estar fuera de la enseñanza en algún lugar mientras ella se queda en casa para cuidar a los niños. De hecho estamos sirviendo juntos. No debemos pensar que un tipo de servicio es menos importante que el otro. La recompensa que recibiremos se basa en la actitud del corazón y en los actos de servicio en el contexto en el que Dios nos ha colocado. Estamos sirviendo juntos. Usamos nuestra intimidad en el matrimonio para ser un faro de la verdad, un fuego de amor resplandeciente y un lugar para construir confianza.

Tendremos que vivir por fe para alcanzar ese gran matrimonio. Necesitamos vivir rigurosamente los estándares de Dios en lugar de nuestros sentimientos. Pero paso a paso, a medida que se despliegan nuestros corazones, la belleza del matrimonio se convierte en un matrimonio profundo, enriquecedor e íntimo.

Capítulo #8 Preguntas de Estudio

1. ¿Es bíblico el término "intimidad"? ¿De dónde viene?

2. ¿Qué palabra usa el Antiguo Testamento para describir las relaciones sexuales? ¿Qué más significa?

3. ¿Cómo se manifiesta la intimidad en la relación de un cristiano con Cristo?

4. ¿Cómo te fue en el cuestionario de intimidad? ¿En qué área necesitas trabajar más?

5. ¿Qué te sorprendió más sobre los cuatro principios de 1 Corintios 7:33:34 con respecto a las parejas casadas?

6. ¿Cuáles son las tres partes de la creciente intimidad para una pareja casada?

7. ¿Cuál es una clave para una relación sexual satisfactoria?

8. ¿Cuál es el propósito de la intimidad?

9. Comparte tres áreas en las que se puede expresar este propósito.

10. ¿Cómo puede una pareja desarrollar sus habilidades de comunicación para conocer mejor a su cónyuge?

11. El control de la natalidad frena la intimidad conyugal. ¿Cuáles son las tres razones por las cuales la planificación familiar es contraria al propósito de Dios?

9. Desarrollando Confianza e Intimidad

Ningún libro ha afectado mi vida más que el Cantar de Cantares. Para que un libro impacte tanto en la vida de una persona, debe haber habido cambios significativos. Esto ciertamente ha sido cierto en mi caso. Sin embargo, nadie pudo observar los profundos cambios fundamentales que se estaban produciendo lentamente dentro de mí.

La Palabra de Dios ha demostrado una vez más cómo proporciona una mina interminable de riquezas que nos permite cavar para lo que sea que nuestra alma necesite. Cantar de Cantares contiene pepitas de oro que desbloquean el misterio del amor, la intimidad y la confianza. Estas pepitas son las claves para un matrimonio en crecimiento.

En otros libros de la Biblia, tenemos órdenes e ilustraciones que nos instruyen sobre cómo tener un buen matrimonio. Si los obedeciéramos, lo haríamos bien. Pero hay otras cosas que nos impiden tener confianza en Sus mandamientos. Realmente no creemos que funcionen. No deberíamos tener esta perspectiva, pero muchos la tienen. Nuestra falta de confianza es una de las principales razones por las que no los llevamos a cabo y debido a la desobediencia, nuestros matrimonios sufren.

Hay un número creciente de problemas matrimoniales que surgen a nuestro alrededor. Parece que cada semana me doy cuenta de otra capa de dificultades matrimoniales importantes que enfrentan las personas. Tu experiencia es probablemente similar.

Mi matrimonio habría sufrido la misma devastación si no hubiera sido por el poder de la Palabra de Dios que se reveló durante los tiempos de meditación en el Cantar de Cantares. No planeaba estudiar este libro, pero a última hora, en enero de 1975, gracias al impulso del Espíritu de Dios, lo hice. Mi vida ha cambiado mucho.

Debo admitir que no todos los cambios y el impacto principal se produjeron de inmediato, pero lo que se compartirá a continuación son las verdades que establecen una base mediante la cual se pueden realizar todos los cambios. Tal vez te preguntes qué fue lo que hizo tal diferencia en mi vida.

Supongo que básicamente tenía que ver con un cambio en cómo me percibía a mí mismo. Todos quieren aceptación, y yo no era diferente. Las relaciones permiten a una persona verse a sí misma desde una perspectiva diferente. Las relaciones amorosas permiten a una persona mirar a través de los ojos de la otra persona a su propia vida y obtener una imagen más precisa.

Nunca aprendí sobre el calor y la aceptación al crecer. El divorcio, la amargura y las críticas dejaron a mi familia y a mí paralizados emocionalmente. No podría relacionarme fácilmente con los demás. Personalmente enfrenté una serie de problemas, incluyendo tartamudeo y otras formas de inseguridad. Los problemas que enfrentan los niños por crecer en familias disfuncionales se están manifestando a medida que aumenta el número de matrimonios que sufren tales traumas. Estudio tras estudio, estos problemas de desarrollo están siendo identificados.

Cantar de Cantares entró en mi vida como un soplo de aire fresco. Ayudar a desbloquear las ideas en ese libro era mi novia, ahora mi esposa. Estaba desesperado por su sonrisa a pesar de que la mayor parte de nuestra amistad cercana estaba separada por mil millas. Puedo ver por qué prosperé bajo la luz de su cálida sonrisa. Su aceptación y deseo por mi compañía significaron mucho para mí. Era la misma verdad que Dios comenzó a enseñarme vívidamente en las Escrituras: el amor de Dios.

La pregunta era cómo Dios inculcaría este conocimiento del amor en mí. El amor de Dios está siempre presente, pero las voces internas me convencieron de que no era deseado e inadecuado. Satanás interfirió con mi correcta comprensión de la transmisión de amor de Dios y de otros. Por supuesto, cuando uno no se siente amado, teme exponer su verdadero yo a los demás por temor al rechazo.

Lo que generalmente sucede, y me hubiera pasado a mí, es que mis respuestas habrían sido tan absorbidas por mi percepción de mí mismo que habría destruido cualquier relación en la que me haya involucrado. Y esto es lo que les sucede a muchos niños que son criados en malos matrimonios. Terminan teniendo relaciones peores con sus cónyuges que sus padres.

Solo la gracia y sabiduría de Dios me han impedido ser otra estadística. Déjame continuar y compartir cómo nuestro Señor más gentil hizo esto. Puede que esté simplificando demasiado el proceso, pero las claves que desbloquearon ciertas puertas de entendimiento en mi vida me llevaron a lugares a los que nunca hubiera podido llegar. Puedes usar estas llaves también. Oremos primero.

"Querido Señor, ¿podrías atravesar nuestros corazones testarudos y ciegos? No merecemos tu amor. Ni siquiera podemos entenderlo. Al igual que el sol, es tan brillante que nos hemos puesto gafas de sol para mantener la luz apagada. Hemos aprendido a vivir en las sombras de la oscuridad en lugar de las glorias de tu amor. Acércanos, querido Señor, acércanos más a ti para que podamos tener buenos matrimonios. En el Glorioso Nombre de Cristo oramos, Amén."

Cantar de Cantares desempeñó un papel clave en el cambio de mi vida. Hay ciertos versículos que Dios solía mostrarme que fui amado y aceptado. Cuando un niño crece con la crítica y la amargura, no sabe realmente qué es el amor. Este niño tiene una vida interior de amargos secretos y soledad enojada. Las cosas pueden parecer estar bien en el exterior, pero hay problemas en el interior. Estos problemas se hacen más evidentes en las relaciones con los demás y especialmente en el matrimonio.

Cantar de Cantares tiene dos series de tres versos que describen el amor y una confianza creciente. La primera tríada se toma de la primera sección (1: 1-3: 5) del libro. Se discute el noviazgo o el romance de la pareja. La segunda tríada se extiende sobre todo el Cantar de Cantares. Uno de estos versos está en ambas tríadas.

Parte de la manera poderosa en que Dios me inyectó estas verdades fue a través del hecho de que nuestra relación con Él es paralela a la relación de un hombre y una mujer que se encuentran, se casan y viven juntos como uno solo. En este punto de mi vida amaba a Dios con un amor inferior. También tenía grandes esperanzas de casarme una vez fuera de la universidad. Cada verso de la tríada desbloquea ciertas perspectivas clave que se necesitan en una relación íntima en crecimiento. Esto es cierto tanto con el Señor como con nuestro compañero. Echemos un vistazo a ellos.

Tríada # 1: El camino de la Confianza

Encontraremos esta primera tríada de versos en 1: 5, 2: 1 y 2:16. Cada declaración es un reflejo de la futura novia. Ella está reflexionando sobre sí misma a la luz del amor de su hombre por ella (aunque parece que en 1: 5 y 2:16 no estaba realmente allí en su presencia). Los hombres pueden sentirse un poco incómodos aprendiendo de la novia. Ellos piensan, "No soy una novia" y simplemente se apagan. Pero espera.

Recuerda que este libro está escrito tanto desde una perspectiva espiritual como física. En este caso, cuando la novia está hablando, piensa en ti mismo como la novia de Cristo. El hombre, amando a la mujer, representa a Cristo mostrando su amor por la iglesia. La futura novia representa a todos los cristianos. Como dice Efesios 5, la iglesia es la novia de Cristo. Esto nos ayudará a cruzar algunas brechas de género que de otra manera evitarían que estas verdades se apoderen de nuestros corazones.

Aceptado > Valorado > Pertenencia

1) Aceptado (Cantar de Cantares 1: 5-6)

Escuchen, doncellas de Jerusalén:
yo soy una morena hermosa.
Morena soy, como las tiendas de Cedar;
morena soy, como las cortinas de Salomón.
6 No se fijen en mi piel morena;
es que el sol posó en mí su mirada.
Mis hermanos se enojaron contra mí
y me pusieron a cuidar las viñas;
y yo, que soy mi propia viña, no me cuidé
*(*Cantar de Cantares 1: 5-6*).*

La frase clave es: "Soy una morena hermosa." A través de estas palabras y la siguiente explicación, observamos su percepción inicial de sí misma. En los siguientes versos trazamos su desarrollo de la percepción de sí misma.

Utilizo cuidadosamente la palabra "percepción" porque lo que creemos acerca de nosotros mismos no siempre es cierto. Por ejemplo, somos pecadores pero muchas personas lo niegan. Por otro lado, podemos sentirnos torpes y solitarios y, sin embargo, somos criaturas valiosas diseñadas con un propósito. Lo que percibo sobre mí a menudo no es cierto. Es la verdad de Dios que nos hace libres. Su percepción de nosotros es lo que es correcto y real. Estas son las verdades que debemos adquirir para obtener una perspectiva correcta de Él y de nosotros mismos. La pregunta es "¿Cómo?"

Percepción de uno mismo	La Percepción de Dios de nosotros
Equivocado	Correcto
Nosotros creemos que no somos tan malos	Nosotros somos totalmente inaceptables delante de Dios por causa del pecado
Nosotros nos sentimos torpes, rechazados, solos	Como sus criaturas hechos a su imagen somos diseñados para reflejar Su amor

Muchos cristianos han oído hablar del amor de Dios, pero parecen no haber sido tocados por él. Piensan que merecen el amor de Dios. Se enojan por los eventos en sus vidas que parecen poner en duda el amor de Dios por ellos. Estas personas son muy diferentes de esta doncella. Ellos no dirían "Soy morena pero hermosa," sino "Soy justa y hermosa." No tuve ningún problema en comenzar aquí!

Dios ya había revelado mi horrible egoísmo y mis pecados cuando me salvó. Más tarde, Él me mostró en Su Palabra cuán precisa era su perspectiva de mi vida pecaminosa. Realmente estaba lleno de orgullo, egoísmo y una larga lista de actitudes y comportamientos que no glorificaban a Dios.

Hay dos enfoques para la autocomprensión. Hacen una diferencia clave en la vida de una persona. Jesús comienza con el mismo enfoque en Su famoso "Sermón del Monte".

"Bienaventurados los pobres en espíritu." (Mateo 5:3)

El hecho de que aceptemos o no los hechos sobre nuestras vidas pecaminosas determina en gran manera la forma en que abordamos la vida. La novia admitió abiertamente lo "deslustrada" que se veía. Su piel fue quemada debido al duro trabajo en los viñedos. Ella no tenía los medios para proteger su piel al ser criada en el palacio, pero al ser de clase baja, trabajó duro afuera. Y aún más específicamente, ella era la más baja de la familia porque ella misma hizo el trabajo duro. En un sentido espiritual, la "oscuridad" representa su indignidad de ser amada por Cristo debido a su pecado.

No se fijen en mi piel morena;
es que el sol posó en mí su mirada.
Mis hermanos se enojaron contra mí
y me pusieron a cuidar las viñas;.

Para eliminar el significado real de estas dos visiones de aceptación, veamos las diferencias una al lado de la otra.

Vista divina

"Soy morena pero encantadora."

- Humildad: Reconoce las propias faltas..
  - No merecedora: Aprecia la atención porque no se cree que merezca. La fuente de atención está fuera del yo.
  - Retenible: Independiente de la belleza, edad o regalos; es porque ella es elegida.

- Segura: No busca afirmación pero se deleita y agradece cualquier afecto recibido.

Vista secular

"Soy justa y encantadora."

- Superficial: El enfoque está en una misma; menos íntima porque es más independiente.

- Merecedora: Se debe esperar atención y adoración porque la fuente está dentro de una misma.

- Vulnerable: Depende de lo temporal, cosas que se desvanecen.

- Inseguridad: Busca la afirmación; ansiosa si no recibe porque la relación depende de lo temporal.

Todas las relaciones comienzan de forma superficial. El chico y la chica se están conociendo al principio. Sin embargo, a medida que la pareja se conoce mejor, la relación debe ser más profunda y personal. Deben revelar cosas íntimas de sus corazones. Cuando una persona comienza una relación con la creencia de que la atención de una persona depende de algo que es o tiene, entonces esa relación sigue siendo muy superficial.

Como resultado de esto, la persona no puede enfocarse en servir al otro, sino que debe encontrar constantemente formas de obtener atención y afirmación. Debido a que la relación no se percibe como fundada en la aceptación incondicional, parece inestable. Mientras la relación se perciba como inestable, toda la energía de uno se destina a protegerla. Pequeños celos, actitudes sospechosas, demanda de tiempo y regalos son algunas de las manifestaciones de esto.

Las relaciones inseguras provocan, por así decirlo, crisis perpetuas, caracterizadas por miedos, preocupaciones y relaciones superficiales. Estos esfuerzos internos desgastan el cuerpo y la relación hacia abajo. No fomentan la vulnerabilidad necesaria para el desarrollo de la confianza mutua. La amistad es torpe y nunca puede penetrar lo superficial. La razón subyacente básica de este enfoque protegido es asegurar la relación tanto como sea posible.

Ponga una marca de verificación junto a los elementos clave para un buen matrimonio que sean verdaderos para usted.

- ☐ Humildad: Acepta la culpa y se disculpa.
- ☐ Apreciación: Recibe el amor como inmerecido.
- ☐ Aceptado: En paz, sin amenazas, tranquilo y alegre.
- ☐ Receptivo: Responde al amor con gestos amorosos.
- ☐ Confianza: Cree que a su cónyuge realmente le importa.
- ☐ Seguro: Se deleita en el amor y afecto de la pareja.

La persona no se atreve a revelarse completamente por miedo al rechazo. Estas mujeres basarán su aceptación en la belleza y su miedo en la edad y las arrugas. La confianza por lo tanto nunca crece. No hay un intercambio íntimo a partir del cual se puedan formar grandes matrimonios.

Sin embargo, cuando una persona comienza bien, se pone en funcionamiento un conjunto de principios completamente diferente. La seguridad en la relación resulta en el desarrollo de una relación de confianza normal. La persona puede crecer a medida que crece la relación.

Nuestras vidas cristianas también necesitan una base firme. Los que no son muy claros acerca de su pecado, nunca están muy seguros de su salvación. El entrenamiento temprano de discipulado siempre debe incluir instrucción sobre nuestro pecado y la obra de gracia y efectiva de Cristo Jesús en nuestro nombre.

Ella no solo dice: "Soy morena." Ella dice: "Soy morena pero encantadora." No debemos preocuparnos por nuestras debilidades. Estamos atormentados con los problemas. Somos pecadores, pero algo grande ha llegado a nuestras vidas a pesar de nuestros orígenes humildes. En los siguientes versículos vemos a todas las doncellas bailando de alegría porque ella ha sido elegida. El rey ha puesto su corazón sobre ella.

Por eso es tan importante el compromiso que se formaliza en el matrimonio. El novio la ha elegido especialmente de por vida. Él le otorgará todo su corazón de afecto. Ella está apartada a pesar de su fondo inferior. Su deleite proviene de su aceptación a pesar de sus defectos obvios.

Lo mismo es cierto tanto para lo espiritual como para lo terrenal. Las relaciones paralelas aportan mucha claridad. Donde somos débiles en la comprensión de uno, podemos aprender del otro. Por ejemplo, mi familia se rompió, pero pude aprender del gran amor de Dios por mí aquí desde Su Palabra.

No somos elegidos por ningún bien en nosotros mismos. Salomón tenía muchos para elegir, pero él eligió poner su favor en ella (1:4b). Él eligió deleitarse en ella. De manera similar, Dios en Cristo nos ha elegido para sí mismo. Él no eligió a todos. Somos pecadores y, sin embargo, Él nos escogió. Nuestra salvación no depende de lo que hagamos porque nuestro pecado lo ha estropeado todo. Él ha elegido a los impíos y malvados para que se conviertan en Su posesión especial. Muchos cristianos luchan contra la enseñanza de la elección porque no entienden su "negrura."

El gozo en nuestras vidas cristianas comienza cuando podemos celebrar la elección que Cristo hizo de nosotros porque Él deseaba que estuviéramos con Él por toda la eternidad.

> Bendito sea el Dios y Padre de nuestro Señor Jesucristo, que en Cristo nos ha bendecido con toda bendición espiritual en los lugares celestiales. 4 En él, Dios nos escogió antes de la fundación del mundo, para que en su presencia seamos santos e intachables. Por amor 5 nos predestinó para que por medio de Jesucristo fuéramos adoptados como hijos suyos, según el beneplácito de su voluntad, 6 para alabanza de la gloria de su gracia, con la cual nos hizo aceptos en el Amado (Efesios 1:3-6).

Quizás nunca entendamos por qué Él nos elige, ¡pero sigamos adelante y comencemos a deleitarnos con el pensamiento! Esta es su aceptación de nosotros en Cristo. Esto también revela por qué hay una orden para que los esposos amen de manera constante y devota a sus esposas. Esta es la razón por la que la esposa se siente tan bien cuando su esposo afirma su compromiso con ella a través de palabras y hechos amables. Esas manifestaciones de su amor le recuerdan algo más profundo, su elección especial y de por vida para ella.

Todos buscan la aceptación, pero aquellos que no se sienten aceptados al crecer (ya sea que se ha percibido correctamente o no) anhelan desesperadamente esta aceptación. Es este profundo deseo de aceptación que ha impulsado a estas personas no preparadas hacia las relaciones y el matrimonio. Sin embargo, sin encontrar esta aceptación, se encuentran marcados y, sin embargo, se ven obligados a encontrar otra relación que prometa aceptación. Yo fui uno de ellos. Afortunadamente, el Señor me enseñó desde el principio que la aceptación que realmente buscaba era en Cristo y no en alguna relación humana que nunca satisfacerá completamente.

2) Valorado (Cantar de Cantares 2:1)

Yo soy la rosa de Sarón;
¡soy el lirio de los valles!.
(Cantar de Cantares 2:1)

Mi amiga es, entre las doncellas,
como la rosa entre las espinas. (2:2)

Entre estas tres revelaciones de su autoconciencia, hay muchas palabras especiales y actividades que se desarrollan entre la pareja. Durante esta fase de cortejo, la pareja está "enamorada." Al intercambiar palabras, crecen en su intimidad. Si las parejas casadas pudieran continuar con este tipo de tratamiento, ¡se resolverían muchos problemas! Entonces, ¿qué es lo que descubrimos de la respuesta de la novia aquí en Cantar de Cantares 2:1?

Ya no la vemos recordando su negrura, aunque sin duda su piel todavía está oscura. Los miedos y los terrores del rechazo han pasado. Ella ya no piensa en esas cosas. Podemos ver lo que ella está pensando a partir de sus palabras.[53] Ahora dice de sí misma: "Soy la rosa de Sharon, el lirio de los valles."

Su comprensión de sí misma se ha desarrollado y ahora comienza a verse a sí misma como él la ve. Se declara a sí misma como una de las hermosas flores que han visto en el camino, llena de color y aroma mezclados. Cálido con un suave toque. Cuando una persona encuentra aceptación, puede seguir adelante y comenzar a abrir su vida para un mayor crecimiento. Comenzamos a vernos a nosotros mismos como especiales y valiosos.

Esto es lo que él ve: su precioso valor. Podemos ver esto a través del siguiente verso. Ella se detiene a describirse como una flor hermosa y deseable. Es importante que no se detenga allí. Él le recuerda que ella es "una azucena entre las espinas." Afirma su deleite en ella. Él dice que ella es un lirio encantador. Pero él va más allá de esto y afirma que ella es como un lirio entre las espinas. Él se deleita en su elección de ella.

Él no solo manifiesta su compromiso con ella sino que también expresa su afecto por ella. Este afecto incesante continúa hasta el final del libro. No es como si este hombre estuviera ciego. No. Hay muchas doncellas alrededor. Una cosa es escuchar cómo las doncellas se deleitan con su elección de ella (1: 4), pero es mucho más maravilloso escuchar al hombre afirmar que su único deleite está en ella.

¿Cómo determinas el valor? ¿Cómo determinas cuál coche es el mejor? ¿No miras a tu alrededor? ¿No comparas y ves cómo un

---

[53] Si solo pudiéramos tener una visión objetiva de nosotros mismos a partir de las palabras que escribimos, decimos y pensamos, obtendríamos una gran cantidad de información sobre nuestras luchas internas.

modelo se compara con el siguiente? Al final se mantendrá satisfecho porque ha hecho las compras. Este hombre afirma que ha mirado a su alrededor. Las otras mujeres son como "espinas" poco atractivas en comparación con ella, el "lirio."

A medida que él revela su firme decisión y se deleita en ella, ella abre aún más su corazón para ser bañada y conmovida por el cálido amor que se le brinda. Él la cuida; ella responde. Su percepción de sí misma está tomando forma lentamente de su afecto por ella. Su elección de ella eleva su valor. Los que aman o son amados entienden esto. No es falso sino cierto. Algo especial está sucediendo. Creo que esto se refleja en una imagen del gran e impresionante amor de Dios hacia nosotros. Nos cuesta mucho captar su amor y necesitamos esas imágenes y experiencias para despertarnos a su gran deseo por nosotros. Su compromiso y afecto hacia ella conforman adecuadamente la forma en que ella piensa de sí misma.

Hablando prácticamente

Los esposos necesitan afirmar las cualidades especiales de sus esposas. Les encanta escuchar cómo son especiales en diferentes áreas. Proverbios 31 enumeró los hechos especiales que hicieron a esa mujer sobresaliente. Ya sea una comida, una palabra amable o una sonrisa, hágale saber cómo específicamente ha sido una bendición para usted. Cuando los esposos expresan su deleite en sus esposas, las esposas pueden responder con más confianza. Las palabras amables y apreciativas de un marido son como el sol que hace que el corazón de su esposa se desarrolle cada vez más como una flor.

Descubrí que mi afición a mi esposa crece a medida que me concentro en mi compromiso con ella. Mi valor para ella no se basa en lo que hace, sino en mi aceptación. Si los cambio de lugar poniendo mi aceptación en su valor, entonces ella se vuelve insegura y el matrimonio comienza a congelarse. Tal vez podamos decir que debemos amar por amor. Solo cuando el sol brilla, la flor se despliega, y vemos el valor precioso dentro de nosotros.

Hablando espiritualmente

El Señor realmente nos atesora. Él no ha cometido un error. Él nos ha elegido para la eternidad. Esto no fue por algo bueno en nosotros. Sin embargo, no debemos concluir que Él no nos valora. Todo lo contrario (y aquí es donde algunos terminan erróneamente cuando solo piensan en su pecado). Su amor despierta nuestras respuestas a Él y, debido a Su compromiso con nosotros, nos convertimos en valiosos para Él. Él se complacía en hacernos suyos precisamente porque valoraba nuestra compañía. El punto clave aquí es que nos quedemos para El. Nos mantenemos leales a El. Nos negamos a ser atrapados por el atractivo del mundo. Tenemos un paso más en esta primera tríada.

3) Pertenencia (Cantar de Cantares 2:16)

Mi amado es mío, y yo soy suya (Cantar de Cantares 2:16a).

La mujer es elegida. Él afirma su elección de solo ella. Estas cosas le abren el camino para que ella vea cómo su identidad está envuelta en él. Si leemos los versos que se encuentran entre los pasos 2 y 3, ¡podemos ver por qué ella puede pensar de esta manera!

Mi amado me habló, y me dijo:

"¡Levántate, amiga mía!
¡Ven conmigo, bella mujer!
11 Ya el invierno ha terminado,
y con él terminaron las lluvias.
12 Ya han brotado flores en el campo,
ha llegado el tiempo de los cantos,
y por toda nuestra tierra
se escucha el arrullo de la tórtola."
(Cantar de Cantares 2:10-12)

La intimidad no es un asunto unilateral. De hecho, veremos que este versículo también sirve como el primer paso del segundo ciclo. Los pasos de la verdadera intimidad entre un hombre y una mujer solo pueden venir después del matrimonio. Pero en este ciclo de cortejo, la joven comienza a prepararse para el matrimonio, que pronto abordaremos en el próximo capítulo. Ella ya no está hablando de belleza. Su punto de referencia se convierte en identificación con él: posesión y propiedad.[54]

El valor es una cosa, pero la propiedad es el lenguaje del compromiso. Después de la boda, el sellado del compromiso, no hay vuelta atrás. La confianza que ha desarrollado anteriormente ahora ha envuelto su vida. Su aceptación de ella la ha llevado al punto de unidad.

No la vemos decirle estas cosas directamente a él. Solo está captando algunos de sus pensamientos previos a la boda y guardándolos en una botella para mantenerlos.

Prácticamente hablando

Algunas personas se preguntan por qué el matrimonio elimina el romance. No debería. El propósito del romance es llevar a uno a un mayor compromiso de vida. El matrimonio nos permite adentrarnos en la intimidad en una relación especial y de por vida, donde la aceptación ya no necesita ser cuestionada. (¡Que nunca amenacemos o contemplemos el divorcio!)

El cortejo nos permite vislumbrar una relación que nos encantaría tener. La boda nos lleva al matrimonio donde podemos y debemos otorgar diariamente nuestro afecto y cuidado por nuestra pareja y, de hecho, recibir la atención de nuestra pareja. Si descubrimos que ya no valoramos y atesoramos a nuestro cónyuge, debemos retroceder y preguntar: "¿Cuándo se detuvo?." "¿Por qué?" Tal vez permitimos que una discusión nos olvidara un poco (debido al resentimiento) o comprometiera en nuestro amor prometido para nuestro cónyuge.

Espiritualmente hablando

El Señor busca nuestro propio compromiso con El. Él "nos compró con un precio." No hay duda sobre su compromiso con nosotros. Jesús habla de que nosotros estamos "en Él" no una vez, sino una y otra vez. Diecinueve veces las frases "en Él" o "en

---

[54] Esto es a lo que Pablo alude tan fuertemente en 1 Corintios 7: 1-3.

Cristo" se usan solo en Efesios. La fortaleza de nuestra fe dependerá de cuánto nos percibamos a nosotros mismos para identificarnos con Él (es decir, Cristo).

> "También ustedes, luego de haber oído la palabra de verdad, que es el evangelio que los lleva a la salvación, y luego de haber creído en él, fueron sellados con el Espíritu Santo de la promesa" (Efesios 1:13).

Esta primera tríada de versos se centra en el desarrollo del amor y la confianza. El desarrollo de su relación surgió. Es cierto que solo es romántico y no está probado por las pruebas del matrimonio (¿Cómo respondo cuando él o ella no me aman como creo que debería?). Por otro lado, este desarrollo previo a la boda ha permitido a la pareja llegar al punto en el que están deseosos el uno por el otro y están dispuestos a estar juntos para la vida.

Esta época de romance previo al matrimonio está diseñada para mejorar los elementos que construyen relaciones de confianza en un buen matrimonio. La pareja se ha movido mucho hacia la confianza mutua para comprometerse de por vida. Los elementos de confianza incluyen:

- Una aceptación mutua tal como son.
- Un flujo perpetuo de palabras amables.
- Intercambios de palabras cariñosas.
- La elección selectiva de un hombre por parte de la mujer.
- Atesorarla a ella por encima de todas las demás.
- Una entrega de sí mismo para convertirse en "uno" con el otro.

En el matrimonio morimos a nuestras propias preocupaciones para que podamos ser fieles al otro. Todas las demás preocupaciones deben quedar a un lado en comparación con esta. Si este es el compromiso hecho antes de la boda, no deberíamos tener dudas sobre cómo crecerá y se desarrollará esta confianza. Las semillas de confianza que se siembran temprano deben continuar durante las lluvias de primavera, las tormentas de verano y los inviernos sombríos. Si puede tratar y servir a su cónyuge de tal manera antes de su matrimonio, también puede hacerlo después.

Este comienzo, aunque maravilloso y hermoso, todavía no puede compararse con la intimidad por venir. El matrimonio es el punto de partida de un viaje en el camino de la unidad donde la intimidad crece y florece. Esto es lo que observaremos en la segunda tríada de versos.

Tríada # 2: El Camino hacia la Intimidad

Veamos brevemente la segunda tríada para ayudarnos a ver el crecimiento de la intimidad. Recuerde que la intimidad puede crecer solo tanto como la confianza se ha desarrollado. Bajo el amor constante del hombre, encontramos que la novia crece en su vida al reflexionar sobre sí misma a la luz de su amor por ella. Parece que la maduración del pensamiento reflexivo alcanza su apogeo en 2:16, pero claramente esto no es así.

TRIADAS DE CANTAR DE CANTARES

Tríada #1: El Camino de la Confianza (CC 1:5; 2:1; 2:16)	La tríada #1 desarrolla la confianza para que un cónyuge pueda abrir su corazón a su pareja.
Tríada #2: El Camino a la Intimidad (CC 2:16; 6:3; 7:10)	La tríada #2 clarifica dos transformaciones que permiten a la pareja alcanzar esa profunda intimidad.

El progreso se vuelve mucho más refinado. Solo los años y las experiencias compartidas que proporciona el matrimonio pueden llevar la relación más allá. Notemos los tres versos similares. Tendremos que hacer algún trabajo de detective.

"Mi amado es mío, y yo soy suya."
(Cantar de Cantares 2:16)

"Yo soy de mi amado, y mi amado es mío."
(Cantar de Cantares 6:3)

"Yo soy de mi amado,
y él halla en mí su deleite."
(Cantar de Cantares 7:10)

Para ver crecer la intimidad a lo que debería ser, comenzamos con un compromiso sincero el uno con el otro. El novio se compromete a amarla incondicionalmente. La novia responde confiándose a él. Ella toma su nombre. Ella va y vive con él. Después del primer paso, que discutiremos brevemente, notaremos las otras dos transformaciones que tienen lugar en la mente y el corazón del cónyuge.

(1) El Compromiso (Cantar de Cantares 2:16)

"Mi amado es mío, y yo soy suya." (2:16)

En este caso, la futura esposa ha encontrado placer en tener un marido así. Ella está enfocada en lo que ha encontrado. Ella reconoce que le pertenece a él, pero está en segundo lugar en su mente. (Observe lo que dice primero y segundo en estas líneas). Ella piensa menos en su capacidad, privilegio o responsabilidad de servirle que en su capacidad para mantenerla, protegerla y cuidarla. No estamos diciendo que esto esté mal. Solo deja mucho espacio para un mayor crecimiento y madurez. La primera apertura de una flor aún está lejos de estar en plena floración.

Ya hemos compartido los pasos necesarios de crecimiento que llevan al compromiso mutuo a través de los votos matrimoniales. Algunas parejas llegan a este punto, pero comienzan con los supuestos erróneos: la intimidad se basa en la atracción en lugar del compromiso, la belleza en lugar de la elección. Parecen tener una buena relación, pero se paraliza por rencores personales, actos de egoísmo y orgullo. Muchas veces no quieren reconocer y lidiar con estas inseguridades por temor a perder todo.

Muchas personas se sorprenden de cómo algunos "buenos partidos" terminan tan mal. Puede haber muchas razones, pero Dios querría que primero verifiquemos nuestra capacidad para ser íntimos. La verdadera intimidad requiere una apertura de la vida de uno. Esto a su vez requiere una revelación del propio corazón. Uno no puede tener un matrimonio maduro a menos que sea personalmente maduro. La intimidad puede crecer solo a medida que la pareja crece personalmente.

(2) Transformación a la Devoción. (Cantar de Cantares 6:3)

"Yo soy de mi amado, y mi amado es mío."

Mire cuidadosamente y observe cuál es la diferencia entre esta línea y la anterior. Mira cuidadosamente. Marca la primera transformación necesaria para que una pareja casada tenga una mayor intimidad.

Está bien. Los dos conceptos en la oración han cambiado de lugar. En la primera declaración, ella ve como lo más importante lo que obtiene del matrimonio. Ella se enfoca en tenerlo. Todavía es cierto, por supuesto, pero ya no es su pensamiento más importante. Por un tiempo, se concentró en lo que tenía a través de su relación con él. Esto ha sido lanzado. ¿Qué es lo más importante ahora?

"Yo soy de mi amado" ha ascendido al primer lugar. Ella ahora se enfoca en su maravilloso llamado como su esposa. La progresión es natural y buena. Cuanto más tiempo esté casada y conozca más profundamente el amor de su esposo, ella podrá profundizar su propio compromiso con el llamado de Dios para ella. Esto resulta en una forma más fiel de devoción. Proverbios 31 nos recuerda a la mujer que ha sido fiel a su llamado como esposa. Ella no está enfocada en lo que obtiene sino en lo que puede dar. Un espíritu de sacrificio es crítico para un gran matrimonio. Solo ocurre cuando podemos entender nuestro propio llamado y motivarnos para servir a la luz de ese llamado.

(3) Transformación para Rendirse (Cantar de Cantares 7:10)

"Yo soy de mi amado,
y él halla en mí su deleite."

El tipo más intenso y maduro de intimidad y confianza se ve en esta frase final. ¿Cuál es la diferencia entre esta y las dos anteriores? La rendición marca la tercera transformación. Primero vemos que el "Él es mío" se ha ido. Ya no se centra en lo que obtuvo: su hombre (aunque sí lo hizo). Tampoco debemos concluir que ella ya no lo valora. Aunque en muchos matrimonios disminuye el valor, las parejas en tales circunstancias no hablarían estas palabras. Debemos tener cuidado de diferenciar entre los dos. La confianza entre ellos ha crecido enormemente para que puedan alcanzar esta marca de rendición.

Ella no cambia el lugar del "Yo soy de mi amado." Aquí es donde debería estar. Lo que caracteriza su vida es su devoción por él. Ella le pertenece. Esta es la manera en que la "unidad" se integra en los aspectos prácticos del matrimonio. La esposa debe verse principalmente como su compañera de ayuda. Ella está ahí para él. Como dice Paul: "La mujer fue hecha para el hombre." Pero sí vemos un cambio adicional aquí que marca esta coronación de intimidad.

Ella descansa en el amor incondicional de su marido. Ella dice: "Su deseo es para mí." Esta expresión ha pasado por muchos años de amor constante y constante. Ella no solo está declarando lo que espera que sea verdad. Esto se dice a menudo de un amor inmaduro. Sin embargo, él está allí a su lado, no por el sexo y la belleza. No. En un gran matrimonio, el marido ha demostrado su fidelidad persistente incluso en sus momentos de mal humor.

Una vez que este pensamiento nace en la esposa, un cambio mayor viene sobre ella. Ella se vuelve totalmente segura y completa al saber del amor de el por ella. Es este mismo amor al que se alude en Efesios 5:27, " a fin de presentársela a sí mismo como una iglesia gloriosa, santa e intachable, sin mancha ni arruga ni nada semejante." El amor filtra nuestros pecados porque actúa como un espejo que los refleja en nuestras caras. Nuestras preocupaciones, temores y otros pecados se convierten en grandes manchas en un hermoso tapiz. Deseamos que se vayan.

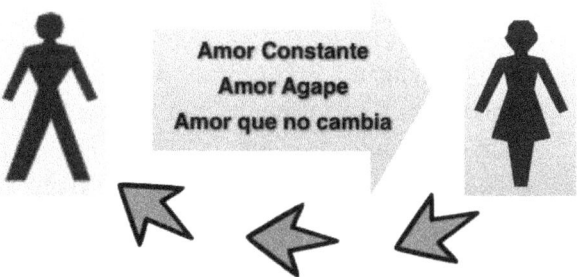

Los pasos hacia la intimidad son graduales pero reales. Ella diría que ella sabía de su amor por ella todo el tiempo. Lo ha expresado diez mil veces de mil maneras, pero finalmente hay una nueva conciencia satisfactoria y satisfactoria de que realmente la ama. Se ha dedicado a ella por la única razón de que le gusta estar con ella. Esto la lleva a una nueva devoción desinteresada rica y satisfactoria.

Espiritual

Podemos ver estas etapas de intimidad en la vida de un cristiano también. ¿Estamos sorprendidos? No deberíamos estarlo. El paralelo es completo en este sentido. Dios nos desea. Él realmente nos ha elegido para la eternidad. En un espíritu verdaderamente humilde y agradecido, clamamos con gratitud que el Creador del universo nos ha elegido, se ha entregado sacrificadamente por nosotros y en Cristo nos ha involucrado en el rico plan redentor de Dios para toda la eternidad. Su amor invoca devoción y alegría sin fin.

Nuestras vidas cristianas deben pasar por las fases de compromiso y devoción, y luego pasar a la etapa de rendición. No basta ser bautizado y afirmar el catecismo. Eso es religión. Dios tenía propósitos más grandes que la mera asociación. Tampoco Dios quiere en última instancia las obras- la devoción. Eso es genial. Pero cuando unimos todo eso para rendirnos al conocimiento de su amor por nosotros, clamamos "¡Oh, Dios bondadoso, por qué yo!" No podemos comprender su amor divino. Es como pasar por el borde de un imponente acantilado hacia la inmensidad del eterno amor de Dios. Nos abruma con plenitud y alegría. Verdaderamente esto es lo que el apóstol Pablo ha mencionado en su carta,

> Para que por su Espíritu, y conforme a las riquezas de su gloria, los fortalezca interiormente con poder; 17 para que por la fe Cristo habite en sus corazones, y para que, arraigados y cimentados en amor, 18 sean ustedes plenamente capaces de comprender, con todos los santos, cuál es la anchura, la longitud, la profundidad y la altura del amor de Cristo; 19 en fin, que conozcan ese amor, que excede a todo conocimiento, para que sean llenos de toda la plenitud de Dios (Efesios 3:16-19).

El matrimonio no es solo tratar de mantenerse fuera de las peleas. El matrimonio no es solo tolerar la existencia del otro. Si es aquí donde se encuentra su matrimonio, entonces sepa que Dios tiene un largo camino para llevarlo, pero cada paso vale la pena. La buena noticia es que Él está contigo. Él sabe muy bien cómo llevarte allí. Todos estamos en algún lugar en el viaje. El punto principal es que lo que tenemos puede mejorar! No toleramos los matrimonios inferiores porque todos podemos tener algo mucho más espléndido, un gran matrimonio y una maravillosa relación con el Señor Mismo.

Resumen

Los matrimonios íntimos rara vez se ven. Mientras nos enfoquemos en lo que tenemos o queremos, nuestra vieja identidad (yo) se muestra a través. En el matrimonio, debemos dejar de centrarnos en nosotros mismos. Debemos dejar de lado nuestra propia vida. Al igual que el "Él es mío" se desvaneció, ya no hablamos de nuestros derechos y hacemos demandas. El matrimonio no se trata de que obtengamos nuestra parte justa de nuestros derechos. Un gran paso hacia la intimidad se produce cuando se pierde el enfoque en uno mismo. Solo entonces podemos enfocarnos en lo que Dios nos ha llamado a hacer: servir al otro.

Los matrimonios íntimos tienen que ver con la devoción, la alegría y el cuidado centrado en la "mejor mitad." Existe un mecanismo de respuesta que va más allá de nuestras meras responsabilidades: las reglas. Hay una gran emoción en servir a los demás en las capacidades en que Dios nos ha llamado. Sí, estamos sirviendo a nuestros cónyuges, pero existe un compromiso más profundo de hacer que nuestros cónyuges sean personas más grandes. Existe el sentido del llamado de Dios para mejorar a nuestro compañero a través de nuestros actos de devoción.

Los grandes matrimonios son matrimonios íntimos porque no hay nada más grande que estar atrapado en el amor del otro. La forma en que este amor se forma a sí mismo tomará diferentes formas para un hombre o una mujer. Si bien ambos de sus corazones deben estar formados por el amor y la devoción a Dios, el hombre y la mujer expresan su devoción a través de un llamamiento diferente dentro del matrimonio. El hombre se deleita en amar incondicionalmente a su esposa. La esposa siente una gran alegría por el asombroso conocimiento de su amor por ella y responde con una devoción más profunda. Son diferentes y, sin embargo, iguales. En ambos casos, se centran en sus propias responsabilidades y, al mismo tiempo, encuentran un cumplimiento aún mayor a través del compromiso del otro con ellos mismos.

El concepto de matrimonio del mundo sufre tanto porque está muy alejado del diseño de Dios. Tienen las promesas, pero no aprovechan de ellas. Estas dos tríadas en el Cantar de los Cantares nos alertan sobre lo que hace un gran matrimonio. Necesitamos una relación creciente con Dios y con los demás para que podamos entrar en intimidad con nuestro cónyuge. La intimidad no puede crecer sin confianza.

- La tríada N° 1 habla de la creciente confianza que nos permite desplegar nuestros corazones ante nuestros cónyuges.

- La tríada N⁰ 2 aclara las tres transformaciones que permiten a una pareja llegar a donde Dios desea llevarlos.

Dios se ha llevado a este hombre descarriado (yo) que no sabía amar y lo llevó a conocer el amor de Dios. A través de este proceso, el Señor ha bendecido increíblemente nuestro matrimonio. Al meditar en la perspectiva de Dios de mí y de mi vida, entonces podría comenzar a pensar más como Dios y escapar de mi espíritu negativo, falso y destructivo. Mi vida se convirtió en otro de los maravillosos milagros de Jesús.

Por mi cuenta, nunca hubiera podido brindar ese amor constante que mi esposa debe recibir. Mi relación con ella habría sido envenenada por mi espíritu crítico. En cambio, a través de pasos calculados de amor, Dios me ha llevado a niveles cada vez más profundos de confianza que me impulsan a avanzar, ya sea en relación con Dios o en el matrimonio, en el deleite y el éxtasis.

Las luchas personales interfieren con el desarrollo o mantenimiento de la confianza. Por esta razón, es mejor pensar en el matrimonio como una relación triangular: el Señor, el esposo y la esposa. Solo así puede crecer la confianza y permitir que una relación entre y mantenga su intimidad destinada.

Capítulo #9 Preguntas de Estudio

1. ¿Cómo actúa Dios regularmente en la vida de Su pueblo a través de Cantar de Cantares?

2. ¿Por qué las personas privadas de amor y aceptación buscan relaciones fuera de su familia?

3. ¿Qué sucede a menudo con las parejas casadas que como niños experimentaron amargura, crítica y falta de afirmación?

4. Escribe los versículos para la primera tríada: el camino del amor.

5. ¿A qué se refiere "soy morena pero encantadora"?

6. ¿Cómo puede interpretarse a nivel físico (relación hombre-mujer)? ¿Qué hay de la relación de Cristo con Su pueblo?

7. ¿Cuáles son las dos diferencias entre el enfoque del mundo (soy justo) y el enfoque cristiano (soy morena)?

8. ¿Qué tiene de importante el versículo en Cantar de los Cantares 2:1?

9. ¿Cuáles son las cuatro cosas que ocurren en el romance temprano que necesitan seguir teniendo una confianza creciente?

10. Escribe los tres versículos que pertenecen a la segunda tríada de versículos: El camino hacia la intimidad.

11. ¿Cuál es la diferencia entre Cantar de los Cantares 2:16 y 6: 3? ¿Cuál es el significado de esto?

12. ¿Cuál es la diferencia entre Cantar de los Cantares 6: 3 y 7:10? ¿Cuál es el significado de esto?

13. Después de elegir uno de los puntos de aplicación y resumen, escriba cómo Dios le está hablando acerca de su propia vida y matrimonio.

10. El Amor Nunca Falla

Dios ha creado a cada uno de sus hijos para ser un conducto de su amor. "Amaos los unos a los otros." No hay un lugar más grandioso para ver esto que en el matrimonio. Dondequiera que el amor de Dios desciende y toca un corazón, las personas son cambiadas para el bien. Podemos ver esto cuando Jesús se mezcló con la gente cuando caminaba por sus pueblos. Fueron amados por Él y lo amaron, y en el proceso fueron transformados. También veremos que suceden las mismas cosas cuando un esposo o esposa elige deliberadamente amar a su cónyuge a pesar de otras inclinaciones.

A) El Canal del Amor

Elegir el amor es responder a Dios. Cuando el amor de Dios está en nuestras relaciones, ocurren cosas especiales. Como esposos, debemos comprometernos a llevar el amor de Dios a nuestros cónyuges. Necesitamos ser estratégicos. Si bien Dios manda especialmente a los esposos que amen a sus esposas, veremos que tanto los esposos como las esposas moldean la belleza de su matrimonio al elegir deliberadamente amar a su cónyuge. Tal vez te preguntes cómo puedes hacer esto.

Como cristianos, tenemos que caminar cerca de Dios para obtener ese amor. Solo su amor puede ayudarnos a maniobrar a través de problemas de relaciones difíciles. El amor nos ayuda a tener la motivación personal adecuada (amar al desagradable), la fuerza necesaria (capacidad para llevar a cabo actos prácticos de amor) y diseño (ayuda con ideas prácticas). A lo largo de los evangelios, Jesús regularmente se tomó el tiempo de estar a solas con su Padre. Esto le permitió ser un recipiente que su Padre Celestial usaba para llevar su amor y sanidad a las personas. De manera similar, necesitamos reunirnos regularmente con Dios para saber cómo podemos mostrar mejor el amor de  Dios a nuestro cónyuge. Permítame compartir una historia con usted sobre una manera práctica de mostrar el amor de Dios.

Una Historia de Amor

La semana pasada hice una aventura audaz, una aventura de amor. El año pasado fue nuestro 25 aniversario de boda. Lamentablemente no pudimos escaparnos para un viaje nocturno. Pero no nos limitamos a olvidarlo tampoco. Hace varios meses estábamos hablando y preguntándonos si podríamos escaparnos para un viaje nocturno este año, sin los niños, por supuesto. Me sonaba bien. Yo, como esposo, necesitaba hacer que pasaran tres cosas:

(1) Necesitaba creer que podíamos hacerlo con la ayuda de Dios (fe).

(2) También necesitaba tener la idea o visión para un viaje de aniversario de bodas de una noche (esperanza). Necesitaba una cosa más, sin embargo.

(3) En realidad necesitaba hacer planes amorosos y llevarlos a cabo (amor).

En este caso tuvimos varios retos. Muchos pensarían que nuestra principal preocupación era encontrar a alguien que cuidara a nuestros ocho hijos. Sin embargo, con dos hijas mayores, esto no fue un problema para nosotros en este momento de la vida. Aunque para ser honesto, siempre es una lucha para una madre dejar a sus pequeños. Esto también era cierto para Linda. Nuestro mayor reto fue encontrar el tiempo. Este fue uno de los momentos más ocupados en nuestras vidas. Estoy en medio de la enseñanza de cuatro series y la preparación de muchos de esos materiales para la web.

Adivina cuando nuestro aniversario cae? Justo en el medio de este tiempo extremadamente ocupado. Me habría sido fácil decir que iríamos más tarde. Creía, sin embargo, que este era el momento adecuado. Pero algo más, creía que Dios podía ayudarnos a terminar todo nuestro trabajo para que pudiéramos pasar cincuenta horas juntos en un lugar romántico. ¿Por qué? Dios nos había estado entrenando deliberadamente durante los dos meses anteriores acerca de cómo Él nos ayudaría a superar todo tipo de obstáculos para realizar su trabajo. Decidí que si Él podía ayudarnos entonces, ¿por qué no con esta situación también? Después de todo, ¿no fue nuestro Señor quien nos dijo que nos amáramos?

Por supuesto, teníamos que mirar nuestros horarios. Afortunadamente, una serie de enseñanzas acaba de terminar, así que tuvimos una ventana abierta. Luego vimos la oferta de viajes a precio justo. La esperanza para este viaje había estado allí por más de un año. El Señor nos proporcionó la fe que nos permitió hacerlo. Ahora, sin embargo, necesitaba hacer reservaciones y comenzar a prepararme para estar lejos. En realidad nos escapamos, sólo nosotros dos.

Todo salió bien en el viaje. Acabamos de regresar y lo pasamos de maravilla. Dios organizó esta escapada y nos permitió disfrutarla a fondo. Linda no tenía que preocuparse por los niños, ni yo tenía que preocuparme por el trabajo que aún estaba por terminar. En cambio, podríamos reflexionar sobre nuestros últimos 26 años juntos y mirar hacia el futuro. Cuanto más celebramos nuestra unidad y de diferentes maneras lo afirmamos, más fácil será aplazar las dificultades que se asocian con una vida de "dualidad".

El Camino Más Grande de Dios

1 Juan 4 nos muestra cómo el amor ha penetrado en nuestro mundo. Necesitamos recordarnos constantemente que la fuente del amor es Dios mismo. Él nos amó primero.

> "Nosotros lo amamos a él, porque él nos amó primero." (1 Juan 4:19)

Como hijos Suyos, Dios ya no nos permite decir: "No puedo amar" o "Es demasiado difícil." ¿Notaron que este versículo no solo habla del amor de Dios por nosotros a través de Cristo? También declara con palabras claras que, "Amamos." En el Día del Juicio, Dios no tolerará todas esas excusas sobre el trabajo, la pobreza, la incapacidad, la falta de afecto, etc. Dios cambió toda nuestra orientación hacia este problema cuando envió a su Hijo Jesucristo en el mundo. Al convertirnos en hijos de Dios, ahora podemos aprovechar Su poderosa fuente de gracia para llevar a cabo este amor.

Si alguna vez comienza a sentir una pérdida de interés en amar a su cónyuge, rendirse a la esperanza de que su amor sea efectivo o simplemente no piense que su amor sea lo suficientemente bueno, refrésquese en la presencia de Dios. Allí, ante el Señor, puedes obtener esa visión y gracia para llevar a cabo ese amor. "Amamos, porque Él nos amó primero." Algunas personas preguntan: "Si no somos más que un recipiente que está derramando el amor de Dios, entonces ya no estamos derramando ese amor, ¿verdad?" Por supuesto que lo somos.

El versículo anterior dice que el amor de Dios se integra en nuestras vidas. ¿Como sucedió esto? Cuando nos encontramos con Él cada día, hablamos con Él y leemos Su Palabra. Lo conocemos más y más. Su mentalidad y devoción se vuelven cada vez más de nosotros. Si bien podemos buscar avances, es más importante que nos enfoquemos en el compromiso de la vida de reunirnos en la presencia del Señor, buscando su gracia para llenar nuestras vidas. Estamos en gran deuda con Dios por su gran amor por nosotros (Salmo 116: 1). A medida que el amor de Dios fluye en nuestras propias vidas, puede fluir en nuestras vidas y matrimonios. Solo el contacto íntimo regular con Dios evita que el río del amor se seque.

Esta es la razón por la que simplemente declaramos que una de las cosas más importantes que se necesitan para un amor continuo de nuestro cónyuge es reunirse personalmente con Dios regularmente. ¿Te encuentras con el Señor todos los días? ¿Cómo puedes reflejar Su amor si no te reúnes regularmente con Él de una manera personal?[55]

---

[55] Si no sabe qué son las devociones personales o se han vuelto bastante obsoletas, estudie a través de la serie "Renovar sus devociones personales" de BFF.

Acerquémonos a Él ahora en una oración:

> *Querido Padre Celestial, el amor de imitación simplemente no lo hará en nuestro mundo. No es lo suficientemente bueno para nuestros matrimonios. El amor humano barato no soporta, perdura y persiste. Somos impacientes, groseros y rudos. Nuestro llamado amor no es amor. Necesitamos profundizar al Señor. Necesitamos buscar Tu rostro para que tu amor divino y glorioso brote en nuestros corazones y matrimonios. Si estamos contentos con un amor barato, rompámonos hasta que caiga toda la contaminación del mundo. Revela la mayor gloria del amor celestial. Es hora de que todos nuestros matrimonios sean tocados con Tu amor divino porque Tú eres amor.*

En este momento probablemente te estarás preguntando cómo se ve el amor divino en un matrimonio. Afortunadamente, Dios nos ha dado una gran descripción práctica de este amor. 1 Corintios 13 es el gran capítulo "Amor" de la Biblia. ¿Qué lo hace así? Creo que es porque se revela el verdadero carácter y el poder del amor. Es muy parecido a mirar el sol. Nos vemos obligados a darnos la vuelta debido a la manera poderosa en que se nos revela el amor de Dios. Recuerda ahora que todo amor genuino es así. Esto es lo que es el amor. El amor genuino puede soportar las grandes presiones que el amor terrenal no puede. Nuestra educación es buena hasta cierto punto, pero en realidad nunca perdura.

B) La Descripción del Amor (1 Corintios 13:4-8a)

Aunque mucha gente afirmaría amar, solo algunos de ellos han sido aprovechados por su magnífico poder, comprensión y compromiso. Vemos la poca profundidad de los compromisos de las personas cuando los que toman sus votos matrimoniales afirman que se mantendrán casados "mientras ambos amemos." En verdad, no tienen idea de lo que es el verdadero amor. El verdadero voto de matrimonio dice: "Mientras ambos vivamos." El amor, por definición, tiene muchos componentes y sin ellos el amor profesado simplemente no es la clase de amor de Dios.

El amor es paciente y bondadoso; no es envidioso ni jactancioso, no se envanece; 5 no hace nada impropio; no es egoísta ni se irrita; no es rencoroso; 6 no se alegra de la injusticia, sino que se une a la alegría de la verdad. 7 Todo lo sufre, todo lo cree, todo lo espera, todo lo soporta. 8 El amor jamás dejará de existir.

Echemos un vistazo a cada uno de estos catorce componentes, y cómo se ven en el contexto del matrimonio.[56] Con suerte, esto nos dará una idea de cómo se vive el amor de Dios en nuestras relaciones matrimoniales.

#1 El Amor es paciente

¿Expreso un espíritu tolerante que me permite escuchar y cuidar a mi cónyuge?

Descripción del Amor

- El cónyuge amoroso no insiste en su propio horario y limitaciones de tiempo. Las personas, especialmente las heridas, pueden absorber mucho tiempo. A menudo requieren mucho tiempo en momentos inconvenientes. El cónyuge paciente confía en Dios con su tiempo, dinero, energía, etc. muy limitados. El cónyuge paciente confía en Dios por sabiduría para cuidar amablemente a su cónyuge.

Situación

- Tarde otra vez para la cena.
- Hablar rudamente.
- No me apetece (intimidad sexual).

---

[56] Algunos componentes son más fáciles de entender que otros. Debemos recordar que el contexto original es una carta que el apóstol Pablo escribió a un cuerpo de iglesia divisivo. En lugar de trabajar hacia el bienestar del conjunto, se enfocaron en sus propios pensamientos carnales. Una pareja también puede usar estos versículos para obtener una imagen del amor verdadero.

El Camino del Amor

- "¿Podríamos organizar un tiempo para hablar sobre nuestro tiempo de planificación?"
- "Cuando lo dices de esa manera, duele. ¿Podrías hacer esa sugerencia de esta manera, ...?"
- "Oh, que pasa? Si lo deseas, podemos esperar."
- "Por qué me estás haciendo tarde otra vez!"

Rechazo del Amor

- "Sí, es así. Pues no eres tan perfecto tú mismo."
- "¡Bien, no estás siendo egoísta!"

#2 El amor no es celoso

¿Me estoy poniendo celoso o envidioso por la atención que recibe mi cónyuge?

Descripción del Amor

- Celos y envidia son la misma palabra en griego. Al perseguir lo que un compañero tiene, revela un descontento básico con los propios amigos, la situación o la persona. El enfoque en lo que uno no tiene lo lleva a pensar en oposición a su cónyuge. El amor se compromete a traer beneficios a la otra persona.

Situación

- Atención recibida.
- Amigos.
- Beneficios marginales.
- Ventajas para la salud.

El Camino del Amor

- "Eso estuvo bien lo que se le pudo decir eso a el."
- "¡Estoy tan feliz por él!"

- "Me enfoco en sobresalir en las responsabilidades que Dios me ha dado."

Rechazo del Amor
- "¿Por qué le dijiste eso a ella? "(Sospechoso)
- "¿Por qué recibe el toda la atención?"
- "Es fácil para él. Solo veo a estos niños todo el día." (Autocompasión)

#3 El Amor no Presume

¿Cuento mis grandes logros de tal manera que haga que mi cónyuge se sienta "pequeño?"

Descripción del Amor
- Esta persona se abstiene de impresionar a su cónyuge. Para presumir o alardear, un cónyuge a menudo está dispuesto a decir cuánto es mejor que su cónyuge y, por lo tanto, declara la inferioridad de su cónyuge. El amor permite a un cónyuge ver las grandes cosas en su cónyuge y hablar de estas cosas.

Situación
- Grados.
- Premios.
- Posiciones.
- Dinero.
- Publicidad.

El Camino del Amor
- "¿Tienes problemas con eso? ¿Quieres que te ayude?"
- Mantente quieto sobre cómo ciertos dones dados por Dios te han permitido activarte en ciertas áreas.

Rechazo del Amor
- "¿Escuchaste como yo ...?"

- "¿Por qué no puedes …?" (Hacer que el otro se sienta estúpido).
- "Oh, nunca he tenido ese problema. ¿Por qué no puedes …?"

#4 El amor no es arrogante

¿Creo que mis necesidades son más importantes que las de mi cónyuge?

Descripción del Amor

- La persona amorosa piensa muy bien de su cónyuge. Él o ella es importante para su bienestar. Debido a que la persona arrogante piensa más en sí misma, trata mal a su cónyuge, pensando que debe ser atendido. El amor prefiere al cónyuge por encima de sus deseos.

Situación

- Limpiando un desastre
- Tener una mente de siervo.
- Haciendo buenos cumplidos.

El Camino del Amor

- "¿Puedo ayudarte a limpiar eso?"
- "¿Hay algo en lo que pueda ayudarte?"
- "Aprecio cómo haces eso. Realmente me ayuda mucho."

Rechazo del Amor

- "Si lo estuviera haciendo, no lo haría. …"
- "Puedo sobrevivir sin ti!"
- "¿Para qué hiciste eso? ¡Eso fue estúpido!"

#5 El amor no busca lo suyo

¿Busco las cosas que me gustan más de lo que prefiere mi cónyuge?

Descripción del Amor

- Un cónyuge amoroso busca el bienestar de su cónyuge. Si nos preferimos a nosotros mismos, entonces nos daremos un trato preferencial. Incluso mentiremos, engañaremos, molestaremos, calumniaremos, etc. para satisfacer nuestras propias necesidades sobre nuestros cónyuges.

Situación
- Ignorar la responsabilidad para que uno pueda complacerse a sí mismo.
- Romper la moral para ganar los propios deseos.

El Camino del Amor
- Tú dices: "¿Por qué no tomas una siesta? No te sientes muy bien. Te ayudaré a limpiar alrededor de la cocina." (Buen motivo)

Rechazo del Amor
- Sugieres: "¿Por qué no tomas un descanso?" Pretende cuidarla cuando lo único que realmente quiere es ver un juego de deporte ininterrumpido (el motivo es egoísta).

#6 El Amor no es Provocado

¿Su cónyuge le molesta fácilmente durante sus momentos de irritabilidad? ¿Te sientes inferior, humillado o simplemente "abatido"?

Descripción del Amor
- El cónyuge amoroso no se molesta fácilmente con su cónyuge. Él la ama a ella. Él podría ser molestado o su orgullo atacado, pero el verdadero amor no se sacude fácilmente. Pretender que el amor cambia rápidamente los estados de ánimo, pero el amor genuino no es provocado.

Situación
- Pretender que el amor cambia rápidamente los estados de ánimo, pero el amor genuino no es provocado.
- El cónyuge está irritable porque hace calor.

- El tiempo de ánimo mensual crítico de tu esposa.

El Camino del Amor
- "¿Podríamos hablar de esto un poco más tarde? Nuestras voces suenan demasiado altas."
- (No digas nada; sigue disfrutando de tu día).
- En lugar de enojarte, usas esa energía para hacer algo más agradable para ella.

El Rechazo del Amor
- "¡Mi culpa lo dices! Bueno, lo tienes todo mal! "
- "¡Por qué siempre tienes que arruinar un gran día con tus comentarios! "
- "Si no puedo hacer nada bien, ¿por qué nos casamos? "

#7 El amor no tiene en cuenta un mal sufrido

¿Perdono rápidamente a mi cónyuge y me niego a amargarme?

Descripción del Amor
- La cónyuge amorosa no se amarga. Herida, herida y maltratada podría estar, pero el amor siempre perdona. Ella no guarda recuerdos del mal ni planea venganza. Las toallitas de amor diarias limpian la cuenta de los errores que le permiten seguir cuidando las necesidades de su cónyuge.

Situación
- Olvido hacer algo importante.
- Dijo algo malo hacia ti.
- Se niega al sexo.

El Camino del Amor
- "Estuve muy lastimado. Muchas gracias por arreglar las cosas. ¡Es mucho mejor!"

El Amor Nunca Falla *291*

- "Por favor perdóname"
- "Te perdono."

Rechazo del Amor
- "No. Recuerdo la última vez que realmente lo arruinaste."
- "¡No me molestes!"
- "Te odio."
- "Nunca podré perdonarte. Incluso si pudiera, no lo haría."

#8 El amor no se regocija en la injusticia

¿Me da placer cuando mi cónyuge acepta hacer el mal?

Descripción del Amor
- El cónyuge amoroso está triste por cualquier tipo de mal que se encuentre en su cónyuge. Él nunca fomenta el comportamiento malvado y rechaza los beneficios temporales que se pueden obtener de éste.

Situación
- Viendo una película sensual o violenta juntos.
- Vamos a jugar juntos.
- Mienten sobre algo juntos.
- Cambia de pareja.

El Camino del Amor
  - "Realmente deseo estar contigo, pero no puedo ver cosas que desagradan al Señor."
  - "Pero no somos todos. No puedo firmar ese formulario."
- "Dios no quiere que usemos ese dinero."

Rechazo del Amor
- "¿Por qué no ves esto conmigo? "(Película sucia o violenta).
- "Todos los demás engañan en sus impuestos."

- "¡Sabía que esa apuesta valdría la pena!

#9 El amor se regocija con la verdad

¿Me deleito en ver cómo Dios ayuda a nuestro matrimonio de manera tal que pueda observar Su verdad?

Descripción del Amor
- El cónyuge amoroso tiene un gran placer cuando ve a Dios obrando en la vida de su cónyuge a través de su obediencia a la Palabra de Dios. El compañero del amor es la verdad donde la luz brilla intensamente y separa las mentiras y la infidelidad.

Situación
- Preocupación.
- Miedos.
- Confiando financieramente.
- Soberanía.

El Camino del Amor
- "Aunque nos podemos ir sin esa decisión, me alegro de haber hecho lo correcto."
- "¿Notaste la gran manera en que Dios ha superado nuestros miedos?"

Rechazo del Amor
- "No puedo. Soy demasiado temeroso."
- "Estoy tan preocupado que no puedo hacer lo que debería hacer."
- "No." (Se niega a disculparse.)

#10 El amor soporta todas las cosas

¿Asumo la carga y el dolor que proviene de mi matrimonio para que podamos obtener un matrimonio aún mejor?

Descripción del Amor

- El cónyuge amoroso está dispuesto a soportar todo tipo de dolores, insultos e incluso lesiones para que así pueda, como Cristo, cubrir el incidente con amor.
- Al soportar todas las cosas, el amor puede resistir las grandes conmociones de la rudeza, el pecado y la depravación absoluta. Fuera de las aguas sucias crece la flor de lirio blanco.

Situación
- Dolor físico.
- Dolor emocional.
- Insulto.
- Aislamiento.

El Camino del Amor
- "Te perdonaré. He decidido que necesito aceptar el dolor que he sufrido de ti tal como lo hizo Jesús. No hay manera de devolver eso."

Rechazo del Amor
- "El dolor es demasiado grande. Simplemente no puedo"
- "¿Por qué debería perdonarte?"
- "Me lastimaste. Nunca te perdonaré."

#11 El amor cree todas las cosas

¿Confío en Dios para obtener ayuda, fortaleza y renovación para cada dificultad conyugal que enfrento?

Descripción del Amor
- El cónyuge amoroso confía en Dios y en su diseño perfecto del matrimonio. Se niega a reaccionar ante su cónyuge, pero en cambio confía en Dios por su fortaleza y sabiduría para cuidar adecuadamente de su cónyuge.

Situación
- Un cónyuge infiel.

- En la enfermedad.
- En extrema actividad.
- Un cónyuge se da por vencido en cierta área de su matrimonio.

El Camino del Amor
- "Dios me ha dado una gracia especial para amar al que no me ama."
- "No puedo hacerlo con mis propias fuerzas, pero Dios es mi ayuda."
- "De alguna manera, Dios lo hará por un bien mayor."

Rechazo del Amor
- "Ya no puedo confiar en ti."
- "No creo que nada bueno pueda salir de este matrimonio."
- "Quiero salir."
- "Aquí están los papeles del divorcio."

#12 El amor espera todas las cosas

¿Trato cada desafío en mi matrimonio con una generosa dosis de expectativa de que Dios puede hacer algo especial incluso en las Situaciones más desesperadas?

Descripción del Amor
- El cónyuge amoroso tiene una aspiración interna de hacer que su matrimonio funcione. Él no es ciego a los problemas. La diferencia radica únicamente en cómo Dios puede hacer de cada caso una oportunidad especial para servir y mostrar el amor de Dios. La gracia de Dios puede brillar en los lugares más oscuros.
- Cónyuge crítico.
- Una aventura.
- Alcoholismo.
- Pornografía

El Camino del Amor
- "Dios de alguna manera lo resolverá."
- "El camino de Dios es siempre mas grande."
- "Solo necesitamos confiar en Él."

Rechazo del Amor
- "¿Cómo podría vivir con él después de eso?"
- "Simplemente no puedo seguir."
- "Nunca lo perdonaré!"
- "Me merezco algo mejor."

#13 El amor perdura sobre todo

¿Me he comprometido a amar y valorar a mi cónyuge? ¿He renovado recientemente ese compromiso?

Descripción del Amor
- El cónyuge amoroso ha elegido amar de por vida. El compromiso es único, pero las oportunidades se extienden a lo largo de su vida matrimonial.
- Nuestro amor es limitado, pero cuando el amor de Dios nos llena, entonces nada puede detenerlo. El amor de Dios sufre vergüenza, reproche, maldad y humildad, así como el amor de Dios en Cristo persiguió todas estas cosas para que pudiéramos recibir ese amor.

Situación
- Tiempo
- Pobreza
- Enfermedad
- Pruebas

El Camino del Amor

- "Lo que dijiste e hiciste me dolió mucho, pero me he comprometido a servirte de por vida. Nada va a cambiar esto. Esta es mi vida. Puede ser más placentero o difícil, pero te voy a amar con el amor de Dios."

Rechazo del Amor

- "Me rindo."
- "No puedo aguantar esto un minuto más."
- "Debo haberme casado con la persona equivocada."

#14 El amor nunca falla

¿Confío en el poder del amor penetrante de Dios en cada aspecto de mi matrimonio?

- No hay limitaciones con el amor divino de Dios. El amor de Dios no se detiene con la puesta del sol ni comienza con la nueva semana. El amor divino siempre continuará a lo largo del tiempo y la eternidad. En las noches más oscuras, siempre habrá la luz eterna del amor de Dios. El amor eclipsará al odio y penetrará en el acto más vil, aunque podría ser necesario a través del sacrificio.
- Que amemos a nuestro cónyuge como Él nos ha amado en Cristo.

El amor jamás dejará de existir

El amor es paciente y bondadoso; no es envidioso ni jactancioso, no se envanece; no hace nada impropio; no es egoísta ni se irrita; no es rencoroso; no se alegra de la injusticia, sino que se une a la alegría de la verdad. Todo lo sufre, todo lo cree, todo lo espera, todo lo soporta.

El amor jamás dejará de existir.

El amor nunca falla. Esta piedra angular de la descripción del amor no es un simple monumento, sino un claro testimonio de la fuerza más poderosa en la tierra. Cuando elegimos rendirnos y elegir otro que no sea el amor, simplemente estamos permitiendo que la oscuridad del mundo se apodere de nuestro matrimonio. Era como el motor de mi auto que finalmente se detuvo después de 150,000 millas. La fricción fue demasiado, la lubricación muy poca. Se congeló. Sin el amor de Dios, esto sucederá en todos nuestros matrimonios.

El amor de Dios, sin embargo, puede tomar cualquier situación oscura y devastadora e iluminar la luz de Dios. Esto es lo que Dios hizo con Jesucristo. Leer oscuridad no puede ser vencido con oscuridad.

"La luz resplandece en las tinieblas, y las tinieblas no prevalecieron contra ella. (Juan 1:5)

Lo mismo ocurre con la poderosa fuerza de amor de Dios. Observe cómo la fe y el amor se unen.

> "En esto sabemos que amamos a los hijos de Dios: en que amamos a Dios y obedecemos sus mandamientos. 3 Pues éste es el amor a Dios: que obedezcamos sus mandamientos. Y sus mandamientos no son difíciles de cumplir. 4 Porque todo el que ha nacido de Dios vence al mundo. Y ésta es la victoria que ha vencido al mundo: nuestra fe. 5 ¿Quién es el que vence al mundo, sino el que cree que Jesús es el Hijo de Dios?" (1 Juan 5:2-5)

La pregunta no es si puedes tener un gran matrimonio. La pregunta es si elegirás tener uno. Como hijo de Dios, tienes la clave para un gran matrimonio. Es el amor divino de Dios.

Muchas personas piensan que descansa en su propio amor emocional. Esto es lo que les pasa a las nuevas parejas. Viven enamorados por un tiempo, pero esa emoción se desvanece y ya no tienen la fuerza emocional para cubrir o pasar por alto los pecados de su cónyuge.

Otros piensan que requiere el cumplimiento de sus deberes conyugales, que debe ser diligente y agotador. Ya sea cortando el césped, lavando platos o teniendo relaciones sexuales, se retiran. Piensan que esto es lo último del matrimonio. Dios en 1 Juan 5: 2-3 dice que guardar sus mandamientos no es una carga. Lo que quiere decir es que cuando empezamos a captar el corazón de la porción, cada pared o puerta se convierte en una oportunidad. No hay final para encontrar más gracia para servir al otro en estas oportunidades.

Mientras estemos fieles al servicio, el amor de Dios está vivo y fluyendo a través de nuestras propias vidas y hacia nuestro matrimonio. En la mayoría de los casos, este amor comenzará a tocar la vida de su cónyuge, aunque no hay garantía de que suceda mañana. Es nuestro compromiso con el amor por la vida que nunca cambia..

El Desvío del Amor

Comencé este capítulo con un ejemplo de nuestra reciente celebración de aniversario. Permítame compartir una escena típica más para mostrarle cómo funciona el amor.

Ya estábamos dos horas tarde saliendo de nuestro viaje de escapada. Eso estaba bien; los dos estábamos ocupados Teníamos un viaje de cuatro horas por delante. Quería irme temprano para perder el tráfico en hora punta y largas líneas de inmigración. Con esta pérdida de dos horas, estábamos seguros de llegar con mucho tráfico. ¡Esto no es lo que queríamos! Aproximadamente a las dos horas de viaje, estábamos hablando del resto de nuestro viaje. Linda mencionó que le encantaría sumergir sus pies en las aguas del lago Erie. Todo lo que pensé fue en largas líneas de coches que se movían lentamente. Puedes ver al hombre analítico y la mujer emocionada en conflicto. No estábamos discutiendo. El conflicto estaba en mi mente.

A ella le gustaría hacer una cosa. Pensé que era mejor empujar hacia adelante en caso de que pudiéramos superar la hora pico. Pero el propósito del viaje era disfrutar de la compañía del otro. Así que consideré seriamente su verdadero deseo y tomé la ruta escénica que recorría la costa. Esto, por supuesto, hizo que nuestro viaje fuera más largo, pero al final nos dimos cuenta de que así era mejor. Ambos disfrutamos mucho este desvío no planificado. Sin embargo, lo único que nos hizo disfrutar a los dos fue que recordé cómo Dios habla a través de mi esposa. Necesito valorarla junto con sus alegrías y deleites. Al tomar ese desvío y prestar atención regularmente a las ideas de mi esposa, nuestro matrimonio es aún más tremendo y maravilloso.

¿Y adivina qué? A lo largo de ese camino encontramos un parque estatal que no cobraba por usar sus instalaciones ese día (teníamos muy poco dinero). Bajamos a la orilla y teníamos todo el parque para nosotros. Teníamos una bonita foto junto a los arbustos de color lila en flor. Linda llegó a mojarse los pies en las aguas del lago Erie. Tuvimos el viaje más agradable posible en esa carretera a orillas del lago. En lugar de luchar contra el tráfico, celebramos nuestros 25 años de matrimonio juntos.

La lucha de voluntades siempre estará allí, a veces más fuerte que en otras ocasiones. Pero necesitamos recordar el mayor propósito de Dios. Al elegir servirnos mutuamente, hemos tomado la mejor decisión. Cuando hacemos la mejor elección de amor, obtenemos la recompensa. En este caso, tuve que someter mi razonamiento para poder priorizar sus ideales y buenos placeres. Para mi estaba saliendo del camino. Pero realmente iba por el camino correcto del amor. El amor siempre nos lleva al camino del servicio.

Debo agregar que con respecto al viaje y en qué dirección fuimos, ella también estaba amando. Ella no estaba exigiendo. Parecía que no estaría nada resentida si yo hubiera elegido no ir por ese camino. Ella solo compartió conmigo algunos de sus pensamientos e ideales. Ella me permitió trabajar en esta situación en mi propia mente y confió en Dios por los resultados. Sus amables y atractivas palabras me dieron muchas ganas de complacerla. Al final, me encontré pidiéndole que buscara una posible ruta que pudiéramos tomar a la orilla. Curiosamente, encontramos ese "desvío" tan agradable que incluso lo tomamos de regreso a casa.

Resumen

No podemos perder con el amor, pero podemos perder sin él. Satanás a veces nos hace pensar que nuestro cónyuge es el enemigo de una buena vida. Este absolutamente no es el caso. Dios ha proclamado que somos uno. El amor es la forma básica de resolver nuestras buenas y buenas acciones hacia nuestro cónyuge para preservar y profundizar nuestra relación.

¡Construyendo un gran matrimonio!
La belleza del matrimonio

- Dios todavía hace milagros.

- Dios quiere trabajar con nosotros para construir un gran matrimonio.
- Construir grandes matrimonios es un proceso que necesita tiempo.
- Lleva tiempo porque necesitamos ser cambiados.

Tras una rápida mirada a esta descripción del amor de Dios, debemos reconocer que nuestra capacidad de amar está envuelta en como estamos creciendo como cristianos. Necesitamos seguir creciendo para que podamos comulgar regularmente con Dios, y Él con nosotros. Dios ha diseñado nuestros matrimonios para ser el lugar donde podamos trabajar a través de algunas de nuestras luchas personales para crecer con Dios y crecer en nuestros matrimonios.

Todos podemos tener "Grandes matrimonios." Dios está trabajando para darnos lo que desesperadamente necesitamos. Ahora si solo empezáramos a elegir amar consistentemente. Comience con un día a la vez. Cada día, temprano, grite: "Dios, ayúdame a amar a mi cónyuge hoy. Dame fuerza. Dame creatividad." Haz esto por una semana. Luego, comprométase nuevamente con Dios cada semana para amar a su cónyuge de esta manera. Síguelo. Luego comprométete a amar a tu cónyuge cada mes. Finalmente, entonces, llegue a ese lugar encantador de comprometerse con su cónyuge de esta manera durante toda su vida. Mi vida es dedicarme por completo a cuidar a mi cónyuge.

La solución de Dios, "el amor nunca falla" puede parecer un tanto idealista, pero Él sabe que funciona. Amó al mundo y envió a su único Hijo a morir en la cruz por los pecados de su pueblo. Sabía que el amor le costaría caro, pero que también proporcionaría lo que se necesitaba para lograr su gran plan para las personas obstinadas a quienes había decidido amar intensamente. El amor nunca falla. Dios siempre gana. El amor siempre gana. Hoy, sé estratégico. Elige su camino de amor, y construirás un gran matrimonio.

Ponme como un sello sobre tu corazón;
ponme como una marca sobre tu brazo.
Inquebrantable como la muerte es el amor;
inflexibles como el sepulcro son los celos.
¡Candentes brasas son, candente fuego!
7 Las muchas aguas no pueden apagar el amor,
ni pueden tampoco sofocarlo los ríos.
Si por el amor diera el hombre
todos los bienes de su casa,
ciertamente sería despreciado" (Cantar de Cantares 8:6-7).

Si el amor no tuviera que desarrollarse en un sentido práctico, entonces Dios habría estado satisfecho con la mera idea de salvarnos. El amor genuino no solo sabe lo que es mejor, sino que también lo implementa con devoción. ¡Solo debemos estar satisfechos con lo mejor! Ese es el buen plan de Dios.

El amor sobresale al lograr lo que nos resulta más difícil de hacer:

esperando en lugar de exigir;

extender la atención tierna a las personas obstinadas;

la determinación de satisfacer las necesidades de otros a costa de las propias necesidades y deseos;

reconocimiento de nuestras debilidades en lugar de clamar por elogios.

El amor sobresale diariamente al revelar la gloria de Dios.

Dios es amor.

Capítulo #10 Preguntas de Estudio

1. ¿Cómo traemos el amor de Dios a nuestros matrimonios?

2. ¿Cómo aumentamos nuestro conocimiento del amor de Dios?

3. ¿Cuáles fueron las tres cosas necesarias para que ese hombre salga en un viaje de aniversario de un día para otro?

4. ¿Cómo entrenó Dios al esposo para que tuviera fe en confiar en Dios con respecto a su trabajo?

5. ¿Podemos hacer alguna excusa para no amar? ¿Por qué no (ver 1 Juan 4:19)?

6. Escriba y memorice 1 Corintios 13: 4-8a junto con su cónyuge.

7. ¿Qué tres afirmaciones de 1 Corintios 13 te desafían más en tu matrimonio? ¿Por qué?

8. "El Amor _____ falla" es la frase clave de este capítulo. ¿De verdad crees que el amor de Dios puede ayudar a cada matrimonio? ¿Por qué o por qué no?

9. ¿Está consciente de cómo uno debe salir de su camino para servir a su cónyuge?

10. ¿Cómo afecta el crecimiento cristiano de uno, el bienestar del matrimonio de una persona?

Nuestro deseo para ti!

Un gran matrimonio requiere una acción deliberada y con propósito a través de una gran cantidad de pequeños actos, gestos y palabras amables. Nada es inmediato. Las oportunidades para construir su matrimonio generalmente se encuentran en pequeños hechos inadvertidos. Su cónyuge puede no darse cuenta. Lo más importante, sin embargo, es su propio compromiso profundo y subyacente. Será observado y muy apreciado.

Un gran matrimonio es lo que deseamos para ti. Nunca te contentes solo con un buen matrimonio. Un buen matrimonio es tolerable pero tiene fallas inherentes que pueden convertirse en problemas mayores más adelante. ¿Por qué no renunciar a esa capa extra de sí mismo y presionar por un matrimonio aún mejor? Solo en un gran matrimonio se revela plenamente la gloria de Dios. Es aquí donde se está trabajando su amor en esa relación de "unidad".

No estamos diciendo que tengamos un matrimonio perfecto. La palabra "perfecto" es inapropiada porque todavía somos pecadores. Pero podemos tener un gran matrimonio incluso en nuestro mundo caído y pecaminoso porque un gran matrimonio no depende de una vida perfecta (que no tenemos) o de un compañero perfecto (que no tenemos) sino de tolerancia, paciencia, confianza y amor. El amor triunfa en circunstancias difíciles..

Atesora a tu cónyuge. Pon tu corazón en amar a tu cónyuge en cualquier circunstancia en que te encuentres. Buena obra por buena obra, sonrisa por sonrisa, gracia por gracia, por la gracia de Dios, establecerá un gran matrimonio que reflejará el amor y la persona gloriosa de Dios.

Apéndice 1: Más sobre los Autores

Nosotros (Paul y Linda) crecimos en la misma ciudad al norte de Boston, MA en los Estados Unidos, pero solo nos conocimos después de la secundaria. Hemos estado casados por más de 40 años maravillosos y hemos criado a nuestros hijos por todo menos un año!

Los años difíciles, los tiempos financieros difíciles, los ocho hijos (ahora dos nietos) y la ajetreada vida ministerial no permitían mucho romance. Los principios bíblicos de Dios, sin embargo, cuando se entienden prácticamente nos han ayudado enormemente en nuestro matrimonio.

El reverendo Paul Bucknell, presidente y fundador de Biblical Foundations for Freedom, viaja internacionalmente dando talleres sobre matrimonios, padres y otros temas a pastores y líderes cristianos. Ha escrito más de 60 artículos sobre el matrimonio solo y numerosos libros sobre diferentes aspectos de la vida cristiana.

(Más sobre Paul, Linda y el ministerio)
www.foundationsforfreedom.net/Help/AboutBFF/Biography.html

Apéndice 2: About the Book

¡Tu también puedes tener un gran matrimonio!

¡Paul y Linda han estado casados por más de treinta y cinco años maravillosos! Con circunstancias desafiantes, tiempos de dificultades financieras, ocho niños y una vida ministerial ocupada que pueden exprimir el romance. El descubrimiento y la aplicación de la Palabra de Dios les ha ayudado a seguir creciendo a lo largo de su matrimonio, aprendiendo a manejar adecuadamente las pruebas encontradas en el camino.

(1) Adquiere la Visión de Dios del Matrimonio—Fe

Los grandes matrimonios están llenos de esperanza. ¡Recupere la esperanza en su matrimonio a través del diseño de Dios para el matrimonio!

(2) Recupérese de los Reveses Matrimoniales— Perdón

Los grandes matrimonios han adquirido la capacidad de manejar conflictos. ¡Comprende la fuente del conflicto matrimonial y cómo superarlo!

(3) Desarrolle una Relación Intima—Amistad

Los grandes matrimonios son matrimonios íntimos. ¡Descubre qué es la intimidad conyugal y cómo construir una relación sólida!

www.ingramcontent.com/pod-product-compliance
Lightning Source LLC
LaVergne TN
LVHW041608070426
835507LV00008B/170